我国政府购买公共服务的运行机制及创新路径研究

金冰洁 ◎ 著

北京理工大学出版社
BEIJING INSTITUTE OF TECHNOLOGY PRESS

内容提要

提供公共服务是政府的重要职能之一。本书在对相关理论进行梳理的基础上，对欧洲和亚洲国家（地区）在公共服务购买中的模式和经验进行探讨，研究其共同遵循的规律，并结合内外部制约因素，得出对我国政府购买公共服务的启示。同时，本书还分析了我国部分地区政府购买公共服务的历程及取得的成就，探讨了发展过程中存在的不足，提出了我国政府购买公共服务的应对措施，包括完善政府购买公共服务的管理体制、运行机制、法律规制和效益评估机制等。

图书在版编目（CIP）数据

我国政府购买公共服务的运行机制及创新路径研究 / 金冰洁著. —北京：北京理工大学出版社，2017. 11

ISBN 978-7-5682-5004-7

Ⅰ. ①我…　Ⅱ. ①金…　Ⅲ. ①公共服务－政府采购制度－研究－中国Ⅳ. ①D630. 1 ②F812. 2

中国版本图书馆CIP数据核字（2017）第284522号

出版发行 / 北京理工大学出版社有限责任公司
社　　址 / 北京市海淀区中关村南大街 5 号
邮　　编 / 100081
电　　话 / （010）68914775（总编室）
（010）82562903（教材售后服务热线）
（010）68948351（其他图书服务热线）
网　　址 / http://www.bitpress.com.cn
经　　销 / 全国各地新华书店
印　　刷 / 北京紫瑞利印刷有限公司
开　　本 / 710 毫米 ×1000 毫米　1/16
印　　张 / 11
字　　数 / 221 千字
版　　次 / 2017 年 11 月第 1 版　2017 年 11 月第 1 次印刷
定　　价 / 65. 00 元

责任编辑 / 梁铜华
文案编辑 / 梁铜华
责任校对 / 周瑞红
责任印制 / 边心超

前 言 Preface

我国经济社会已进入加速转型的新时期，社会事业发展呈现出多样性、多元化的趋势。然而，我国公共服务与人民群众需求、经济社会协调发展的要求不相适应的矛盾还比较突出，在这一背景下，研究政府购买公共服务将对我国社会事业领域开放的建设提供重要的决策参考。

本书在对公共物品、公共选择、新公共管理、新公共服务等理论进行梳理的基础上，对英国、美国、德国、韩国与日本等国在公共服务购买中的具体运作模式和成功经验进行了探讨，系统分析这些国家公共服务购买建设与发展的主要做法，研究其共同遵循的规律，结合内外部制约因素，分析发达国家与发展中国家政府购买公共服务的建设和发展的不同及差距，明确这种差异性是否符合社会事业领域开放的建设与发展的内在要求、哪一种做法及模式才更接近社会事业领域开放演进的最优路径，从而得出对我国政府购买公共服务的启示。同时，分析了我国部分地区政府购买公共服务的历程及取得的成就，探讨发展过程中存在的不足。针对目前存在的问题，借鉴国外的成功经验，提出我国政府购买公共服务的应对措施，包括完善政府购买公共服务的管理体制和运行机制、制定政府购买公共服务的法律规制、建立健全政府购买公共服务的绩效评价机制等。

本书分析发达国家及发展中国家政府购买公共服务的异同及造成差异的诱因，总结其经验教训，不仅有重要的理论意义，而且有一定的实践意义。具体体现在以下几个方面：第一，通过对我国政府购买公共服务与发达国家的差异比较分析，有助于探索政府购买公共服务领域发展的一般规律，丰富公共管理的理论体系，指导我国政府购买公共服务的建设，选择一条社会成本最低的社会演进路径，低成本、高效率地推进我国社会事业的建设与发展，同时可以为我国政府购买公共服务的研究提供素材，这无疑会丰富和发展我国学术界关于政府购买公共服务的基本理论研究。第二，通过对我国政府购买公共服务与其他发展中国家的比较，对存在的问题进行梳理研究，可以使各级管理者、职能部门和相关人员认识到我国政府购买公共服务的现状和面临的问题，使其认清形势，更好地开展工作。第三，通过对我国政府购买公共服务差距的研究，因地制宜地提出解决发展中存在问题的对策，可以为政府决策提供参考意见，释放和变现公共服务理论研究的价值。

因笔者水平所限，本书内容难免有不足之处，敬请广大读者批评指正。

广西梧州学院　金冰洁

2017年11月

目　录 Contents

第一章 理论基础

第一节 公共物品理论

一、公共物品理论的产生及发展

公共物品理论的出现始于19世纪末，其思想源头可追溯到大卫·休谟的研究。后来，奥地利与意大利学者在对财政学进行研究时把边际效用价值论应用其中，对财政与政府在市场经济运行中的合理性与互补性进行了论述，从而形成了公共物品理论。最早使用公共物品这一概念的学者是瑞典经济学家林达尔，他提出的“威克塞尔—林达尔均衡”（Wicksell-Lindahl）是公共物品理论最早的成果之一。林达尔的理论使人们对公共物品的供给水平问题达成一致看法，即“分摊的成本与边际收益成比例”，这一理论的核心思想是如果个体为政府供给的产品和服务所支付的税价与这些个体对它们的评价相关联，进而如果能够根据自己的评价进行讨价还价，那么，从直接讨价还价过程中产生“税价”并且共享资源供给就是“内在发生”的演化均衡状态了。该模型认为，个体对共享资源要支付多少（以税收形式，作为公共物品生产的投入），公共物品生产出来给大家享用多少，如果以市场交易为参照原则，那么就能达到市场交易的“效率”状态——体现的效率符合帕累托效率条件。这是一个确定公共产品产出的“合理水平”和与此相应的人们之间税负“合理分布”匹配的原则。

在学界，真正让公共物品理论名扬天下的则是美国经济学家萨缪尔森，他对公共物品下的定义被认为是最早的：“每个人对这种物品的消费，都不会导致其他人对该种物品消费的减少。”也就是说，“每个人对这种物品的消费，不需要从其他人对它的消费中扣除”。萨缪尔森对公共物品的这一经典定义，标志着现代公共物品理论的正式形成。所谓公共物品，是相对于私人产品而言的，指一个人的消费不影响其他人的消费的产品，具有非排他性、非竞争性、不可分割性。依据非排他性、非竞争性这一特性，可以把不同的物品分为纯公共产品、准公共产品和私人产品。同时具备上述两个特征的是纯公共产品，如国防等；两个都不具备的是私人产品，如食品、衣物等；两者只具备其一的是准公共产品，如有线电视、收费公路等。

围绕公共物品的供应展开研究的也有政府之间的财政关系。1956 年蒂布特(C. M. Tiebout)发表了一篇名为《一个地方支出的纯理论》的论文，随后出现了大量关于地方公共物品的文献研究，中央政府与地方政府围绕全国性公共物品和地方性公共物品展开了长期博弈，地方性公共物品理论的提出，深化了公共物品理论，使公共物品摆脱了只讨论纯公共物品领域的局限。

20 世纪 70 年代以后，公共物品理论的发展主要集中在如何通过制度保证公共物品决策的效率原则方面。布坎南及其“公共选择学派”，研究了非市场决策，将公共物品供给的决定诉诸政治程序，用公众投票方式解决，发展了公共选择理论。克拉克和格罗夫斯等人探讨了激励机制问题，旨在设计一种计划程序，诱导个人基于自己的利益而真实显示其对公共物品的偏好。通过制度安排，使公共物品私人供应成为可能，表明了从公共物品供应的角度探讨公共物品问题已经较为成熟，其也是实践对公共物品理论发展的新要求。

二、公共物品理论的主要内容

(一)公共物品的分类研究

公共物品的分类标准有多种，有排他性、竞争性标准，有公共性标准，也有相对成本标准等。如海德(Head)和肖朴(Shoup)以经济效率为标准，把物品分为公共物品和私人物品，他们认为无论以何种方式提供服务，只要是在特定的时间或地点，以更低的成本在非排他的情形下提供的物品，那么它就是公共物品。此外，还有不少学者对此进行了研究，归纳起来，公共物品有以下分类。

1. 两分法

依据公共物品研究的简单化处理原则，萨缪尔森先后提出了一系列两分的相对概念：私人消费物品与集体消费物品，私人消费物品与公共消费物品，纯私人物品与纯公共物品等。在萨缪尔森的两分法中，公共物品相对于私人物品具有显著的非排他性与非竞争性特征。布坎南(Buchanan)等运用两分法，把物品分为纯私人物品和俱乐部物品。而桑德勒(Sandler)和奇尔哈特(Tschirhart)以萨缪尔森的私人消费向量为基础，把公共物品变量修正为俱乐部物品变量。也就是说，居民消费物品由纯公共物品和纯私人物品的组合转变为纯私人物品和俱乐部物品的组合。

2. 三分法

布坎南把物品分为不可分物品、部分可分物品和完全可分物品三类。巴泽尔则提出了准公共物品的概念，认为它是介于纯公共物品与纯私人物品之间的混合物。因此，三分法是指将物品分成公共物品、混合物品和私人物品三大类。不同类别的物品具有不同的定义、特征、对象、需求曲线和供给原则等。公共物品的社会需求曲线是对个体需求曲线的垂直加总，是效用加总；而联合生产私人物品的社会需求曲线与常见的完备的市场需求曲线无异，是水平加总，产量加总。混合物品则更多地表现为兼有公共物品和私人物品的双重属性，在需求曲线上更多地体现出条件加总特性。

3. 四分法

随着布坎南、奥斯特罗姆等人研究的深入，混合物品又被区分为两类：一类是具有排他性和非竞争性的物品，即俱乐部物品或自然垄断物品；另一类是具有非排他性和竞争性的物品，即公共池塘资源或共有资源。当然，不同学者运用四分法的方式各不相同。如曼昆在《经济学原理》中将物品四分为私人物品、自然垄断物品、共有资源和纯公共物品；奥斯特罗姆则以排他性和共同使用为标准，将物品分为私人物品、收费物品、公共池塘资源与公益物品四大类。奥斯特罗姆等人认为，公共事物研究与公共物品研究是等价的。

从经济物品分类可知，公共物品是指那些具有公共性的事物。公共性的事物可以指具有非排他性的事物，也可以指具有非竞争性的事物。具体包括三类：一是具有非排他性和非竞争性的事物；二是具有非竞争性但有排他性的事物；三是具有非排他性但有竞争性的事物。第一类即为纯公共物品；第二类即为俱乐部物品；第三类即为公共池塘资源。

(二)公共物品的供给模式问题

关于公共物品的供给方式，不同时期的学者有不同观点，萨缪尔森认为，由于公共物品非排他性和非竞争性的特征，通过市场方式提供公共物品，实现非排他是不可能的或者成本是高昂的，并且在规模经济上缺乏效率。因此政府提供公共物品比市场方式具有更高的效率。从20世纪60—70年代以来，随着福利国家危机的出现，一批主张经济自由的经济学家纷纷开始怀疑政府作为公共物品唯一供给者的合理性，戈尔丁、布鲁贝克尔、史密兹、德姆塞茨以及科斯等人或从理论或从经验方面论证了公共物品私人供给的可能性。关于公共物品由第三部门供给的理论则出现在20世纪70年代以后。

20世纪80年代以来，在全球政府改革的大背景下，第三部门在公共物品供给中发挥着越来越大的作用。几乎所有国家都存在一个庞大的第三部门，其规模占各国GDP的4.6%，活动遍及保健、教育、服务、环保、妇女权益等与普通民众息息相关的领域。美国公共服务的40%是由非政府组织完成的，沃尔科(Wolch)用“影子国家”来描述美国非营利组织在公共服务供给过程中的作用。建立在成熟市场经济基础上的西方国家，其市场和公民社会发育成熟，彼此的优势和劣势完全显现，在提供公共物品的方式上三者互相合作，取长补短。

(1)倾向于独立提供公共物品(公共服务)。一些第三部门组织为了保持独立性，往往通过自筹资金(包括会费、私人捐赠、服务收费等)，依靠自身力量提供各种形式的公共物品。“食品银行”是加拿大民间志愿性救济互助组织，它的服务对象达到200万人，大部分“食品银行”不接受政府资金，以保持非机构性社会服务性质。在保证独立性的同时，为了筹集足够的资金，一些第三部门组织逐渐实行用者付费制，对以前免费的项目直接向收益人收取部分或全部服务费。这样既可避免使收益人产生依赖心理，又可解决财务可持续性发展的问题。

(2)与政府合作提供公共物品。根据奥斯本和盖布勒的归纳，公共服务供给可供选择的方式有36种，其中涉及第三部门与政府合作的方式有以下几种。

1)公共服务社区化。各社区建立公益事业，政府机构帮助组织社区互助，以实现政府的压缩式管理。例如，英国政府减少了国家干预社会保障的范围和项目，将一些社会保障项目交给志愿组织、工人合作社和其他社会团体承担。在埃塞俄比亚等发展中国家，政府将非营利组织引入农村支线公路、社区供水和卫生系统、灌溉配水渠以及排污系统的维护等社区的公共服务供应领域。

2)与政府签订承包合同。政府确定某种公共服务的数量和质量标准，非营利部门招标承包，中标后按与政府签订的供给合同为享受福利的人群提供公共服务。美国卫生和公众服务部与美国蓝十字蓝盾医保组织签订合同来管理数百万老人的医疗保健事务。在其他国家也有许多成功的案例。日本宫城县白石市将白石滑冰场承包给市民在1999年建立的NPO法人，承包后的第一年，即2000年，就由赤字经营转为2 000万日元的盈利。

3)与政府合伙。政府不需要以纳税人的税收去购买服务，而是以政府特许或其他形式吸引中标的第三部门组织提供公共服务。这可以使城市政府做一些靠它自己的力量永远也不会做的事。美国圣保罗市就同非营利组织和基金会组成了合伙关系。

4)接受政府资助或享受免税待遇等优惠政策。政府以此鼓励志愿者组织提供公共服务。美国圣保罗市向志愿者协会提供资助要求它们提供一定的服务；堪萨斯城对于选择不要政府提供资助的组织，在房地产税上给予部分回扣。

(3)与企业合作提供公共物品。赫兹琳杰归纳了非营利组织与营利性企业建立协作关系来从事公益事业的几种方式。

1)与交易关联的公益推广活动。营利性公司将销售收入的一定比例以现金、食物或设备的形式捐赠给非营利组织。最典型的例子是美国运通卡的“反饥饿计划”。该公司与志在消除饥饿的组织“分享我们的力量”(Share Our Strength，SOS)建立了合作关系，通过资助“全国美食品尝会”，将其收入中的1 600万美元捐赠给了SOS。

2)共同主题营销。非营利组织与私人企业达成协议，通过分发企业产品和宣传资料及做广告等方式，共同解决某个社会问题。走进超市或是快餐店，私营组织赞助的社会服务项目的海报或其他广告资料几乎随处可见。

3)核发许可证。非营利组织在收取一定费用或提取部分收入的条件下批准营利性公司使用其名称和商标。1996 年 4 月，美国退休人员协会就宣布批准全国维护人类健康的组织使用其名称。

(三)公共物品最优供给的主要原则

究竟什么样的供给方式是最优的，可以从理论的角度来加以分析。

1. 满足社会公共需要是有效供给公共物品的首要原则

简单地说，公共物品就是满足社会公共需要的物品和劳务。公共物品同其他社会物品一样，最终要用于消费，满足人们的消费需要，但它不仅仅满足某个人的需要，而是满足社会公共需要。因此，只有根据社会公共需要来确定提供什么公共产品，才符合效用原则。

2. 公共物品的供给符合效率原则

严格意义上的公共物品是指具有消费或使用上具有非排他性和非竞争性的物品和服务。这两个特征意味着竞争性的市场不可能使其供给量达到帕累托最优。一方面，由于它具有非排他性，每个人都有权使用它，付费与否都可享受其好处。那么，使用者就不会有自愿付费的动机，而是倾向于成为免费搭车者，即现在所谓的“搭便车”现象。因此，如果公共物品和私人物品都由市场提供，公共物品的提供将几乎为零，所有的资源都将用于私人物品的生产和消费。这显然不符合一个正常社会运行所需的公共物品和私人物品的有效组合，不符合资源配置最优的目标。另一方面，公共物品的边际成本为零，按帕累托最优所要求的边际成本定价原则，这些物品必须免费提供，这显然不符合市场提供的根本原则——经济利益原则，因此市场不可能提供这类物品。而政府可以凭借其政治权力强制无偿地征收税收来补偿公共物品的生产成本并免费向公众提供。所以公共物品只能通过政府公共提供的方式来消费，才能避免其供给量趋于零的现象，从而改善资源配置效率。

3. 分级提供公共物品更具有效力

公共物品的受益具有空间层次性，所以公共物品可以由中央和地方政府分级提供。如果所有的公共物品都由中央政府统一提供，就无法体现不同地区人们的不同需要和愿望，影响这类公共物品在全国范围内的最优提供，浪费资源。而如果所有公共物品都由地方政府提供，则全国性公共物品和跨省区的公共物品的提供将趋于零，这也不符合物品组合效率原则。只有中央和地方政府分级提供，才能既保证所有公共物品的供给，又充分体现不同地区人们的不同需要和愿望。

4. 公共物品最优供给规模条件

一般来说，任何一种产品符合效率原则的产出数量都由其边际效用曲线(需求曲线)与边际成本曲线(供给曲线)的交点决定。在这一产出水平上，边际效用等于边际成本。当公共物品的边际效用与边际成本相等时，社会从这一产品所得到的净效益达到最大化，但这并不能保证每个社会成员都达到自己最满意的状态。只有当公共物品的成本分担合理，使每个人的边际效用等于其边际成本时，才能保证每个人都达到自己最满意的状态。因此，要使公共物品供给规模最优，必须满足社会边际效用等于边际成本，且每个人的边际效用等于边际成本。

5. 公共物品的供给效率还取决于成本和效益的对比关系

要提高公共物品的供给效率同样要求成本最小，效益最大。在确定了公共物品内容后，公共物品的供给效率主要取决于成本的大小。公共物品的供给成本包括筹资成本和生产成本。因此要提高公共物品的供给效率不仅要提高政府办事效率，而且要选择合适的税制和生产方式，要选择符合公平、效率、规范、便利、简洁原则的税制和生产预算约束较强的生产方式。

三、公共物品理论的新发展

公共物品理论近年来在学界相当流行，对政府的职能定位及政府购买公共服务等民生政策产生了重要影响。但由于该理论本身的发展还不完善，没有恒定的准绳，以这样的理论指导政府职能定位与民生政策，必然导致在实际应用中混乱不堪。为此，有学者对传统公共物品理论进行了创新，提出了一种新的理论观点——需求溢出理论。

需求溢出理论的基本观点是：个人需求是公共管理的原点，当个人需求超出其本人及其家庭的满足能力时，那部分无法解决的个人需求即为个人需求的溢出。个人需求分为人道需求、适度需求和奢侈需求三个层次。个人的人道需求和适度需求的溢出，则生成公共问题，并成为公共管理所应解决的问题。解决个人的人道需求和适度需求的溢出问题是公共管理的终极使命。就公共管理而言，公平和效率是解决需求溢出问题的评判标准，资源开发和资源配置是解决需求溢出问题的物质保障，满足需求和抑制需求是解决需求溢出问题的基本途径。就总体而言，优先保障个人的人道需求、尽量满足个人的适度需求、引导抑制个人的奢侈需求，是公共管理的恒久之道。

与传统的公共物品理论将政府的公共服务定位于物品的客观属性(消费上的非竞争性和非排他性)不同，需求溢出理论将政府的公共服务定位于个人的需求溢出——人道需求和适度需求的溢出。基于此，需求溢出理论的民生政策思路与传统公共物品理论截然不同：需求溢出理论追求民生服务的差别化——民生服务按需供给、民生成本差别分担；而传统公共物品理论则追求民生服务的无差别化——民生服务无差别(普惠制)供给、民生成本无差别分担。而为了实现“民生服务按需供给”“民生成本差别分担”的政策思路，需求溢出理论主要采用市场外补贴的方式来保障民生，即采用补强弱者跟上市场的方式来保障民生，而不是像传统公共物品理论那样通常采用压制市场迁就弱者的方式来保障民生。

(一)民生服务按需供给与民生服务的普惠制供给

需求溢出理论认为，公共管理的使命是解决个人的需求溢出问题，而不是解决个人的所有需求问题。换言之，只有个人及其家庭解决不了的问题即需求溢出问题才是公共管理所应解决的问题。这样，在制定政府的民生政策的时候，需求溢出理论要求政府首先要识别个人的哪些民生需求是其本人及家庭能够解决的、哪些民生需求有所溢出、溢出的民生需求达到何种程度，然后再配置资源来解决那些溢出的民生需求，而对于那些民生需求没有溢出的个人，政府则不需要投入民生资源。这样，对于个人的民生需求而言，需求溢出理论下的政府民生政策是因人而异、区别对待的：民生需求溢出多的人多受益，民生需求溢出少的人少受益，民生需求没有溢出的人不受益。因此，需求溢出理论下的政府民生政策采用的是按需供给的资源投入策略，而不是对不同经济状况的人采用无差别供给(普惠制)。

传统公共物品理论则认为政府的民生服务属于公共物品或准公共物品，因而具有消费上的非竞争性和非排他性。而消费上的非竞争性要求该物品的供给对所有人都应当一视同仁，因为增加一个消费者并不增加供给成本，所以不必对不同经济状况的人区别对待；消费上的非排他性则要求该物品的供给对所有人只能一视同仁，因为非排他性导致政府无法或不值得对不同的人区别对待。

实际上，个人因其家庭的经济状况不同，对政府的民生资源的需求或依赖程度也有所不同。例如，同样是每月 200 元的食品补贴，对有的人来说就能够免于挨饿，但对富豪来说还不够买半支雪茄。同时，由于任何时候国家的民生资源都是有限的，而且还是相对短缺的，这些有限的民生资源如果在穷人、富人身上平均分配，其民生效果显然不如向穷人倾斜分配。就此而言，与需求溢出理论下的民生服务按需供给相比，公共物品理论下的民生服务的无差别(普惠制)供给就带有明显的“劫贫济富”的色彩。

(二)民生成本差别分担与民生成本无差别分担

按照需求溢出理论，公共管理的使命是解决个人的需求溢出问题，而不能加剧个人的需求溢出。对于社会上的低收入群体(包括零收入或负收入群体)而言，其本身的负担能力极弱，任何另外的经济负担都可能成为“压垮骆驼的最后一根稻草”。基于此，需求溢出理论主张，政府提供的民生服务的成本应当实行差别分担：一方面，应本着能者多劳的原则进行成本分担，即按照个人的经济能力来确定其应负担的政府民生服务的成本，也就是富人多承担、中产少承担、穷人更少承担或不承担；另一方面，应本着用者付费的原则进行成本分担，即按照对民生资源的消耗量来确定其应负担的民生服务成本，也就是用得越多承担的成本越多，用得越少承担的成本越少。传统公共物品理论基于政府民生服务的公共物品属性，主张民生服务的成本应当由国家财政全部负担或部分负担，以支持其民生服务无差别供给的政策。由于国家财政属于穷人和富人所共有的公产，由国家财政来负担民生服务的全部或部分成本，就体现出对民生成本的无差别负担：不分贫富、不分对民生资源的消耗量，一概通过国家财政来负担民生服务的成本。

就个体而言，富人的纳税额肯定高于穷人，因此在公共财政中单个富人的贡献肯定高于单个穷人。但税收作为现代二次分配的手段，其主要功能在于调节贫富差距，以矫正一次分配(市场分配)所导致的恶果——穷者越穷、富者越富。这样，用公共财政承担的民生服务的主要功能应当是济贫，而非贫富兼济。如果是贫富兼济的话，就等于从富人那里收税然后再还给富人——若如此还不如当初就不向富人收税，因为收税、返还这两道环节必然会产生管理成本，进而必然导致效率损耗。这样，用本应用于济贫的公共财政来支付贫富兼济的民生服务的成本，实际上就是“劫贫济富”——既没效率，又不公平。

(三)补强弱者跟上市场与压制市场迁就弱者

为贯彻民生服务按需供给和民生成本差别负担的政策思路，需求溢出理论主张政府通过补贴的方式来补强弱势群体，通过市场来满足其个人需求的能力，从而解决和防范弱势群体的人道需求和适度需求的溢出。由于补贴水平是按照不同人的经济状况和市场上民生必需品的市场价格而定的，因此补贴只向中低收入群体发放，且补贴水平因人而异、因市场物价水平而异。由于这种做法只是补强弱势群体的市场购买能力使其能够通过市场来满足其基本需求，因此政府并没有干预市场、切割市场或削弱市场，反而由于补强了弱势群体的市场购买能力而培育了市场。

而为了实现民生服务的无差别供给和民生成本的无差别负担的政策思路，公共物品理论非常热衷于用国家权力将某种民生服务从市场中强行分割出来，实施免费供给或低价供给，使弱势群体和高收入群体一同从国家免费供给或市场低价供给的民生服务中受益。这种做法实际上在市场中导致了一个个高低不同的“低洼区”或“价格低地”，而为了防止“市场之水”荡平这些“低洼区”或“价格低地”，政府不得不动用国家权力(价格规制权)来与市场对抗，由此在政府监管部门和市场主体之间形成了猫捉老鼠式的博弈，并导致高额的监管成本。

也就是说，需求溢出理论下的民生政策以保全市场、顺应市场、利用市场、培育市场为导向，而公共物品理论下的民生政策则以分割市场、排斥市场、干预市场、抑制市场为导向。简言之，需求溢出理论下的民生政策是与市场为友的民生政策，而公共物品理论下的民生政策则是与市场为敌的民生政策。

四、需求溢出理论的民生政策思路的现实意义

我国现行的民生政策思路基本上是传统公共物品理论的民生政策思路。与之相比，需求溢出理论的民生政策思路在以下方面效果更佳。

(一)更符合大众的公平正义观念

无论任何年代、任何国家，在大众的观念中，“劫富济贫”的政策总比“劫贫济富”的政策更加公平、更加正义。由于传统公共物品理论追求民生服务的无差别化，主张民生服务不分贫富的无差别供给和民生成本的无差别分担，而需求溢出理论则追求民生服务的差别化，主张民生服务按需供给和民生成本差别分担，这样，在需求溢出理论的民生政策下，低收入群体受益多而负担的成本少，高收入群体受益少而负担的成本多。由此，与传统公共物品理论下的民生政策相比，需求溢出理论的民生政策更符合大众的公平、正义观念。

(二)更有利于节约资源和提高民生资源的效益

民生需求是人的基本需求。民生资源的效益取决于其能够解决的民生需求的程度和广度。按照需求溢出理论，政府的民生服务即民生资源主要投向中低收入群体，因为只有这些人才会面临民生需求的溢出问题，才需要政府来服务。而高收入群体有能力自己解决自己的民生需求，其民生需求不会出现溢出的问题，因此不需要国家投入民生资源。这样，如果按照传统公共物品理论实行民生服务的无差别供给，就会有许多民生资源提供给本来不需要此类民生服务的高收入群体，这部分民生资源的效益显然不如投给有需要的低收入群体。因此，需求溢出理论所主张的按需供给的民生政策，能够使民生资源的效益更高、效果更佳。另外，需求溢出理论的民生政策主张民生成本差别分担，包括按照对民生资源的消耗量来确定民生成本的分担，与传统公共物品理论的民生成本的无差别分担相比，这种成本分担方式更有利于人们节约民生资源，尤其是水、能源等不可再生资源，从而使有限的民生资源效益更高、效果更佳。

(三)更有利于降低监管成本

如前所述，公共物品理论的民生政策，往往在市场中导致了一个个高低不同的“价格低洼区”或“价格低地”，政府不得不动用国家权力(价格规制权)来与市场对抗。例如，政府对教育、医疗服务的价格管制，使教育、医疗服务成为市场中的“价格低洼区”，这样市场规律就驱动着学校和医院通过所谓的“不正之风”来追求市场利润，进而使教育、医疗领域的不正之风愈演愈烈、花样翻新，由此导致政府的监管成本也水涨船高。而需求溢出理论下的民生政策思路，由于采用补强弱者跟上市场的策略，并不人为地制造“价格低洼区”，所以政府无须与市场对抗，其监管成本自然就会低很多。

(四)更有利于保全市场机能及经济全局

市场是一个诸多要素相互关联的复杂系统，某一项物品的价格被政府人为压低之后，会产生连锁反应。例如，政府为了保民生而压低粮食价格，一方面会加剧农民的民生问题，另一方面会导致农民惜售或撂荒，甚至有人将粮食走私出口，结果导致国内市场粮食短缺，从而对民生造成更大的伤害。因此，与公共物品理论所奉行的与市场为敌的民生政策相比，需求溢出理论所奉行的与市场为友的民生政策更有利于保持市场的正常机能，从而更有利于经济全局的发展。

(五)更有利于为党和政府赢得民心

从赢得民心的角度看，传统公共物品理论的民生政策思路有两点缺陷：第一，传统公共物品理论的民生政策追求民生服务的无差别供给，即惠及全民，而不是专门惠及有需要的中低收入群体。这种惠及全民的民生政策必然导致有限的民生资源在全民中被“摊薄”。其后果是：中低收入群体因政府的民生服务力度不足而有怨言，高收入群体对政府提供的这些民生服务不屑一顾，反而对政府为保民生而干预市场的行为心有不满。这样，政府推行的惠及全民的民生服务反而会两面不讨好。第二，像限价之类的民生措施只是隐性的利益分配，受益者的受益感受远不如显性的利益分配(如发放补贴)那么强烈，因而在为党和政府赢得民心方面，隐性的利益分配远不如显性的利益分配那么有效。

需求溢出理论的民生政策思路完全不同：首先，需求溢出理论反对民生服务的无差别供给，而追求按需供给，即按需求溢出的程度供给。这样，中低收入群体因获益最多而少有怨言，高收入群体因不在乎也少有怨言。其次，需求溢出理论奉行与市场为友的民生政策，其政策思路是补强弱者跟上市场，因而不会产生像限价那样的“摁下葫芦起了瓢”的现象。第三，需求溢出理论下的保民生措施主要是“补”(包括实行货币化补贴和实物补贴，以补强弱者的市场购买能力或直接满足其民生需求)，属于显性的利益分配，因而比传统公共物品理论下所常用的“限”的民生措施更有利于为党和政府赢得民心。

(六)更有利于消解人民币的升值压力

随着中国经济的高速增长和中国外汇储备的增加，人民币的升值压力也越来越大。由于传统公共物品理论主张以“抑制市场迁就弱者”的政策来保民生——包括在市场中分隔出“价格低洼区”及抑制通货膨胀，其结果只会使人民币更加坚挺，从而加剧人民币的升值压力。而需求溢出理论则主张以“补贴弱者跟上市场”的政策来保民生，其结果会逐渐稀释人民币的购买力，从而有利于消解人民币的升值压力。

第二节　公共选择理论

一、公共选择理论的产生及发展

公共选择理论是产生于20世纪40年代末，于20世纪60年代末70年代初形成的一种学术思潮。英国北威尔士大学的经济学教授邓肯·布莱克(Duncan Black,

1908—1991 年)被尊为“公共选择理论之父”，他于 1948 年发表的《论集体决策原理》一文为公共选择理论奠定了基础。布莱克在这篇文章中提出，只要投票人的偏好都是单峰值的，简单多数规则一定可以产生出一个唯一的均衡解，这个均衡解和中间投票人的第一偏好正好一致，即中间投票人偏好的议案或公共物品会被通过。布莱克的这个观点后来被称作单峰偏好理论和中间投票人定理。而公共选择理论的领袖人物当推美国著名经济学家詹姆斯·布坎南(J. M. Buchanan)，他因在公共选择理论领域中的建树而获得 1986 年度诺贝尔经济学奖。瑞典皇家科学院在该年度的颁奖公告中指出“布坎南的贡献在于他将人们从相互交换中各自获益的概念应用于政治决策领域”，他提出的公共选择理论“弥补了传统经济理论缺乏独立的政治决策分析的缺陷，有助于解释政府预算赤字为何难以消除的原因”。公共选择理论的出现，不仅对现代经济学与政治学的研究具有一定创新和方法论意义，而且对我国如何更好地进行管理、处理好政府和市场的关系具有重要的启发。

公共选择理论产生于西方，它的产生不是偶然的，而是有其特殊的经济和政治背景。第二次世界大战后，凯恩斯国家干预理论日渐盛行，它把政府干预看作弥补市场缺陷的唯一良策。随着政府对市场干预的加强，政府干预的缺陷与日俱增。布坎南等人创立公共选择理论的目的正是揭示“政府失灵”并试图克服政府干预的缺陷。公共选择被定义为对非市场管理的经济学研究。它把经济学的分析方法和工具用于研究集体的或非市场的政治管理过程。它以经济学的“经济人”假设为基本行为假设前提，依据自由的交易能使交易双方都获利的经济学原理，分析公众的公共选择，揭示政府管理行为以及二者之间的关系。

公共选择理论包括两层含义：一是集体性，单个个人的决策不在考虑范围内，但只要有人群的地方就必须有集体决策；二是规则性，为使人与人之间存在的偏好差异行为能够有效地协调起来，必须进行集体决策以制定能够满足一般人偏好的规则。公共选择理论研究的范围是国家、政府、国防、教育、分配、环境等各个方面。

公共选择理论认为，政治是一个经济学意义上的市场，供方是政府，提供公共产品和服务。消费者是公众，购买或享受政府提供的公共产品和服务。政治和经济领域的基本行为单位都是独立的个人。同一个人，如果在经济领域是自私自利的，不可能在政治领域发生彻底改变，不可能仅仅因为他的政治角色而变得大公无私。由于其逻辑起点是“经济人”的概念，因此认为政府机构不再是具有强烈独立倾向的集体，而是由一个个“经济人”组成的。无论是作为个体的人还是组织，都有自己的利益，都需要与他人及其他组织发生联系与利益关系，为此也要通过选择以求得最大利益的实现，从而通过公共选择来整合多种利益主体的利益以求得平衡。

公共选择理论把政府当作一个有自身利益的实体，政府失败是不可避免的，这就打破了传统政治学理论对政治人假设的幻想，即政治家和官僚会为了公众利益而工作，政府失败只是偶尔的操作失误，可以由政府自身加以纠正。公共选择理论主张为了将政府失败降低到最小的程度，公共选择的参与者所能够做到的是尽量完善政府管理过程，加强对管理者的监督，加大约束力度。

公共选择理论的核心是政府与社会的关系问题。它认为没有任何逻辑理由证明公共服务必须由政府官僚机构来提供。因而，公共选择理论主张设立私营企业、非营利机构等公共部门以取代处于垄断地位的政府官僚体制；实现公共组织之间的充分竞争以及公共服务组织小规模化；通过分权实现权力分割，允许不同组织之间在职能和管辖区域上的重叠交叉，等等。

公共选择理论把分析政府行为效率以及促使政府最有效工作的规则制约体系作为其最高目标，认为市场常会失败，需要政府干预。但市场的缺陷或失灵并不是把问题转交给政府去处理的充分条件，市场解决不好的问题，政府未必解决得好。因为选民与政治家的“经济人”特征及政治市场运作的特殊性，决定了政府机构工作的低效性，而且政府的公共政策也会发生偏差。因而，要想提高政府效能，不能仅指望为公共利益而奋斗的代理人的觉悟和努力，更重要的是改革约束政府运转的规则。

二、公共选择理论的核心内容

公共选择理论的核心内容可以分为两部分：实证性公共选择理论和规范性公共选择理论。实证性公共选择理论的内容主要涉及各种选举规则、投票以及这些规则在具体操作中所牵涉的各种问题以及相应的解决办法。规范性公共选择理论的主要内容是涉及各种规则的假设前提，同时还包括人们对于一个社会公民所应该具有的基本价值的判断，以及这些假设前提所适用的具体条件和这些价值判断标准之间可能存在的矛盾以及相应的解决办法。除此之外，这两部分所涉及的选择类型也有所不同。实证性公共选择理论所涉及的决策类型是所进行的决策对集体中的每个人都有利，对任何人的利益都没有损害。这种类型的决策类似于自帕累托边界之外向边界上的各点移动的情况；而规范性公共选择理论所进行的决策类型是，所有的决策是在损害其他一部分人利益的基础上来照顾另外一部分人的利益，这类决策与沿着帕累托边界移动的情况相一致。

在公共选择理论的实证分析中，维克塞尔认为应该把政府配置决策(或者再分配决策)与选民通过投票产生的结果所形成的过程联系起来。丹尼斯·缪勒在这个基础上进行了系统的整理和归纳，并予以发展，他把民主制的规则分为两类：一类是直接民主制，其投票规则包括全体一致规则、最优过半数、过半数规则、循环以及互投赞成票等；另一类是代议制民主制，包括中间投票者模型、最小获胜联盟假说以及候选人行为等。缪勒把这些内容列入实证性公共选择理论之中。在规范性公共选择中，缪勒对帕累托最优、豪尔绍尼和恩格的社会福利函数、阿罗的不可能定理、罗尔斯的公正性理论等做了归纳和整理，并进行了相应的评价。

实证性公共选择理论主要是分析集体决策所涉及的规则及其含义，该理论研究的是用于个人效用比较的过程。比如，过半数规则、需求显示过程、互投赞成票、投票交易、定点投票等都显示了个人偏好方面的效率，这些理论大多都继承了“契约论”的一些传统，也就是说先分析个人，再分析集体。与实证性分析相比，规范性公共选择理论研究的是那些用来表示共同持有的关于个人之间效用比较的价值观的过程，它研究的重点是针对各种抽象的理论，而并不是具体的政策制定、决策执行的过程，这些理论有的可以解释现实，有的则不能。

三、公共选择理论的现实意义

西方公共选择理论的方法论核心在于使用经济学的思维方式去分析政府管理活动中所涉及的诸多问题，这种分析范式拓展了经济学的研究领域，并为研究政府日常行为提供了新的思考路径。从研究内容上看，公共选择理论深刻地揭示了在开放条件下政府和市场之间存在的共同特征，并考察了政府在经济管理活动中对市场干预失败的根源以及确定实施干预的合理程度。当前，我国正处于经济社会转型时期，社会主义市场经济体制初步建立但尚未成熟，通过对公共选择理论的深入研究，可以从中得到一定的启发，这对我国政治经济改革和社会主义市场经济体制的进一步完善具有重要意义。

(一)注重政治和行政体制改革的同步和配套

政府在进行改革的过程中，在以经济体制改革为先导的同时，要注重政治和行政体制改革的同步和配套。通过逐步改革，尽快完成政府职能的转换。根据公共选择理论的基本原理，经济市场与政治市场具有相似性，经济过程和政治过程也有密切的联系。政治过程的缺点会对经济过程产生不良的影响。所以，为了早日建成比较完善的社会主义市场经济，必须进行相应的政治体制改革，并依据市场经济的内在要求转变政府职能。

(二)政府行政干预维持市场秩序

市场经济在运行过程中，需要政府的行政干预来维持市场秩序，以保证市场运行的有效性。而政府干预市场的基本依据在于法律制度的规定。因此，必须加强法制建设，将政府的决策纳入法制建设的轨道。市场秩序的建立和运行需要成熟的法律制度来保障，而市场经济本身就属于法制经济范畴，社会经济中的一切活动都需要利用法律制度来予以规范和约束。所以，在社会主义市场经济体制的建立和完善过程中，政府所掌握的公共决策的制定和执行必须在法律约束的范围之内，通过逐步优化制定和执行公共政策的系统，完善公共决策体制和相关规则，最终提高政府制定和执行公共决策的质量和效率。

(三)政府干预市场需把握好适度原则

由于市场机制运行的自发性决定其本身存在一定的局限性，所以注定了在运行过程中存在机制失灵的可能性。市场机制的失灵到达一定程度，必然通过经济危机的爆发来强制恢复市场功能。因此，政府必须对市场进行干预。但是，政府本身也不是万能的，也会出现干预失败的可能性，正如美国经济学家刘易斯所说，“政府的失败既可能是由于它们做得太少，也可能是由于它们做得太多”，所以，适度干预原则是政府在干预市场活动过程中应当遵守的基本准则。

(四)公共选择理论中的假设前提是政府行为服从“经济人”假设

我们必须正确认识政府的“经济人”行为特征，并且适当考虑政府行为的经济效益。一方面，由于我国是社会主义国家，我国政府的一切行为都是从最广大人民的根本利益出发的，政府部门工作人员的工作宗旨就是全心全意为人民服务，他们始终是人民群众的公仆。另一方面，我国政府部门和其相关的工作人员同样存在自身利益的追求，对此不但要加以重视，而且要正确地进行引导，并进一步加以规范。这样做的根本目的在于调动政府机关工作人员的积极性，防止腐败行为的滋生。另外，我国政府机关工作效率低的主要原因在于缺乏相应的激励机制和政府行为的经济效益监督机制。因此，在政府发生经济行为的过程中，可以从公共选择理论出发，对公共财政支出项目进行经济效益分析，并进行相应的经济效益评价制度安排，以防止政府“形象工程”“面子工程”的大量出现。

四、公共选择理论对当代中国公共管理的借鉴与反思

(一)对我国公共政治领域的思考及建议

“经济人”范式为制度分析和制度选择提供了统一基础和评判标准。如果个人行为动机都是纯洁的、利他的，则坏的制度和政策相对要少得多。正由于把人设想成追求自身利益最大化，为防止个人利用权力或不正当手段损害他人利益才需要设计约束其行为的法律制度。制度的优劣主要根据其在促进一般利益方面的成果或失败来判定，有效率的政策并不是产生于政治家的英明和智慧，而是有效率的公共选择机制。效率产生于合理的结构安排已是不争的事实，关键问题不在于法律条文的多少，就像宪法中“保护合法的私人财产不受侵犯”一样，这是符合中国目前经济发展规律的明智之举，但真正要落到实处恐怕不仅仅需要制度上的保证和法律条文的多寡，更应将一部分政治事务市场化，解决此类问题需要设计诱致性偏好显示机制，建立委托代理机制且要重视信息成本问题。具体的治理措施：第一，实行政府工作的经常性公示制度。我国存在的问题大部分是政府机构设置实际上的反复性，如在突发事件中一味地打压隐瞒，还不如明确地在各种传媒上公示，这在 2003 年已被实践证明是有效的。现在的问题不是这种制度建立起来与否，而是政府机构和官员之间这种本应是合理的委托—代理的机制在官员这一方发生扭曲，即关键问题在代理人身上。第二，政府官员也是“经济人”，他们一样是趋利避害的，这也是全球腐败问题难以解决的最重要原因。是允许其腐败还是

治理腐败？显然不能以腐败是发展中国家向发达国家跃升的润滑剂做简单回答，应进行反腐败立法以对其进行制度性制约。第三，对公共物品供给中所存在的寻租的考察。租金无处不在，只要信息和流动性的不对称阻碍资源的畅流，就存在租金，就会有寻租行为。在我国这样一个处于不发达阶段的国家，问题可能更严峻，所以要加快立法建设，从法制上建立寻租没有不寻租收益高的机制。第四，税制改革。重点是寻求对政府财政活动施加制度性约束的公共选择机制，以便把征税数量限制在某个特定水平上。这些政策的目的在于从根本上消除政府权力扩张和为私利行事的制度基础。

(二)对我国公共经济的思考及建议

公共经济不一定是排他性政府垄断经济，可以是混合经济，其中私人参与公共物品和服务的供给。这一点在我国长期被忽视，使得公共经济项目由政府独自包揽，由此形成的公共经济领域的主体单一化格局暴露出政府管理能力较弱的弊病。为扭转这种局面，应认识到公共经济市场化是较好的选择。依据古典自由经济理论观点，市场具有自我规范、自我治理的功能。当然，完全的自由市场是一种高度抽象化的假设，无政府的瓦尔拉斯均衡与帕累托最优在现实经济体制中并不存在，现实的市场体制在一定程度上依靠非市场政策安排和维持产权使契约具有权威性并实施契约。完善我国市场经济体制必然要肯定利益的分化以及各自独立利益主体的存在。这些利益主体在市场经济中是具有独立人格特征的利益承载者，必须担负起一定的责任和义务，同时具有充分的选择权利，这正是市场经济制度选择的特征，也为判断我国经济体制改革成功与否提供了参考。

我国经济体制改革的实质是通过对社会主义生产关系在一定范围内的调整，达到解放和发展社会生产力的根本目的。我国经济体制改革成功与否的重要标志应该是使绝大多数人富裕起来，对于少部分因某些原因生活水平提高不快，甚至下降或仍处在贫困状态中的人，也应通过某些宏观调控措施和健全的社会保障制度予以维护并通过发展生产或就业培训使其尽快富裕起来。要兼顾公共利益与私人利益的一致性，公共选择关于政府行为中“经济人”特性具有普遍性的现象在量上无法做出准确统计，但对大量的以权谋私、权钱交易等腐败现象研究有增益：第一，政府业务合同出租，即把政府的一些工作任务推向市场，竞争获胜者与政府主管部门签订合同；第二，靠市场打破政府垄断，在政府调控下把私人资本投入政府包揽的事业中。在公共经济项目上建立成本—收益预算制度、基本薪酬—绩效奖励制度以及将经济责任落实到人头的制度，对完不成预期经济目标的政府公务人员要给予一定程度的处罚，严格实行问责制。公共服务市场化是解决公共物品提供低效率的较佳途径，即在公共物品提供中引入市场竞争机制，给公众以个人选择机会。公共选择理论强调竞争，认为竞争提高效率并使得经济少投入多产出；通过竞争可以打破垄断，能迫使垄断组织对顾客的需要做出反应，从而实现消费者主权与“公众主权”，给公众提供“用脚投票”的机会。

第三节　新公共管理理论

一、新公共管理理论的产生及理论渊源

自20世纪70年代以来，西方国家针对政府管理过程中出现的财政危机、信任危机以及效率危机，开展了一场旨在推行政府管理民营化、效率至上和顾客取向的政府改革运动。这种以经济学为基础，以政府和市场关系协调为核心的新公共管理运动，不但成为西方国家改革的理论指导，而且也涉及发展中国家，成为近年来规模空前的公共管理改革的主导方向。在新古典经济理论的崛起、经济全球化大趋势、信息技术革命推进，尤其是西方各国政府财政赤字猛增、福利国家不堪重负等一系列新的社会与政治问题出现的背景下，西方发达国家掀起了一场声势浩大的公共行政改革运动，称为“新公共管理”运动。这场改革运动始于英国，然后席卷全球。从美国的“重塑政府”(Osborne和Gaebler，1992)运动到英国的“宪章运动”(Hood，1991)，从新西兰的“全面改革”到德国的“苗条国家”改革以及其他西方国家普遍实行的以市场为导向的行政改革措施，都在不同程度上实践着新公共管理理论，体现着新公共管理理论的诸般特征。新公共管理的理论基础主要来自经济学和私人部门的管理理论。其中，经济学基础可以追溯到20世纪50年代以后兴起的公共选择理论、新制度经济学理论中的交易成本理论和委托—代理理论。首先公共选择理论作为经济学方法在政治学中的运用，它的基本假设是：人是关心个人利益的、是理性的，并且是效用最大化的追求者。对于一个理性的人必须用激励系统来引导他的行动，不管个人的愿望是什么，其行为必须受到“鼓励”和“大棒”的制约。另外，对于公共服务既可以由政府来提供，也可以由社会来提供；应打破公私界限，破除政府垄断，在政府和社会之间，在公私之间形成竞争；应当给予公众对公共服务进行选择的机会，即“用脚投票”的机会。公共选择理论认为政府产出的非市场化特征导致官僚机构缺乏竞争，使得政府没有动力降低成本，从而变得没有效率或低效率，需要向灵活的、成本—收益对称的市场机制转变。

以科斯为代表的新制度经济学以交易成本为分析的起点和理论工具，他们认为，官僚机构垄断公共服务生产的传统模式无疑是以巨大的交易成本为代价，无法实现资源的最优配置，因此应运用市场检验或签约外包的形式将公共服务转由非官僚机构承担，降低交易成本。在“公共部门，如果采用签约的形式来降低行政费用并且造成某种竞争，将有可能使某些交易付出较低的成本”。委托人—代理人理论主要用于描述在所有权、控制权两权分离和利益分割的状况下，委托人和代理人之间的关系模式以及行为动机与规则等问题。在委托—代理关系中由于存在信息不对称和目标的冲突，公共领域中的委托—代理问题层出不穷，因此如何设

计适当的激励机制，诱导代理人去追求委托人的目标，使其行为符合委托人的利益，达到“激励兼容”，就显得十分必要。运用这一理论，西方以市场化为取向，实现政府从社会的部分撤退，在公共部门引入竞争与市场机制，实行绩效评估与绩效管理等，实现个体利益与共同利益的相容。

新公共管理也从私人部门的管理中受益。20世纪以来，由于全球化的发展和国际竞争的加剧，对西方国家的私营部门形成了巨大的压力。压力之下求生存、求发展就需要改革。私人部门为了适应环境，很快进行了管理变革，如推行分权制、削平等级，专注于提高质量，以及和顾客建立密切联系，等等。所有的这些都使他们在新的全球化市场经济中保持了竞争力。公共部门在私营部门获得成功的巨大影响下，开始引进私营部门中卓有成效的管理方法，诸如绩效管理、目标管理、灵活化的、弹性的组织模式，形成了重视结果、以顾客为导向的管理理念。

二、新公共管理理论的基本主张

新公共管理是一种管理理论，又是一种新的公共行政模式，还指在当代西方公共行政领域持续进行的改革运动，它所思考的问题是如何从传统的官僚体制中解脱出来，考虑怎样改变运作方式，要求政府更具代表性、回应性和责任感。它有七项核心主张。

第一，服务于公民而非顾客，即公共利益源于对共同价值准则的对话协商，而不是个体自我利益的简单相加。公务员不仅要回应“顾客”的需求，更要关注政府与公民之间、公民与公民之间的信任合作关系。新公共管理从公共选择理论中获得依据，认为政府应以顾客或市场为导向，从而改变了传统公共行政模式下的政府与社会之间的关系，对政府职能及其与社会的关系重新进行了定位。新公共管理理论认为，政府的社会职责是根据顾客的需求向顾客提供服务。“市场不仅在私营部门存在，也在公共部门内部存在。当市场在公共部门出现时，我们通常称之为系统，如教育系统、职业训练系统和心理卫生系统等。如果我们把市场导向的思想应用到我们的公用系统上去，我们就能取得伟大的成就。”于是在新公共管理中，政府不再是凌驾于社会之上的、封闭的官僚机构，而是负有责任的“企业家”，公民则是其“顾客”或“客户”。“企业家”在新公共管理思想中有其特殊的含义，他们把经济资源从生产率和产出较低的地方转移到较高的地方，他们运用新的形式创造最大限度的生产率和效率。因此，企业家式的政府应该是能够提供较高服务效率的政府。为了实现这一目标，政府服务应该以顾客需求或市场为导向。只有顾客驱动的政府，才能提供多样化的社会需求并促进政府的服务质量的提高。因为这将使竞争进一步发展，不是政府管理人员选择服务提供者，而是政府管理人员让公民选择服务提供者。企业虽然以营利为目的，但受顾客驱使的机制令企业不断寻求新途径以使顾客满意。相反，政府是为公民服务的，但在大多数公共组织中甚至弄不清谁是它们的顾客或服务对象，而且服务水平低劣。所以，给公民以更多的选择权，让公民有机会来评价政府工作效果的“顾客驱动”机制将是一个推动政府改善工作的良好机制。

第二，政府应广泛采用授权或分权的方式进行管理。政府组织是典型的等级分明的集权结构，这种结构使得政府机构不能对新情况及时做出反应。由于信息技术的发展趋势，加快决策的压力猛烈地冲击着政府的决策系统，所以政府组织需要对不断变化的社会做出迅速的反应。企业界经理采取分权的办法，通过减少层级、授权和分散决策权的办法迅速做出反应，从而有效地解决问题。因此，政府也应该通过授权或分权的办法来对外界变化迅速做出反应。政府应将社会服务与管理的权限通过参与或民主的方式下放给社会的基本单元：社区、家庭和志愿者组织等，让它们自我服务、自我管理。奥斯本和盖布勒说：“当家庭、居民点、学校、志愿组织和企业公司健全时，整个社区也会健康发展，而政府最基本的作用就是引导这些社会机构和组织健康发展……那些集中精力积极掌舵的政府决定其社区、州和国家的发展前途，它们进行更多的决策，它们使更多的社会和经济机构行动起来。”这是因为，健康而有活力的社会基本单元构成健康而有活力的国家。新公共管理理论认为，与集权的机构相比，授权或分权的机构有许多优点：比集权的机构有多得多的灵活性，对于新情况和顾客需求的变化能迅速做出反应；比集权的机构更有效率；比集权的机构更具创新精神；能够比集权的机构产生更高的士气、更强的责任感、更高的生产率等。

第三，政府应广泛采用私营部门成功的管理手段和经验。与传统公共行政排斥私营部门管理方式不同，新公共管理理论强调政府广泛采用私营部门成功的管理手段和经验，如重视人力资源管理，强调成本—效率分析、全面质量管理，强调降低成本、提高效率等。新公共管理理论认为，政府应根据服务内容和性质的不同，采取相应的供给方式。政府可以把巨大的官僚组织分解为许多半自主性的执行机构，特别是把商业功能和非商业功能分开，决策与执行分开；移植私营部门的某些管理办法，如采用短期劳动合同、开发合作方案、签订绩效合同以及推行服务承诺制；主张全面的货币化激励，不过分主张传统的道德、精神、地位和货币等因素的混合以及单一的固定工资制的激励机制。特别是主张对高级雇员雇用实施有限任期的契约，而不是传统的职位保障制。

第四，政府应在公共管理中引入竞争机制。传统的观念认为，微观经济领域应该由私营企业承担，而公共服务领域则应该由政府垄断。与传统公共行政排斥私营部门参与管理不同，新公共管理理论强调政府管理应广泛引进竞争机制，取消公共服务供给的垄断性，让更多的私营部门参与公共服务的供给，通过这种方式将竞争机制引入政府公共管理中来，从而提高服务供给的质量和效率。之所以需要引入竞争，是因为竞争可以提高效率，即投入少产出多；竞争迫使垄断组织对顾客的需要做出反应；竞争奖励革新；竞争提高公营组织雇员的自尊心和士气。因此，政府为了高效地实现公共服务的职能，应该让许多不同的行业和部门有机会加入提供服务的行列中。

第五，政府应重视提供公共服务的效率、效果和质量。传统政府注重的是投入，而不是结果。由于不衡量效果，所以也就很少取得效果，并且在很多情况下，效果越差，投入反而越多。新公共管理理论根据交易成本理论，认为政府应重视管理活动的产出和结果，应关心公共部门直接提供服务的效率和质量，应能够主动、灵活、低成本地对外界情况的变化以及不同的利益需求做出反应。因此，新公共管理理论主张政府管理的资源配置应该与管理人员的业绩和效果联系起来。在管理和付酬上强调按业绩而不是按目标进行管理，按业绩而不是按任务付酬。在对财力和物力的控制上强调采用根据效果而不是根据投入来拨款的预算制度，即按使命做预算、按产出做预算、按效果做预算和按顾客需求做预算。

第六，服务而非掌舵，即公务员越来越重要的作用就在于帮助公民表达和实现他们的共同利益，而非控制或驾驭。与传统公共行政管理中政府只是收税和提供服务不同，新公共管理主张政府在公共行政管理中应该只是制定政策而不是执行政策，即政府应该把管理和具体操作分开。政府只起掌舵的作用而不是划桨的作用。这样做的好处是可以缩小政府的规模，减少开支，提高效率。“掌舵的人应该看到一切问题和可能性的全貌，并且能对资源的竞争性需求加以平衡。划桨的人聚精会神于一项使命并且把这件事做好。掌舵型组织机构需要发现达到目标的最佳途径。划桨型组织机构倾向于不顾任何代价来保住‘他们的’行事之道。”因此，有效的政府并不是一个“实干”的政府，不是一个“执行”的政府，而是一个能够“治理”并且善于实行“治理”的政府。

第七，政府应放松严格的行政规则，实施明确的绩效目标控制。新公共管理理论反对传统公共行政重遵守既定法律法规、轻绩效测定和评估的做法，主张放松严格的行政规制，实行严明的绩效目标控制，即确定组织、个人的具体目标并根据绩效目标对完成情况进行测量和评估。他们认为，虽然任何组织都必须具有规章才能运行，但是过于刻板的规章会适得其反。“我们接受规章和繁文缛节以防止发生坏事，但是同样这些规章会妨碍出现好事。它们会使政府的办事效率慢得像蜗牛爬行。它们对正在迅速变化中的环境不可能做出反应。它们使得时间和精力的浪费成为组织结构的固有组成部分。”他们认为，企业家式的政府是具有使命感的政府。它们规定自己的基本使命，然后制定能让自己的雇员放手去实现使命的预算制度和规章，放手让雇员以他们所能找到的最有效的方法去实现组织的使命。有使命感的组织比照章办事的组织的士气更高，也更具有灵活性和创新精神，从而更有效率。

近些年来，新政府管理观念上的调整有以下几点：一是以导航型政府代替了操作型政府；二是以市场代替了管制，出现了解制，从政府部门解制交给市场；三是用授能型政府代替了服务型政府，除让公众选择外，还要帮助他们得到可以选择的东西，随着社会越来越快的发展，在公众当中有越来越多不同的意见，如何使大家都能赞同政府的做法是政府首要考虑的问题，所以单纯的服务型政府已经不能适应公众的要求了，需要加以转变；四是以消费者导向代替官僚导向，政府要激发创新能力，与市场消费导向互动和回应；五是以赚钱代替花钱；六是危机管理上要用防御式管理代替治愈式管理，在危机发生前做好预防准备，而不是危机后单纯地加以治疗；七是以参与式管理代替层级式管理。

三、新公共管理理论的实践模式

彼得斯在《欧洲的行政现代化》一文中指出：北美各国沿着“管理主义”思路考虑公共组织的管理，而欧洲各国或多或少地介入了不同维度的管理主义改革中，他们属于不同的“新公共管理”实践模式。

(一)把新公共管理当成单一模式来理解

奥斯本和盖布勒在《改革政府》一书中提出“企业化政府”模式是一种单一模式，有十大基本原则：①起催化作用的政府：掌舵而不是划桨；②社区拥有的政府：授权而不是服务；③竞争性政府：把竞争机制注入提供服务中；④有使命的政府：改变照章办事的组织；⑤讲究效果的政府：按效果而不是按投入拨款；⑥受顾客驱使的政府：满足顾客的需要，而不是官僚政治需要；⑦有事业心的政府：有收益而不浪费；⑧有预见的政府：预防而不是治疗；⑨分权的政府：从等级制到参与和协作；⑩以市场为导向的政府：通过市场力量进行变革。

哈伯德(M. Hubbard)将“管理主义”模式的内容归纳为十大趋势：①主管的战略角色和战略管理实践的强化；②从行政到管理的重点转移，即从执行规则到实现既定目标的转移；③人事权由中央人事部门向部门主管的转移，限制工会的权力，打破统一的工资结构；④政策制定和执行的分离，即核心部门集中于战略管理和计划，设立独立执行机构来执行政策；⑤绩效工资制；⑥改善财务管理，强化财务控制；⑦以组织规划和评估的形式，把执行机构的运作与其目标更密切地联系起来；⑧加强对运作状况的评估；⑨追求高质量和高标准的顾客服务；⑩改变传统的组织文化，建立新的心理契约。

《布莱克维尔政治学百科全书》则将“新公共管理”模式概括为如下倾向：“宁要劳务承包而不要通过没有终结的职业承包而直接劳动的倾向；宁要提供公共服务的多元结构，而不要单一的无所不包的供给方式结构的倾向；宁可向使用者收费，而不是把普通税金作为资助不具有公共利益的公共事业基础的倾向。”

(二)不把新公共管理理论当成统一的模式来理解

英国学者E·费利耶(Ewan Felie)等人在《行动中的新公共管理》一书中认为，“在当代西方政府改革运动中，至少有过四种不同于传统的公共行政模式的新公共管理模式，它们都包含着重要的差别和明确的特征”。

1. 效率驱动模式

这是当代西方政府改革运动中最早出现的模式，又称撒切尔主义的政治经济学。其基本内容有：强烈关注财政控制、成本核算和效率问题；建立强有力的一般管理中心，采用层级管理和“命令与控制”的工作方式，要求目标定向明确；发展正式的绩效评估方法；强调对顾客负责，让非公共部门参与公共物品的提供；解除劳动力市场的规制，采用绩效工作制以及短期聘用合同；吸收部分雇员参与管理过程，采用更透明的管理形式；增加更具企业管理色彩而非官僚色彩的授权，强调责任制；采用公司治理的新形式，权力向组织战略顶层转移等。

2. 小型化与分权模式

它与20世纪组织结构的变迁密切相关——20世纪末组织的分散化和分权、脱离高度标准化的组织体制、日益增加的合同承包、小的战略核心与大的操作边缘的分离等，以往，公共机构提供大众服务和大规模提供标准化产品及控制市场都可被看作一种“福特主义”生产方式。20世纪70年代末起，公共部门出现了向“后福特主义”组织结构模式迅速转变的趋势——以垂直整合组织形式的解体和组织灵活性的日益加强为特征，大型的组织规模缩小，合同承包越来越多地被采用。

3. 追求卓越模式

强调价值、文化、习俗和符号等在人们行为中的重要性，它对组织及管理的变迁与革新具有强烈的兴趣。这种模式可以分为从下而上和从上而下两种途径。前者强调组织发展和组织学习；后者强调将已经出现的东西看作可塑造的、可变化的公司文化，引导其发展，强调魅力的影响或示范作用。

4. 公共服务取向模式

关心服务质量，强调产出价值，但以实现公共服务使命为基础；管理过程中以使用者的声音而非顾客的退出作为反馈回路，强调公民权理念；怀疑市场机制在公共服务中的作用，主张将权力由指派者转移到民选的地方委员会；强调对日常服务提供的全社会学习过程；要求一系列连续的公共服务使命与价值，强调公民参与和公共责任制等。

四、新公共管理理论对我国公共管理的启示

（一）政府公共服务领域引入竞争机制

新公共管理调整政府与社会、市场之间的关系，将竞争机制引入政府公共服务领域，使公共服务市场化；鼓励私人投资和经营公共服务行业，打破政府垄断，提高公共服务效率和质量，缓解政府财政困难。为了提高我国政府在公共服务领域，特别是基础设施行业的管理效率和水平，更好地发挥市场机制的作用，可以借鉴西方的做法，在加强对提供公共服务的宏观管制的同时，将竞争机制引入公共服务领域，开放一些公共服务的市场，在一定范围内允许和鼓励私营部门进入

公共服务领域。例如，在具有自然垄断性质的电信、电力、铁路运输、自来水、燃气供应等基础设施产业中，进行某些方面的改革，从而改变我国长期以来存在的“瓶颈”现象。这样有利于形成公共服务供给的竞争机制，提高公共服务的有效供给，产生更好的经济效益和社会效益。

(二)合理借鉴科学的企业管理方法

鉴于我国与西方发达国家在政治制度、公共行政发展水平方面的差异，完全照搬新公共管理以企业式为取向的政府组织改革是不可取的。现阶段我国的公共管理应在继续完善原有管理方式的同时，合理借鉴私企的管理方法，例如把目标管理、绩效评估、成本核算、结果控制等引入公共行政领域，这对提高政府工作效率是有促进作用的。企业管理特别是私营企业管理重视效率、重视产出、重视管理的科学性、重视市场需求和顾客的反馈，这些方面都可为公共管理所借鉴和学习。

(三)转变政府职能，强化政府管理职责

转变政府职能，推动政府改革，强化政府管理职责，以此来增强政府服务中的顾客意识。为此要界定政府的角色和职能，处理好政府与市场、政府与企业、政府与社会、政府与公民个人之间的关系。我国转变政府职能的关键环节是：还权于企业、社会和公民，实行政企分开，政事分开，政府不以公共权力主体的身份介入私人关系领域。在我国政府实践中，应推行政务公开、政务超市、社会承诺制、电子政务等产品和服务，最大限度地追求零顾客成本。为了使这些以顾客为导向的改革措施落到实处，我国政府应积极建立一些适当的公共服务绩效评估标准和申诉处理标准，以便于公众监督并更好地为公众服务，更好地推动政府改革，强化政府管理职责。

(四)注重既定的法律规章制度的落实

新公共管理从注重遵守既定的法律和规章制度，向注重实际工作绩效、注重提供优质服务的方向发展。这被视为西方公共管理更为成熟的一种标志。当然，在我国现阶段公共管理面临的主要问题和当务之急是建立健全一套法律法规，保证这些法律法规的贯彻落实，实现公共管理的法制化。另外，也必须看到，制度毕竟是手段，它是为政府完成公共管理的目标和任务服务的。因此，在制定法律法规和管理制度时，应该同时考虑如何将法律法规及管理制度落到实处，始终以人民的根本利益为取向，始终贴近社会现实，贴近公众需求。

(五)大力推进以事业单位为代表的管理体制改革

按照政事分开的原则，改革事业单位管理体制是我国机构今后改革的重点。我国政府改革的重点是推进政事分开、管办分离，加强政府社会管理和公共服务职能，创新社会管理体制，培育公共服务体系，遵循“政企分开—政事分开—政社分开”的历史进程不断向前推进。在未来的体制改革中，建立有效的激励与约束机制是一个必须认真解决的问题。我国事业单位改革的方向，是要建立一个能够与社会主义市场经济体制相适应、满足公共服务需要、科学合理、精简高效的现代事业组织体系。

（六）注重公共管理体制与政治体制的关联

新公共管理重视政治对行政、对公务员的影响。这一点给人们的启示是，公共行政管理体制改革需要与政治体制改革的其他方面结合起来进行。公共行政管理体制的绩效与政治体制的基本格局有着密切的关系，如果政治体制不能有效地保证健全的政治责任制度，不能使政府保持一定的政治权威，那么公共行政就有政治失控的危险。在一个缺乏政治权威和政治责任的体制里，政府制定政策和执行政策的质量是不能得到制度保证的。

对西方国家新公共管理理论的学习和借鉴，应充分考虑我国的国情，必须加以分析、选择，取其精华、去其糟粕后再加以吸收和借鉴。在宏观层次上我们仍然应承认并坚持政府改革的主导方向，在微观层次上必须注重我国国情的适应性和具体的改革措施。唯有这样，才能从新公共管理理论中真正学习和借鉴到有利于我国的一些成功经验，进一步促进我国政府改革。

第四节　新公共服务理论

一、新公共服务理论的发展背景及理论基础

（一）新公共服务理论的发展背景

首先，新公共服务理论是对传统公共行政的超越。如何降低政治决策实现过程中的代理成本，如何更有效地管理公共事务、维护统治秩序，如何通过技术方法的变革实现管理成本的压缩等一直是行政学孜孜不倦思考的核心问题。换言之，效率是公共行政学一个永恒的价值探索主题。与其说，传统公共行政的目标在于最大限度地实现经由环视民主模式和高层政治精英所厘定的体现公共利益的政治决策，还不如认为，它是执政的统治集团为了防止立法波动从而捍卫自己的利益，稳定集团政策旨意的一套执行制度。而且，官僚制确立了公共行政过程中唯一的权力核心和稳定的行为规则，这从根本上保证了高层政策稳定而且是持续性地贯彻和落实。体现价值中立精神的行政管理制度可以最大限度地保证执政利益集团的长久利益，不至于因为政权的转换而招致后续的否决和替换。传统公共行政理论从规则和独立合法权威的角度来看待政府和公共行政过程。所以，威尔逊认为，“把行政过程与大众利益分离开，进而防止公众参与治理。人民不是作为民主过程中的必要组成部分……他们只不过就是政策目标，是可以通过激励或者惩罚而被

操纵着去实现政策目标”。科学管理原则实现了对公共行政的控制意义。“开发最可预见、最有规律并且最正确的程序和规则，然后再利用管理方法和控制措施来保证组织内部成员做他们应该做的事情”。所以说，官僚制理论指导下的传统行政发展很难成为服务型政府建设的基础。建设服务型政府必须实现对传统公共行政的超越，新公共服务理论正是适应这一要求而被提出的。

其次，新公共服务理论是对新公共行政的更新。新公共行政和黑堡学派贡献的知识可以间接地折射出传统公共行政理论无法包容的新现象。传统行政学致力于解释和发现如何才能高效、经济地提供公共服务。新公共行政思潮对传统观点的质疑在于“公共服务是否有利于促进社会公平”。面对逐渐具有管理人格主体的公共官僚带来的社会管理现象，公共行政学开始思考如何通过伦理精神或者社会价值的植入，降低官僚对于政治家和公民的代理成本，如何促进官僚更加负责地为社会提供优质的公共产品等问题。于是，新公共行政在经济、效率作为公共行政不可撼动的基本价值之外，为公共行政的发展和变革砌入了第三块价值基石——社会公平。然而，在当代公共事务的治理实践中，公共官僚凭借成熟的专业知识、丰富的政策信息和稳定的决策执行系统，不断地强化自身作为社会核心治理主体的合法性。从当今世界各国的治理过程来看，官僚不仅赢得了政治领域中的话语权，可以代表、实现自身的特定利益，还为民主政治的发展设置了“专业化”的诠释过程，即高层的政治意愿和基层的公民利益诉求都要预先经历官僚的解读和分析才有资格进入政策议程。因此，虽然此时的公共行政学开始关注社会公共利益和公民需求，但是，可以看出，此时的行政发展过程仍然是以政府机构的自身价值建设为目标的。公民的利益诉求和公共利益依然是行政过程的边缘性问题。这一问题的解决正是借助于新公共服务理论对新公共行政的更新。

再次，新公共服务理论是对新公共管理理论的批判。以公共选择理论为知识支撑的新公共管理是借用企业家价值立场和目光看待公共管理活动的。公共行政官员被视为企业家，他们寻找机会来创造私人的合作关系并且为顾客(公民)提供服务，以修复福利国家带来的财政危机、管理危机和信任危机，求得自身存在的合法性。它依靠方法论的个人主义和公共选择的经济人假设来解释管理行为，进而排除了公共伦理、社会责任、公平等对公共管理活动的描述力、解释力和预测力。企业家政府是新公共管理理论的代表性暗喻，企业家的市场契约逻辑是新公共理论的思路。一般来说，新公共管理理论主要包括两类契约制度设计：一是交易合同，即签约外包制，把许多公共服务的供给任务交给私人；二是代理合同，即政府与首席执行官以及其他政府雇员的雇佣合同。新公共管理把政府和公共部门看成一种契约关系，是在契约的参与者共同同意的基础上的一系列具有约束力的互惠承诺，它倡导人们在那些运用于私人部门的制度结构中探索公共管理的新机制，重点就是为公共行政引入契约管理的理念和方法。契约治理解决了传统官僚理论无法解释的官僚行为动机的难题，它为提高公共部门服务效率提供了理论立足点。

新公共管理理论的杰出贡献在于突破了传统公共行政研究中政治家、政府本位的狭隘立场，不仅为公共部门注入了企业精神和类似于市场意义的竞争关系，而且还扩展了公共事务治理主体的选择范围。但是，新公共管理理论关注的主要是如何降低政府管理成本，从而解决现代社会政府管理的财政危机。而公共服务市场化、民营化并不是解决政府管理和公共服务所有问题的灵丹妙药，其负面影响是，公民的利益可能在公共服务民营化过程中受损。新公共管理理论最有魅力的口号就是“掌舵而不是划桨”。它对传统福利国家的全能政府、大政府管理模式的劣势批判是相当有力的。但是，如果公共服务的航船驶向“私利”的港湾，那无疑也是社会精英最阴险的伎俩。新公共服务理论正是在批判这种伎俩的过程中诞生的。

(二)新公共服务理论的理论渊源

新公共服务理论的第一个理论基础是民主公民权理论。“9·11”事件之后，美国人民重新注意到政府的重要性，重新称颂救火队员的公益献身精神和服务于国家的道德精神，是对过去20年不注重公益和公共服务精神的一大讽刺。亚里士多德在《政治学》中首先提出公民权。他认为公民权事实上就是公民通过参与城邦工作，来实现他们完美人格的一种理想。“亚里士多德的公民是相互作用的人，因此，他们积极主动的生活就是一种直接具有崇高道德的生活。”让·雅克·卢梭把公民界定为把社区利益放在心上的人。公民权被看作一种包含对社区及其成员的承诺，对公共事务的参与水平以及把公共利益置于个人利益之上的生活方式。新公共服务理论对民主公民权的重视，实际上也是对更为积极的和更多参与的公民权的复兴。正如埃文斯和博伊特所解释的那样：一个复兴的公民权概念应包括“关心共同利益，社区整体的福利，一个人所拥有的尊重他人权利的意愿，对不同宗教信仰、政治信仰和社会信仰的容忍，承担社区的决策重于一个人的私人偏好，以及承认一个人有责任保护公众和为公众服务”。

作为新公共服务理论的第二个理论基础，社区与公民社会理论越来越受到关注。随着西方社会的日益多元化，社区被视为促进统一和利益综合的重要途径。而政府的作用主要在于促进社区的形成和发展。在一定意义上，政府的这种努力有赖于建立一套健康、积极的协调机构，这样一个社区机构是建立在人们彼此关怀、信任和协作基础之上的，通过强有力的有效沟通和冲突解决系统，使个人与集体之间起调节作用并且使得个人和集体保持一致。“小集团构成了一种人们需要在社区关怀的环境中实现其个人利益的‘公民社会’。公民社会是一种公民能够相互进行一种个人对话和评价的地方，这种个人对话和评价不仅是社区建设的本质而且也是民主的本质。”

新公共服务理论的第三个理论基础是组织人本主义思想。由于传统的官僚层级制限制人类活动的视野，不利于充分发挥人的作用，所以，人本主义试图把公共组织改变成更少地受权威控制和支配的、更有利于个人积极性、主动性、创造性发挥和自我实现、自我满足的组织。“组织人文主义至少包括三个主题，特别适用于官僚伦理理论的发展。它们分别是：①以人道方式对待组织成员，将会带来更大的组织效率；②促进组织变更，以人道方式善待员工；③以人道的方式对待组织中的个人，是组织本身追求的一个目标。”由于组织人本主义“能够出现创造性和对话；感情的共鸣和尊重，不仅使团体和组织能够更加有效、负责地应对环境的复杂性，而且有助于个人的成长和发展”，所以，人本主义的精华也成为支撑新公共服务理论的一个重要基础。

新公共服务理论也把后现代的话语理论作为一个重要的理论渊源。后现代公共行政理论家主要信奉“对话”的理念，信奉公共问题通过“对话”要比通过“客观”测量或理性分析更有可能解决的观念。事实上，后现代主义认为，由于人们在后现代世界里相互依赖，政府治理必须建立于所有群体开诚布公对话的基础上，包括公民与公共行政人员的对话，但是这种对话的参与者必须具有：①均等的机会来选择并实行言说行为；②承担对话角色的有效均等机会去提出话语并使之永恒化，去提出问题，制造问题，给出对陈述、说明、解释和判断、赞成或反对的理由；③相同的机会去表达态度、感受、目的等，以及去命令，去反对，允许或禁止，等等。因为有意义的、切合情意的对话对公共行政具有重要作用。

二、新公共服务理论的基本内容

新公共管理理论在其风靡欧美等西方国家之时也遭到了来自多方面的质疑，尤其是不少学者对作为其思想精髓的企业家政府理论提出了尖锐的批评。例如，福克斯在《作为后现代符号政治的政府再造》一文中就提出新公共管理理论内在地存在着矛盾；沙赫特在《再造政府还是再造我们自己》一书中也对新公共管理理论所倡导的价值观提出了异议；还有人提出新公共管理理论所倡导的公共企业家精神以及新管理主义很可能会损害诸如公平、正义、代表制和参与等民主和宪政价值。而美国学者格林和哈伯尔则更为具体地批评说，企业家政府模式引用法国经济学家萨伊对企业家概念的定义并试图将这一定义简单地推广为任何人、任何公务员或公共组织可以仿效的行为准则，这是对美国政府及其治理模式的极大偏离，这些偏离将会引起涉及诸如三权分立体制中的制度关系、法治、制度稳定与整合、分配效应以及富有活力的政治社群的维持等传统的基本政治问题。诚然，这些批评意见的确从不同的侧面揭示了包括企业家政府理论在内的新公共管理理论的局限性，它们对于现代公共行政理论的进一步完善和发展无疑具有极为重要的促进作用。然而，这些对新公共管理理论的异议并没有进一步提出任何可替代的新理论模式，而新公共服务理论正是以美国著名公共行政学家登哈特为代表的一批公共行政学者基于对新公共管理理论的反思，特别是针对作为新公共管理理论之精髓的企业家政府理论缺陷的批判而建立的一种新的公共行政理论。

所谓新公共服务，指的是关于公共行政在以公民为中心的治理系统中所扮演的角色的一套理念。作为一种全新的现代公共行政理论，新公共服务理论认为，公共行政已经经历了一场革命。目前，与其说公共行政官员正集中于控制官僚机构和提供服务，倒不如说他们更加关注“掌舵”而不是“划桨”的劝告，即他们更加关注成为一个更倾向于日益私有化的新政府的企业家。但是，他们在忙于“掌舵”的时候，是否忘记了是谁拥有这艘船呢？在新公共服务理论家看来，公共行政官员在其管理公共组织和执行公共政策时应该集中于承担为公民服务和向公民放权的职责，他们的工作重点既不应该是为政府航船“掌舵”，也不应该是为其“划桨”，而应该是建立一些明显具有完善整合力和回应力的公共机构。作为一种新理论，新公共服务理论是建立在民主、责任和服务的基础上的，具体说来，主要包括以下几方面的内容。

(一)政府的职能是服务而不是掌舵

在新公共服务理论家看来，尽管过去政府在为社会“掌舵”方面扮演着重要角色，但当今时代为社会领航的公共政策实际上是一系列复杂的相互作用过程的后果，这些相互作用涉及多重群体和多重利益集团，为社会和政治生活提供结构和方向的政策方案是许多不同意见和利益的混合物。现今政府的作用在于，与营利及非营利组织一起，为社区所面临的问题寻求解决办法。其角色从控制转变为议程安排、使相关各方坐在一起，为促进公共问题的解决进行协商、提供服务。在这样一个公民积极参与的社会中，公共官员要扮演的角色越来越不是服务的直接供给者，而是调停者、中介人或裁判员。而这些新角色所需要的不是管理的老办法，而是做中介、协商以及解决冲突的新技巧。

(二)公共利益是目标而非副产品

公共行政官员必须致力于建立集体的、共享的公共利益观念，这个目标不是在个人选择的驱使下找到快速解决问题的方案，而是要创造共享利益和共同责任。在确立社会远景目标或发展方向的行为当中，广泛的公众对话和协商至关重要。政府的作用将更多地体现在把人们聚焦到无拘无束、真诚地进行对话的环境中，共商社会应该选择的发展方向。除了这种促进作用，政府还有责任确保经由这些程序而产生的解决方案完全符合公正和公平的规范，确保公共利益处于主导地位。

(三)在思想上具有战略性、在行动上具有民主性

新公共服务理论认为，为了实现集体意识，下一步就是要规定角色和责任并且要为实现预期目标而确立具体的行动步骤。这不仅仅是要确立一种远见，然后再把它交给政府官员执行，而且是要使所有相关各方都共同参与对一些将会朝着预期方向发展的政策方案的执行过程。人们必须逐步认识到，政府是开放的并且是可以接近的，否则，就不会有政府；政府是有回应力的，否则，就不会有政府；

政府存在的目的在于满足他们的需要，否则，就不会有政府。于是，这里的目标就在于确保政府具有开放性和可接近性，具有回应力，能够为公民服务并且为公民创造机会。

（四）为公民服务而不是为顾客服务

新公共服务理论认为，公共利益不是由个人的自我利益聚焦而成的，而是产生于一种关于共同价值观的对话。因此，公务员不是对"顾客"的要求做出回应，而是要集中精力与公民以及在公民之间建立信任与合作关系。公务员对服务委托人和公民给予优先权。支撑这种优先权的是高标准的表现和责任以及对质量的持续重视。更重要的是，管理者已经意识到，单纯的技术努力将以失败而告终，除非能对人性方面给予同样或者更多的关注，除非在组织内部建构一种社群感，在外部建构一种合作感。

（五）责任并不简单

公务员所应该关注的不只是市场，他们还应关注宪法、法律、社区价值观、政治规范、职业标准以及公民利益。人们知道，无论是传统的公共行政理论，还是新公共管理理论，都倾向于将责任过于简单化。例如，前者将公共行政官员视为只是简单地直接对政治官员负责，而后者则认为行政官员应像企业家那样有更多的行动自由，其工作绩效的评估主要应从效率、成本—收益以及对市场力的回应性等方面进行。

（六）重视人而不只是重视生产率

通常，人们往往将生产力改进系统、过程重塑系统和绩效测量系统视为设计管理系统的工具，但新公共服务理论家认为，从长远的观点看，这种试图控制人类行为理性的做法在组织成员的价值和利益并未同时得到充分关注的情况下很可能失败。此外，虽然这些探讨可能会取得一些成果，但是它们却培养不出具有责任心、献身精神和公民意识的雇员或公民。在他们看来，如果要求公务员善待公民，那么公务员本身就必须受到公共机构管理者的善待。管理者鼓励组织中的所有成员进行高层次的参与，以提高组织的质量和生产力。高层领导通过授权给整个组织中的个人（他们在自己的领域内实施领导）而使自身变得完整。

（七）公民权和公共服务比企业家精神更重要

在新公共服务理论家看来，新公共管理理论鼓励公共行政官员采取企业家的行为方式和思维方式，这样便会导致一种十分狭隘的目的观——所追求的目标只是在于最大限度地提高效率和满足顾客的需要。而新公共服务理论明确地认识到，公共行政官员不是他们机构和项目的企业所有者，政府的所有者是公民。公共行政官员有责任通过担当公共资源的管理员、公共组织的监督者、公民权利和民主对话的促进者、社区参与的催化剂以及基层领导角色来为公民服务。

三、发达国家新公共服务理论的实践模式

西方各国在市场经济、私营个体、中介组织、市民社会的发育和成熟程度方面相差悬殊，因此分别采取了不同的公共服务模式。本部分则主要阐述英、美、新加坡三种比较典型的公共服务模式。

（一）英国“公平福利型”的公共服务模式

英国的公共服务模式以20世纪70年代为分界线，即第二次世界大战期间到20世纪70年代末的福利国家阶段和从20世纪80年代开始的削减福利国家因素的阶段。这是因为在英国的政治传统中，议会权力强大，能够对行政权力形成足够的制约，与此相应也形成了以“公众利益”为主导的传统行政文化，但几十年的实践证明了英国传统的福利型公共服务的模式缺陷颇多；而20世纪70年代的危机则否定了凯恩斯主义理论的主导地位；基础设施需要大量投资，政府却入不敷出，因此英国社会在“公平”原则之外，偏向“效率”也是必然的趋势，削减国家福利也就在情理之中了。于是新时期英国的公共服务的提供也发生了重要的变迁，主要体现在以下方面。

第一，在实践中英国采用强制性竞争招标发展地方政府的职能。英国在公共服务领域发展地方政府的职能也采用了渐进的方法，逐步扩大范围。例如，1980年，在政府的规划和土地法案中，地方政府的投标范围是新建筑及建筑更新、房屋维修及保护、道路建设及维护等；而在1988年地方政府法案中，规定地方政府的CCT范围扩大为垃圾收集、建筑及道路清洁、学校及其伙食供应、车辆维护等；1989年加入了体育及娱乐服务管理；1994年进一步扩大到道路停车、安全、车船管理、法律、建筑和物业服务、住宅管理等；1995年又增加了信息技术及管理、金融、人事管理等内容。近年来，英国地方政府所参与和管理的地区事务的范围更加广泛，更加与技术的发展相联系，而且更重要的是地方政府自己参与这些领域的经营。地方政府本身不仅是一个管理性、服务性的政府，同时也是一个经营型的政府。

第二，英国公共服务的提供中以“公平”作为首要的价值理念，以国家为主体，实行对全民的普遍保障，但国家的保障仅限于平等地保障国民的最低生活水平，超出最低生活水平的生活需要则由个人承担。以社会保障为例，它主要由国民保险、国民医疗保健、家庭津贴和国民救助等构成。国民保险是对在离校年龄和退休年龄之间的所有人实行的强制性的保险；国民医疗保健制度是全民公费医疗制度，凡是在英国居住的公民，无须取得保险资格，均可享受各种医疗保健服务，所需费用主要由财政拨款支付；家庭津贴主要是发放给家长从事全日制工作、有未成年子女、收入低于官方规定标准的家庭，费用由国家财政负担；国民救助对陷于贫困状态的社会人员进行救助的全部费用来自国家财政收入。

第三，英国非营利性组织 NPO/NGO 仅次于美国，相对规模居世界第二位。自从 1869 年英国人亨利·索里(Reverend Henry Solly)在伦敦成立世界第一个慈善组织协会之后，1884 年，英国人巴纳特(Canon S. A. Barnett)在伦敦创建了世界上第一个社区公社——今天遍布全球的社区服务中心的前身，名字叫汤恩比馆，这两大组织除救济贫民、协调各慈善机构外，还开创了社会工作的基本方式和方法，这就是英国非营利性组织发展的前身。目前，英国的非营利组织在教育、文体休闲、社会服务这三个领域中最为活跃。非营利性组织在政府治理中发挥着越来越积极的作用，这从英国养老服务领域的改革可见一斑。

这一养老服务领域的改革说明，近年来在英国推行的公共部门改革就是试图在公营部门运作中利用市场机制的优点：用者付费；用投标或合约方式增强竞争；引入内部市场；下放财政监控；把部分公营机构转为代理机构。最常用的是竞争性的投标或合约。

(二)美国以市场为主导，以竞争为核心的公共服务模式

美国的公共服务坚持以市场为导向，引进竞争和激励机制，强调通过经济增长，确保劳动者加入劳动市场，以劳动者对生产的贡献程度来保障其生活。美国的公共服务强调的是个人自助。以社会保险为例，其资金来源只是依靠被保人及其雇主以社会保障形式缴纳的保险费，国家和一般税收只用于社会救助方面的支出。美国模式与其他模式不同，主要表现在以下方面：

第一，美国联邦、州与地方政府共同承担公共服务。在美国，公共服务最初都由社团承担，联邦政府基本不干预。经历了 20 世纪 30 年代的大萧条之后，“罗斯福新政”加强了联邦政府的权力，联邦开始增加对州和地方政府的援助性拨款。之后，随着 20 世纪 70 年代石油危机的发生，联邦政府的权力不断向州和地方政府转移，大部分的国内项目都是通过联邦、州和地方政府之间复杂的合作机制来实施的。

第二，市场化的公共服务输出机制。美国的公共服务完全按照市场化的原则运行。其中公共服务合同出租是市场化的主要形式，被广泛地用于政府的公共服务领域。在某种程度上，公共服务领域的合同出租是重塑政府、政府改革的关键，公共服务合同出租表现得极具活力，富有成效。

第三，NPO/NGO 在公共服务的提供中扮演着重要而积极的角色。美国 NPO/NGO 和市民社会发育得非常成熟，公共服务的提供几乎无法离开 NPO/NGO 组织。近年来，美国 NPO/NGO 主要发展为如下团体：互助社、改良运动组织、社会服务组织、教育文化机构、慈善基金会等。NGO/NPO 全方位地介入了地方政府的治理与服务之中，这可以从马里兰州哥伦比亚镇的公共服务提供中得到诠释。

从哥伦比亚镇的公共服务模式中，我们不难看出该镇政府非常好地利用了 NGO 组织参与公共服务的提供，可以得出对我国公共服务改革的经验是如何有效地实现政府与 NGO/NPO 组织的合作，如何将公共部门与私营部门在公共服务领域更好地结合起来，提高公共服务的质量与公共服务提供的效率。

从上述英美两国的非营利组织在公共服务提供中的现状可以看出，英、美国家公共服务模式的变迁表明了 NGO/NPO 组织与私营部门在公共服务的提供领域发挥了越来越重要的作用。英、美国家的社会具有承接转移公共服务的能力，能够有力地接纳政府市场化转包、特许和委托代理的公共服务生产和提供责任，并且乐于、善于参与社会公共服务，这和国家的文化传统、宗教理念以及公民性格密切相关，也是英美两国公共服务大力推行私营化、合作化、民营化的社会基础，这种共性也是对我国公共服务改革的主要启示。但是仔细分析，不难发现两国公共服务模式发展中的差异。如果说美国地方政府强调的是政府如何通过与 NGO/NPO 的竞争与合作来改善公共服务的提供质量与效率，那么从英国的公共模式(尤其是养老服务的提供)中可得到的启示是福利型国家如何通过有选择的私有化来改善公共服务的提供，缓解政府的压力与负担，让政府更灵活、更精简、更有效。

当然，英美两国的公共服务改革也揭示了公共服务在市场化中仍然存在着很多问题和偏差，始终笼罩着腐败和丑闻的阴影。

(三)新加坡以政府为主导的“政社合作”型公共服务模式

与英美两国以市场为主导的公共服务模式所不同的是，新加坡的公共服务模式是以政府为主导的公共服务模式，它强调的是政府的强力调控和垄断，表现为政府在公共服务的生产、提供和监管中均是强势支配力量，依照政府的计划性和权威性严格遏制公共服务市场化所带来的分散性和私立性。这种政府主导型的公共服务模式是由新加坡的特殊国情决定的，因为新加坡是移民国家，种族歧义多，导致公共服务市场化受种族歧义的制约，多元的文化和社会主体决定了必须由政府集权对公共服务进行权威性供给和生产，才能保证公共服务在全社会范围的覆盖和有效普及，由任何一个单一私人主体或代表某个利益群体的集团来提供公共服务都是力不从心的。同时，由于新加坡是岛国，缺乏自然资源，经济对外依赖程度高，政府在提供各种政策导向等公共服务时必须强化政府的统一权威性，在经济和政治稳定的大前提下提供政府主导的各类公共服务。但同时，新加坡政府和市场建立一种政府主导下的政府与市场的共生关系，一种特殊的上下分离、两手并用的公共管理方式，管理靠“威严”，服务讲“仁慈”，即宏观管理体现出一种权威性，依法对经济政策、公众社会生活等进行强干预，但微观的具体服务体现出较强的民主化，亲商、亲民的服务精神浸透在公共部门。这种政府与市场的共生关系，两手并用的公共服务的提供与管理方式，对于建构我国的公共服务模式是可以为我所用的指导原则。

新加坡以政府为主导的公共服务模式除了受制于它的国情之外，也与它本身所具备的亚洲文化传统有一定的关系。从新加坡公共服务改革的案例中可知，政府需要整合资源，将非核心的工作采取合同外包的方式，在某种程度上与上海市浦东新区的功能区配套改革的理念是一致的，强调如何整合资源；并且，如同上海浦东新区在公安系统的改革中，所采取的如何将执法与非执法类的工作进行区分一样，对于公共服务的改革具有重要的指导意义与作用。在新加坡的改革案例中，还看到了“合作与协作”的重要性，合作不仅可以节约公共服务的资源，而且也可以提升公共服务的品质。我国在公共服务的建构中如何将之作为“精髓”，不仅强调政府与企业的合作、政府与 NPO/NGO 的合作，也需要政府各职能部门之间的合作，更好地优化公共服务提供的质量与效率。

总之，受新公共管理和新公共服务的双重影响，西方各国的公共服务模式在关注诸如效率、最后期限、生产活动、测量标准、目标、分析、绩效、联合、结构、顾客以及程序这样的词语和概念的同时，也特别关注公共服务中的公民参与、公民权、公共利益、意义、伦理道德、社区以及民主等问题。没有放之四海而皆准的公共服务模式，只有在不同的历史阶段适应不同环境的公共服务模式，即便是在同一个国家、不同的地区，在公共服务的提供领域中也需要因地制宜构建符合自身情况的公共服务模式。

四、对政府公共服务改革的启示

当政府改革理念不断深化的时候，政府应该承担什么样的角色？应当如何为公民提供公共服务？用什么样的方式来提供公共服务？这是一个非常迫切需要解决的问题。

第一，人本主义的服务理念。新公共服务理论强调，要重视与公民之间的关系，要尊重公民。不管是由政府来提供公共服务，还是由非营利性组织或私营部门来提供公共服务，都不要将公民仅仅看成生产力。公民是服务的接受者，因此作为纳税人有权利选择和参与公共服务的决策。例如，在美国很多公共场所，经常都会看到残疾人的身影，是不是这个社会的残疾人比我国多呢？经过思考和小范围的调查，结论是美国的公共设施比较齐全，确实处处体现了人本主义的关怀，因此，残疾人可以很方便地出入于公共场所，而我国可能还无法实现。在我国的公共服务理念中如何真正体现人本主义的关怀也是目前建设所谓的“公共服务型”政府的关键。

第二，公共服务以公民（顾客）为主导的思想。也就是由公民来参与决策的制定，并且让公民和政府共享政策制定的权力，培养公民的责任和风险意识。公民与政府分享公共政策的制定权，是建设自治机制的关键，以此可以提高公民参与治理的能力。并且，让公民参与公共政策的制定，在某种程度上会提高公民的社会责任感和主人意识；提高公民对政策的理解和接受能力；同时，公民参与也重新确立了公民对政府的信任和支持。以公民为主导的公共服务意识与民主的理念是紧密相连的。如果我国政府在提供公共服务的过程中强调公共服务以公民为中心，以“顾客”为主导，这无疑对推动我国的民主建设有着不可忽略的积极、重要的意义。这一思想在我国地方政府提供的服务中开始得到逐步重视。但是总体而言，还不是很明确，或者缺乏系统的体制和思想的指导。

第三，公共服务提供的竞争性与私营化。新公共服务的提倡者认为应该在公共服务的提供领域引入竞争机制，例如，美国在公共服务领域的私营化运动值得关注与思考，其通过合同外包，让非营利性的公共组织、私营公司等通过投标与竞标的方式参与公共服务提供的竞争，公民有权利选择公共服务的提供者。与此类似，在我国部分城市、部分领域的公共服务机制也开始逐步引入竞争机制，且在不同程度上打破了政府对公共服务提供的垄断。当然，这还只是开始，至于哪些领域可以通过合同外包，哪些领域不能用合同外包的方式是值得争议的，以及如何防范合同外包所带来的公共服务由原来的政府垄断转变为非营利性组织的垄断等问题，也都值得思考。

第四，公共服务提供中的责任政府和服务意识。众所周知，新公共管理理论提出政府的角色是掌舵而不是划桨。新公共服务提倡者却认为政府的主要作用是服务而不是掌舵。这一理念显然比新公共管理理论更为激进。新公共服务认为，政府不要试图控制社会发展的方向，而是为社会的发展提供所必需的公共服务。新公共服务理论认为在纷繁复杂的社会中，政府试图为社会掌舵的目标比较难以实现。政府应该重新定位自己的角色——服务社会。从某种角度而言，这一观点尚且值得斟酌与思考，但是政府为公民服务的理念是不容置疑的。这也是目前我国政府改革中试图实现的目标之一——建立公共服务型政府。

第二章　我国政府购买公共服务的现状

第一节　我国政府购买公共服务的发展过程及特点

一、局部性试点与探索

从20世纪90年代初，我国一些经济发达城市地方政府就已经开始启动向社会力量购买公共服务的尝试。直到2013年，我国的政府购买公共服务都还处于局部试点与探索阶段。

1994年，深圳市罗湖区率先开始在环卫服务的提供上进行了购买尝试。罗湖区政府为了改善环卫服务质量，开始引导环卫工人自己成立独立的环卫公司，由政府向这些公司分片区购买环卫服务。这种尝试取得了很好的效果，相比原来的环卫服务方式，向环卫公司购买服务的方式不仅节省了财政资金，服务质量也得到了明显提高。之后，罗湖区将此经验运用到了其他领域，并逐步在深圳市得到了更广泛的推广。

1995年，上海市浦东新区也开始探索公共服务的政社合作方式，最初的尝试是由浦东新区社会发展局委托基督教青年会管理浦东新区罗山市民会馆。该案例被视为最早的政府向非营利组织购买公共服务的探索。在其示范下，上海在养老服务、社区矫正、禁毒康复、扶贫救济等多个领域进行了政府向社会非营利组织购买服务的探索。之后，北京、浙江、江苏、广东等地纷纷开始开展政府购买公共服务的探索。购买的形式更加多样，例如，有的是由企业成立非营利组织来承购政府的公共服务，有的是直接由居委会等构架非营利组织来承接政府购买，有的项目则直接由企业来提供，等等。购买的领域也得到了很大拓展，校车服务、公民教育、卫生环保、政策咨询、社区服务、公共卫生等领域的尝试更为广泛。

1999年4月，财政部颁布《政府采购管理暂行办法》，首次对政府采购进行规范管理，其中明确地将服务采购也纳入政府采购管理中。2003年1月，《中华人民共和国政府采购法》(以下简称《政府采购法》)开始正式实施，服务依然是政府采购的重要内容之一。《政府采购法》指出，采购是指以合同方式有偿取得货物、工程和服务的行为。《政府采购法》为政府购买公共服务的规范管理提供了最基本的制度规范。虽然《政府采购法》最初所指的服务主要是维修和保养服务、租赁服务、信息技术服务等非公共性的服务，但是公共服务并没有被排除在采购框架之外。随着政府购买公共服务的发展，《政府采购法》也必然要对公共服务的采购进行约束。

我国国家层面的比较规范的政府向非营利组织购买公共服务，是 2005 年 12 月启动的“非政府组织与政府合作实施村级扶贫规划试点项目”。该项目由国务院扶贫办、亚洲开发银行、江西省扶贫办和中国扶贫基金会共同合作推动。在亚洲开发银行的支持和指导下，该项目通过规范的招投标程序购买公共服务，之后，各地在实践中开始形成比较明确的政府与社会力量合作的模式和机制，政府购买公共服务走向规范化发展。

2007 年，广州市在荔湾区、海珠区开始“居家养老”政府购买服务试点。政府通过与社会组织签订合约，建立起政府按需购买服务，即“政府购买、民间运作”的新模式。

上海市政府按照“政府主导推动、社团自主运作、社会多方参与”的总体思路向民间组织、社会团体购买公共服务，形成了“项目制”“招标制”等多种运作形式。社会发展局、人力资源和社会保障局等政府部门是购买公共服务尤其是社会服务型公共服务的主要部门，通过与民间组织签订购买服务的协议，向社会提供公共服务。

宁波市海曙区从 2005 年起，在全区 65 个社区中推广政府购买养老服务模式，该项目由区政府将购买服务的开支列入年度财政预算，非营利组织负责项目运作，并整合和利用社会资源，积极推行个人购买服务、企业认购服务以及社会认养服务等，形成“政府扶持、非营利组织运作、社会参与”的机制。

这一阶段，政府购买公共服务随着开展面的扩大、运作模式逐渐成熟，相关的政策制度也开始建立和完善起来。

在国家层面上，政府购买公共服务的相关要求首先出现在行业管理与发展或具体的公共服务发展规划和意见之类的文件中。例如，2006 年财政部、国家发改委、卫生部联合下发《关于城市社区卫生服务补助政策的意见》，针对政府购买城市社区公共卫生服务开展试点；2007 年《关于加快推进行业协会商会改革和发展的若干意见》，明确提出建立政府购买行业协会服务的制度，由政府支付所需费用，委托行业协会开展业务活动、提供服务，所需资金纳入预算管理等。但是当时还没有对政府购买公共服务进行统一规范管理。

在各省市，各地除了针对具体的公共服务提出了向社会力量购买的意见，还开始对政府购买公共服务提出整体性的指导意见和管理办法。例如，2005 年上海浦东新区政府出台了《浦东新区关于政府购买公共服务的实施意见(试行)》，无锡市委下发了《关于政府购买公共服务的指导意见(试行)》；2006 年，北京市出台了

《关于政府购买公共服务指导意见》，宁波市财政局印发了《关于大力推进公共服务实行政府采购的工作意见》；2007 年，山东省发布了《政府购买城市社区公共卫生服务指导意见(试行)》；2008 年，黑龙江省发布了《黑龙江省开展政府购买社区公共卫生服务试点工作实施办法(试行)》，深圳市宝安区发布了《推进政府购买公共服务改革工作方案的通知》；2009 年，成都市发布了《关于建立政府购买社会组织服务制度的意见(试行)》；2012 年，广东省政府印发实施《政府向社会组织购买服务暂行办法》，并制定了政府购买公共服务目录等。

在一些政府购买公共服务开展得比较早、发展相对比较成熟的地方，针对公共服务购买中出现的问题，开始探索公共服务购买的新模式。例如，北京市通过组团模式，寻求公共服务提供中各参与主体之间更深入的合作。2010 年 7 月，北京市民政局组织召开了“政府购买社会组织公益服务项目推介展示暨资源配置大会”，安排基金会和支持性组织参会，鼓励和引导基金会和支持性组织参与到政府购买的公共服务项目中，共同为社会组织提供资金、人力和物资支持，在各类社会组织、企业与政府之间形成了一个公共服务供给的组织模式，在政府的主导和协调下，社会组织之间组团合作，政府购买组团服务。2011 年 1 月，北京又启动了“文化服务民生”民办文化场馆公益服务行动项目，政府购买 16 家民办文化场馆的公益服务，并建立一个支持性组织，为这些民办文化场馆的发展提供专业性指导等。通过这个项目，组团模式形成了功能上的组团，得到了发展和完善。

这一阶段的政府购买公共服务主要具有以下特点。

一是自发性和探索性。各地在提供更好的公共服务和更有效地使用财政资金的压力下，开始学习国外、国内在提供公共服务方面的经验，自发探索利用社会力量提供公共服务的道路。

二是政府向社会购买公共服务的领域以直接面向公民的养老、公共卫生、教育、社区服务等社会性公共服务，以及为政府部门的履职需要提供政策研究咨询等为主，购买公共服务的内容框架基本建立起来。

三是这些探索都打破了完全依靠政府提供公共服务的传统模式，采取了政府出资、委托社会力量(非营利组织、企业等)具体运作提供公共服务的方式。承接政府购买公共服务的机构以非营利组织(社会组织)为主。

四是在购买流程、购买机制等方面没有统一规定，各地都根据自己的情况进行摸索，呈现出明显的探索性质，这也导致购买的独立性、竞争性不强。

二、全面推开与创新

2013 年 9 月，国务院印发了《关于政府向社会力量购买服务的指导意见》，对政府向社会力量购买服务的各方面进行规范和要求。这是国家层面对政府购买公共服务全面规范管理的标志，也是国家全面推动政府购买公共服务的标志。这意味着我国政府购买公共服务开始进入全面推开与创新的阶段。

《关于政府向社会力量购买服务的指导意见》将政府购买的范围、对象等进一步明确和扩大，对全国推动开展政府向社会力量购买服务提出了指导性的意见，为改革明确了方向和路径。从此，我国的政府购买公共服务开展走向全面推开。在中央层面的推动下，各级政府也纷纷按照指导意见的要求，对本地之前制定的实施办法、范围等进行调整，并重新扩大购买范围，建立和完善有关管理办法。

这一阶段的政府向社会力量购买公共服务具有以下特点。

一是政府购买公共服务由自下而上的探索试点转向自上而下的推进。这标志着政府购买公共服务已经成为国家的重要战略和改革内容，并为各地实践进行指导。

二是政府向社会力量购买公共服务的重要性得到广泛认可，各级政府基本形成共识，开展政府购买公共服务将逐步成为大势所趋。

三是制度体系逐步建立和完善起来。国务院有关指导意见的出台，意味着各地自行探索的方式基本结束，政府购买公共服务将逐步统一规范起来。

三、当前我国政府购买公共服务的主要特点

1. 政府采购总规模急剧扩大

从政府采购统计年鉴来看，我国自 1996 年开展政府采购改革以来，取得了巨大的成效。1998 年，我国地方政府采购规模只有 31 亿元，1998—2016 年，地方政府采购每年的绝对值增加额度都在百亿元以上。巨大的增长额度表明，我国政府采购一直处在旺盛期，增长迅猛。

2. 工程和服务类采购量逐年上升

相关数据表明，货物类历来是中国政府采购的主要部分。2001 年，货物类采购所占比例曾高达 63.23%。随着工程类和服务类采购量的不断增加，货物类采购比重有所下降，到 2007 年首次低于工程类，成为政府采购的第二大内容。

服务类采购在政府采购总规模中所占的比例比较稳定，为 7%～8%，同时服务类采购的增长率也非常稳定，每年均以超过 30%的速度增长。

服务类采购金额的增长，同样得益于政府采购政策的倾斜。2005 年以后，中央和地方都采取措施进一步扩大服务类采购项目范围。许多地区对汽车定点加插、定点维修、统一购置保险、会议场所等都实施政府采购定点，部分地区将公务机票购买等也纳入了政府采购范围。信息网络开发和咨询、银行代理、法律咨询、施工监控、物业管理、交通车租赁、保险采购、卫生保洁、企业职工素质培训、公共场所绿化养活等服务类采购项目也都实行了政府采购，政府采购范围的扩大直接导致了服务类采购规模的扩张。

第二节　我国政府购买公共服务的基本情况

一、我国政府购买公共服务的主要内容

政府的职能决定了政府应该提供的公共服务内容。按照我国宪法的规定，中央政府的职能共 18 条，其中与公共服务直接相关的有负责执行国民经济计划与国家预算，管理科学、教育、经济、文化、卫生等工作。县级以上地方各级人民政府的职能中，与提供公共服务直接相关的为：依照法律规定的权限，管理本行政区域内的经济、教育、科学、文化、卫生、体育事业、城乡建设事业和财政、民政、公安、民族事务、司法行政、监察、计划生育等行政工作，发布决定和命令，任免、培训、考核和奖惩行政工作人员。乡、民族乡、镇的人民政府需要管理本行政区域内的行政工作。根据政府职能的划定，行政区域内的经济、教育、科学、文化、卫生、体育事业、城乡建设事业的管理，以及财政、民政、公安、民族事务、司法、监察、计划生育等的管理工作，都是本级政府公共服务的内容。

但是，这些服务并不都适合完全由政府向社会力量购买的方式来提供，如国防、治安等问题涉及国家和公民的安全，完全依靠社会力量来具体提供显然并不合适。而有一些服务，例如教育、科技、医疗卫生等公共服务，其专业性比较强，由社会力量来提供可以更有效，政府只要能够通过购买的方式提供所需资金，并加强监管，保证公共服务提供的公平、公正和效果，就完全可以通过政府购买服务的方式来提供。一般来说，至少有两类公共服务目前还不适合利用购买的方式来提供：一是涉及公共安全等问题不适合由社会力量来供应的公共服务；二是即使政府提供资金，社会力量也不愿意供应或难以提供的公共服务。另外还有一些现在由政府提供的服务项目，从性质上来说并不属于公共服务，应该完全交由市场来提供，这样的服务政府也不应该购买提供。

一项服务是否为公共服务，首先要看这项服务是不是属于公共物品，是否具有不可分割性、非竞争性和非排他性，是否能够支撑经济社会正常运转并让民众受益。能够满足或在一定范围内满足这些条件的，才是市场不愿意提供或者无力提供的，才可能是公共服务；只有服务于民生、服务于经济社会发展的服务，才是政府应该开展的工作。

现有政府实际提供的公共服务，包括了公共服务产品和大量的准公共服务产品，其在公共性、竞争性方面存在一定的差别。因各服务类型之间竞争性和公共性的程度存在差异，准公共服务的性质也会形成差异，并构成具有不同特性的服务种类，其由政府向社会力量购买的适用程度也不一样。通过不同公共服务性质上的细微差别，可以大致判断一项公共服务是否适合市场化方式提供、是否适合以政府购买的方式来提供。而现有的政府向社会力量购买的公共服务，多数是准

公共服务产品。

党的十八届三中全会要求，推广政府购买服务，凡属事务性管理服务，原则上都要向社会购买。按照这个要求，凡是明确规定禁止之外的公共服务，包括政府事务性管理事项和公共服务事项，原则上都应该纳入政府购买服务的范围。

从2016年中央预算主要支出项目来看，中央财政支出占比大小依次为：国防支出、社会保障和就业支出、农林水事务支出、交通运输支出、教育支出、医疗卫生与计划生育支出、科学技术支出、住房保障支出、节能环保支出、公共安全支出、粮油物资储备事务支出和一般公共服务支出。由此可见，政府可能通过购买方式来提供的公共服务范围很广，开展购买公共服务的空间也很大。

判断一项公共服务是否适合以政府购买的方式来提供，主要需要考虑四个方面的因素。

一是公共服务必须有适当的承接方。政府购买公共服务，必须首先在市场上找到适当的承接方，也就是具备提供这项公共服务的基本能力的主体。只有购买方和承购方都存在，购买关系才可能形成。

二是公共服务事项必须有比较确定的价格和质量量化指标。由于公共服务的购买涉及预算与定价、质量监督和评估、绩效评价等方面的问题，所以需要比较确定的量化指标。这里的量化指标包括服务的价格衡量指标和质量衡量指标。相对来说，量化指标越明确的公共服务，越适合采用购买的方式来提供。

三是公共服务事项的购买必须有明确的资金来源。只有在政府已经安排了必要的资金来源之后，公共服务才能够实施购买提供。这包括两种情况：其一，对于政府一直都在提供的公共服务，按照惯例是有相应资金的，这些服务可以换用购买的方式来提供，资金源于原有的预算资金；其二，以前政府没有提供的公共服务，或者没有提供到位的公共服务，新增购买计划时，应该事先通过预算确定资金来源。

四是公共服务的购买是否具备竞争性市场。首先，针对由政府向社会力量购买的公共服务，有能力和资质承接服务的组织和机构越多，采取竞争性购买方式提供的可能性越大。其次，服务的竞争性、外部性特征也反映了该项服务是否适合以向社会力量购买的方式提供。若一项服务的竞争性越低、外部效应越高，则该项物品或服务的公共性越强，这样的物品和服务越接近于纯粹的公共物品和公共服务，其市场化的可能比较小，如果采用向社会购买的方式来提供，应该更加谨慎。相反，若一项服务的竞争性越高、外部效应越低，则该服务的公共性越小，越接近纯粹的私人服务，如电信服务等。这种服务的市场化可能性就比较大，甚至可以逐步完全交由市场来提供。如果一项服务的竞争性和外部效应都比较低，则该服务具有局部公共性质，这样的物品和服务比较接近“俱乐部”物品或服务，如城市间高速路、社区社会服务等，这类公共服务比较容易有限市场化，即通过适合的方式，将服务委托给社会力量经营。若一个物品的外部效应和竞争性都高，则该物品具有公共财富的性质，如地下水，这类公共物品不容易也不适合被推向市场。作为公共服务市场化的一种方式，公共服务向社会力量的购买提供也应该以公共性、外部性、竞争性作为判断标准。

总体来看，我国政府购买公共服务的主要内容具体集中在以下方面。

(1)社区服务与管理类服务。如助老伤残、社会救助、职业介绍、技能培训、外来人口管理、矛盾调解、公益服务等。

(2)行业性服务与管理类服务。主要包括行业调查、统计分析、资质认定、项目评估、业务咨询、技术服务等。

(3)行政事务与管理类服务。主要涉及社会组织特定咨询、现场勘查、年检预审、日常管理、再就业教育培训、婚介机构的监督、家庭收养的评估、民办学校的委托管理、退伍军人就业安置、市政管理等。

二、我国政府购买公共服务的动因

“政府购买”在西方国家更多地被称为“合同外包”，其推动力量是复杂多样的，且随着行政环境的不断变化而有所侧重，呈现出一种此消彼长的态势。政府购买公共服务实质上是公共服务供给方式的变革，是在公共服务提供过程中打破政府垄断，引入竞争机制，利用市场高效率、低成本为公众提供更多优质的公共服务，满足公众需求。这种变革基于应对政治、经济和社会环境的变迁对政府角色与政府地位的转换，政府不再是公共服务唯一的提供者，而是公共服务市场供给的机会创造者和合作者。萨瓦斯认为公共服务民营化的动因主要在于现实压力、经济推动力、意识形态动力、商业动力、平民主义五个方面。更高效政府的追求是民营化的现实压力，因为民营化是改进政府机构生产率的根本战略之一，成功的民营化能提高政府公共服务的效率、质量和服务水准。公民收入的增多对教育、医疗、住房及其他物品和服务等需求空前提高，许多需求已经超出了政府能力范围。无论是古典自由主义、新保守主义，还是自由至上主义，都认为自由、正义和效率必不可少，追求“小政府、大社会”模式，主张限制政府权力扩张。公民社会的不断发展推动了民营化的进程。与西方民营化的动机相同，我国实行公共服务政府购买的原因主要有如下四个方面。

(一)基于公共服务成本、质量与效率的需求

政府购买公共服务的首要动因是基于降低公共服务成本、提高公共服务质量与效率的需求。传统的政府垄断式供给模式，存在两个问题：一是缺乏提高效率与质量的内在动力，政府并不了解公众需要哪些公共服务，往往凭借主观臆断决定公共服务的项目，造成有限的公共资源大量的浪费；二是由于在公共服务提供的手段上，比较偏爱行政手段，对经济和法律手段不够重视，使得行政机构重叠，办事环节多，政府的大量精力不是为公众提供满意的公共服务，而是用来应付庞

大的行政组织所带来的自身问题，偏离了其为公众服务的本质，造成公共服务成本高、质量差、效率低下。出现这种现象的原因是竞争与垄断的差别，而不是行政人员的素质问题。政府购买公共服务的实质是在公共服务的生产过程中引入竞争机制，让社会参与到公共服务的供给中来，利用专业的人才、技术和管理方法为公众提供低成本、高质量、高效率的专业化的公共服务，实现公共资源的最大价值。

(二)基于缓解公共服务供给与需求之间矛盾的需求

经济的发展与社会结构的调整、公民收入的增加，使得公民已经不满足于政府统一标准的公共服务，对差异化、个性化、复杂化的公共服务需求迫切。这表现在许多方面，如由于收入的增长，生活水平的提高，公众不再依赖公共交通，会更多地选择购买私人汽车，这就需要更宽阔、清洁的道路；人口结构的变化、人口老龄化现象的加剧，使得老年人对政府服务的需求空前提高。与此同时，公众对公共卫生、公共医疗、公共教育等方面的服务提出了更高的要求。另一方面，政府重复生产、供给效率低下，造成公共服务资源浪费和服务供给不足，又缺乏合理的公共服务分配与递送机制，使得弱势群体和地区无法均等地享受到公共服务，造成基本公共服务不均衡。政府购买公共服务为缓解供需矛盾提供了重要的解决途径，这是因为市场和社会组织提供公共服务往往以公众需求为导向，专业化、低成本的生产减少了公共资源浪费，提高了公共服务供给效率。与此同时，许多社会事业通常向公益性社会组织购买，促进了社会组织迅速发展壮大，增加了弱势群体享受公共服务的机会。

(三)基于公民社会发展的需求

促进民主治理是推动社会主义民主政治和精神文明建设的核心内容。随着民主政治的发展，我国社会经历了由“单位社会”向“公民社会”转型的整体性变迁，公益性社会组织对公民参与的组织协调正在变得越来越重要。通过社会组织这个平台实现公民的有序参与公共服务提供，不仅可以减少政府的政治成本，体现公民的主体性，更能表达民意，激发公民的参与热情，发扬民主精神，满足公民的需要，提高公共服务的供给效率。社会组织是政府与公民沟通的一座重要桥梁，面对公民日益增长的多样化需求，政府的供给能力已很难满足，需要更多地借助以社会组织为主体的公民社会的力量。当前，我国社会虽然已经初步完成从单位社会向公民社会的转型，但是，我国还处于公民社会的入门水平和社会组织发展初期，从社会组织自身来看，良莠不齐、管理失范、合法与非法并存、体制内的与体制外的并存、有形的与无形的并存、与政府合作的与政府抵抗的并存等许多问题，这与公民社会的发达国家模式还有很大的差距，与公民社会的理想境界相距甚远。因此需要发展公民社会，提高公共服务的质量。从各国改革的经验看，政府通过竞争方式将公共服务的生产职能转交给社会(市场与社会组织)，能够节约公共资源、有效降低成本、提高服务效率、控制政府规模，同时在这种模式下，政府有更多的精力处理更多的事务，更好地服务公民。

（四）基于民主与和谐社会发展的需求

实现社会公平正义是发展社会主义民主政治的重大任务，是中国特色社会主义的本质要求，是促进社会主义和谐社会的基本理念。根据我国现实，一些人口处于贫困的状态，且在短期内难以将这些人纳入制度化社会保障体系，政府必须从社会公平公正的角度出发，将最低生活保障制度建设作为整个社会保障体系的重中之重。随着生产力的发展，只有逐步推进社会公平正义，才能充分调动全社会的积极性和创造力，推动经济社会的发展。随着我国经济社会的全面发展，公民民主意识逐渐增强，对民主、公平、正义的诉求越来越多，要求我国政府在提供公共服务的过程中应始终坚持树立自由平等、公平正义的价值取向。

三、我国政府购买公共服务的基本方式

按照购买关系形成的方式，政府购买公共服务的方式可以分为直接购买和间接购买。直接购买主要包括合同制、直接资助制和项目申请制，间接购买主要是凭单制。各方式的具体做法及优缺点如下所述。

合同制是政府购买公共服务中常见的方式，具体做法是：政府制订购买公共服务的计划及资金规模；买卖双方签订服务合同，明确购买者和服务承接者各自的职责；服务承接者利用自身的技术和人力资源优势提供公共服务；购买者根据服务承接者所提供的公共服务数量和质量向其支付费用。在这种方式中，政府占主导地位，但是购买者与承购者双方按照合同进行合作，关系比较对等。

直接资助制是指政府通过直接拨款、物资资助、政策优惠等形式将资金下拨给承担公共服务职能的企事业单位、民办机构和社会组织，由他们根据自身职能、专业及人员特色，提供相应的公共服务。实际上，按照政府购买公共服务的定义，这种方式并不是严格意义上的购买，在这种方式下，承购方提供公共服务具有较高的灵活性，但是服务目标不明确，监管相对来说比较困难。在我国，这种做法被各级政府部门广泛使用，主要原因在于政府购买公共服务被大力提倡，而真正规范的购买机制还没有建立起来，这种方式带有一定的政府购买公共服务理念，但在具体操作上不够规范，属于过渡性的方式。

项目申请制指社会组织根据民众需求，主动向政府有关部门提出项目申请，经过评审同意后，政府以立项的方式予以资金支持，并通过招标、过程监督、绩效考核等方式来规范项目的运作过程。这种以承购方为主导，由他们在工作中发现问题，并有针对性地解决问题的做法，有助于民意的表达，也使公共服务更具有针对性。

凭单制是政府与具备资质的机构达成协议，由政府给消费者发放公共服务消

费凭单，由消费者自行选择向不同机构购买相应的公共服务。这种方式实际上是政府通过消费者间接购买公共服务。凭单制强化了消费者的消费主体作用，进一步扩大了公共服务供给来源，在一些直接面向公众个人的社会性公共服务方面具有比较明显的优势。

按照本书对政府购买公共服务的定义，政府与承接公共服务的社会组织或机构之间应该形成平等、独立的契约关系。政府作为公共服务的购买方，应该明确购买服务的内容、范围、要求、目标，提出明确的购买标的。政府可以根据公共服务项目的特点，选择合适的采购方式，确定合适的承购方即公共服务的具体提供者。政府通过与符合条件的社会力量签订购买合同，并向承购方提供相应的财政资金作为实施经费，由承购方完成公共服务的具体提供工作。承购方应该按照合约的要求提供公共服务，并接受政府的监督，这种购买方式称为完全契约性购买。完全契约性购买是比较成熟的政府购买公共服务的方式。

但是，由于我国的政府购买公共服务发展并不成熟，真正有条件的、发展成熟的承接公共服务的社会组织和机构不多，管理上还存在各种问题，因此在实际执行中，还存在很多非完全契约性购买。例如，在一些政府购买公共服务的活动中，政府自身设立非营利组织，用以承接自身的部分服务或管理职能，并以项目或其他形式予以一定资金和资源。这种模式在形式上构成政府与非营利组织之间的购买，但是二者并不是独立运作的，属于非完全契约关系，也称为形式性购买。

按照政府采购的操作类型，政府购买公共服务的方式可以分为公开招标、单一来源、竞争性谈判和邀请招标四种方式。公开招标方式是政府将购买公共服务的需求、条件、要求、内容、资金等向社会公开，接受所有符合条件的组织或机构的申请，并按照一定的标准选择最终的公共服务承接者的方式。单一来源是指政府与承购方双方通过签订合同或契约，明确购买的公共服务标的，契约双方保持主体独立。竞争性谈判是指采购人或者采购代理机构直接邀请三家以上供应商就采购事宜进行谈判的方式，它可以缩短采购工作的周期，减少工作量，使购买方式更为灵活。邀请招标是指招标人以投标邀请书的方式邀请特定的法人或者其他组织投标。

按照购买方式的竞争程度来看，单一来源购买方式属于非竞争性购买（在此不做详细解释），公开招标、邀请招标和竞争性谈判都属于竞争性购买，但竞争的程度有所不同。公开招标的竞争性更强，邀请招标和竞争性谈判的竞争程度相对较弱，竞争的范围相对较窄。

四、我国政府购买公共服务的工作模式

从国外实践来看，政府向社会组织购买公共服务的工作模式一般有四种，即根据承接公共服务的社会组织相对于作为购买方的政府部门是否具有独立性，分为独立性服务购买与依赖性购买，依据购买程序是否具有竞争性，分为竞争性购

买与非竞争性购买，在此基础上区分为独立关系竞争性购买、独立关系非竞争性购买、依赖关系竞争性购买、依赖关系非竞争性购买等四种工作模式。

第三节　我国政府购买公共服务的机制

一、政府购买公共服务的全过程

政府向社会力量购买公共服务，涉及政府内部各部门之间的协调配合，也涉及政府与社会力量的沟通与合作，还直接关系到社会公众对政府效率以及财政资金使用的评价，关系到人民对政府的满意度，所以，建立起有效的全过程管理机制，显得非常重要。在政府购买公共服务的机制建设中，既要明确购买关系完成公共服务的购买与提供，又要建立起完整的管理制度，还必须通过各种措施保障服务达到预期的效果。这一过程中最核心的就是政府对政府购买公共服务实行过程管理，建立起完整的制度体系，并确保管理制度能够得到执行。

《国务院办公厅关于政府向社会力量购买服务的指导意见》中对建立健全政府向社会力量购买服务的机制提出了原则性的指导，对政府购买公共服务的整个管理流程中的关键因素进行了规范要求，主要内容可以归纳为以下方面。

一是购买之前的工作管理(契约建立的前提)。政府应结合公民的公共服务需求的迫切程度、开展购买公共服务的条件成熟度、公共服务自身的难度等条件，制定政府购买公共服务的规划，明确改革推进的原则和进程。同时，按照建立健全规范化流程要求，建立起比较完整的组织管理机制、购买工作机制及有关管理制度。要求在开展购买工作之前，应向社会及时公开购买计划和要求，公布购买的服务项目、内容以及对承接主体的要求和绩效评价标准等信息，并要求建立健全项目申报、预算编报、组织采购、项目监管、绩效评价的规范化流程。

二是购买过程中的管理(契约关系的形成)。对承接主体的确定、合同管理的要求等方面进行了规定，要求按照政府采购法的相关规定确定承接主体，要求实施购买的政府主体应与承接主体签订合同，明确所购买服务的范围、标的、数量、质量要求，以及服务期限、资金支付方式、权利义务和违约责任等。

三是购买后的管理(契约的执行)。对监管措施及效果保障措施进行规范，要求对服务全过程跟踪监管，对服务成果检查验收，加强合同管理。

可见，政府购买服务作为一个契约的建立和实施，应该建立起全过程的管理机制。

二、政府购买公共服务契约关系建立的前提

建立起基本的政府购买公共服务管理机制和制度，是购买契约建立的制度前

提。而相关的管理制度和机制，其核心是政府管理体制框架内的政府内部对购买公共服务的管理机制、运作流程、购买责任和监管等一系列的规范性制度的建立。同时，政府与承购者之间具体的管理办法、协作和监督机制的建立完善，也是保障购买公共服务活动完成的必要条件。

政府向社会力量购买公共服务，除了具体实施购买的政府部门，其他相关的一些政府部门也要参与其中，往往还需要推动更多社会组织的参与。政府内部的运行，多是在各级政府的统一领导下，由财政部门牵头负责建立健全购买服务的工作机制和制度体系，做好资金安排、支付和绩效评估工作；民政、工商管理以及行业主管部门协同进行承购方资格审查工作；各职能部门根据其履职需要，具体制订本部门的购买计划，实施购买，并跟踪监管；监督部门对整个购买过程进行监督。各职能部门应各司其职、各负其责、齐抓共管，协同做好政府购买公共服务的工作。

为了加强对政府购买公共服务的管理，真正保障政府精简高效，为公民提供更专业、更符合需求的公共服务，同时也减少财政资金浪费、杜绝腐败，应该在《政府采购法》的框架下，进一步构建完整的政府购买服务的制度体系，强化监管。

一是政府内部对购买公共服务制定相关文件。包括制定政府购买公共服务的指导意见，明确规定公共服务购买范围的内容、购买方式、目标的设定、购买目录的制定、各部门的管理责任、绩效考评办法、问责制度等。通过完善的制度框架，明确推进政府购买服务的进程，对政府购买公共服务工作的开展进行明确、详尽的指导，以此作为确保购买公共服务安全、高效推行的基础。购买目录的制定，应该在全面梳理政府职能、明确各部门事权的基础上进行。

二是明确政府与承购方的关系和职责，规范购买公共服务中的政府行为。政府是公共服务的最终责任人，应该对公共服务的提供负责，并对承购者的公共服务加强监管。在购买之前、购买合同签订时加强前期管理，选择更合适的承购者和更合理的提供方案；在公共服务提供过程中加强监管；在合同即将结束时，进行绩效评价和检查，必要时应该追究责任，保障合同标的和效果的达成。同时，承购方也是具有独立地位的法人，在承购和提供公共服务过程中，应该具有独立性和裁量权，具有更高的能动性，提供更符合实际需要的专业性服务。这就需要对全过程中的政府行为进行必要的限制和规范。

三是对具体过程进行管理的相关制度。例如合约签订的规定、政府购买公共服务资金使用管理办法、过程监管办法、绩效评价考核办法等。

三、契约关系的形成

政府购买公共服务契约关系的形成，即政府与承购者之间购买关系的建立，也就是合同的签订过程。一般来说，政府与公共服务承接者的合同签订应该按照以下流程来进行。

(1)政府各部门制订购买公共服务的方案，确定购买内容、购买方式、购买范围、公共服务的要求、购买时间、流程以及资金来源、资金支付方式等，经过政府内部各部门的同意，将必要信息向社会公布。单一来源、邀请招标及竞争性招标的，应该及时通知、告知有意向、有条件的社会组织或机构；公开招标的，应鼓励符合条件的社会组织或机构参与竞标。

(2)符合要求的社会组织机构根据要求，在规定的时间内提交申请材料，参与购买的竞争。申请材料应该尽量详尽，内容包括本组织或机构的基本情况、人员情况、过去开展业务的情况、本项目的开展计划、实施方案、保障条件、资金安排计划等。

(3)政府根据承购申请者提交的材料，通过考核评估等方式，确定承购方，并向社会公示。对于以竞争性谈判和邀请招标方式购买公共服务的，按照相应的要求组织谈判和评估。

(4)政府与承购者签订购买公共服务的合同。合同应该明确双方的权利与义务，明确服务内容、服务要求及政府资金的支付方式等，确定购买服务的有关事项。根据公共服务的特性，合同内容应该有所不同。

(5)承购者按照合同开始提供相应的公共服务，政府应该为其活动开展提供便利条件，并对进展过程进行监管。

四、契约的执行阶段

公共服务的购买与公共物品的购买，最大的区别就是公共物品的购买是一次性的行为，只要保证物品的价格、质量都合格、合理，物品的购买就能很快完成。而公共服务的购买则涉及公共服务的整个过程，并不是一次性能完成的，而且对公共服务质量是好是坏，每个人都有自己的判断标准，同时，服务的购买者和消费者(公共服务享受者)往往并不一致，这也导致对公共服务质量是否达到目标的评判不一定完全准确。所有这些都决定了政府购买公共服务将更复杂。公共服务的特殊性也要求必须加强对公共服务提供过程的管理。

在公共服务提供过程中，公共服务的承接者应该有明确的工作计划和工作安排、规范的工作制度，有序地向公民提供相关公共服务。在契约的执行过程当中，涉及政府分期拨付购买资金的，应该按照进展情况，给予资金拨付，同时，对承购者的资金使用情况进行监管。购买公共服务所支付的财政资金应该都用于公共服务的提供中，包括工作人员的工资报酬，开展工作所需要购买的器材、设备、场地等费用，以及为开展相关公共服务而开展的宣传等。公共服务的承购者应该保证财务支出清晰合规，把钱都用在必要的地方。

在承购者提供公共服务的同时，政府并不能不管，而应该加强监督，保证公共服务提供的质量和水平。监管工作分以下几个方面：财政部门应对社会组织的财务管理状况和资金支出情况进行检查管理，业务职能部门应该对公共服务提供的具体情况进行检查和管理，而监管部门也应该通过各种方式加强调查监督，避免产生贪污、收受贿赂等情况。

五、契约的完成

公共服务购买的完成一般应该按照合同的约定，以公共服务提供一定的时间为限，或者以公共服务项目的完成为限。不管是以何种条件为限的公共服务购买，在服务结束之前，政府都应该对其实施的内容和效果进行检查，并根据考核情况支付所需费用。

政府对服务项目检查评估的内容包括对服务质量的检查考核、对服务效果的调查认定、对资金效益的评价等。根据购买服务的性质差异，检查评估方式应有所区别，但是整体来说应该与最初合同设定的内容相一致。对服务质量效果进行考核之后，政府应出具考核意见，并按照合同约定完成购买资金的支付。这样，整个政府购买公共服务契约才全部完成。社会机构提供公共服务的情况也应该作为以后该社会组织或机构再申报类似公共服务项目的参考条件。

第四节　我国政府购买公共服务的意义

2010 年 2 月，时任国务院总理温家宝指出："由政府保障的基本公共服务，也要深化改革、提高绩效。在服务提供上，应该更多地利用社会资源，建立购买服务的机制。要逐步做到凡适合面向市场购买的基本公共服务，都采取购买服务的方式；不适合或不具备条件购买服务的，再由政府直接提供。"国家领导人如此重视公共服务的政府购买，是基于我国的实际情况提出的。当前我国经济体制改革进入了深水区，在经济高速发展的同时，社会矛盾比较突出，这促使政府必须考虑如何既能够适应经济发展的需要，又能够有效提供公共服务，化解社会矛盾。政府在公共服务的提供中引入市场竞争机制，既能够促进政府职能转变，使政府由统包统揽的"全能型"向"服务型"政府转变，又能够充分利用社会力量拓展公共服务的领域，丰富公共服务的内容，还能够降低公共服务成本，提高公共服务的质量，实现公共服务的专业化和竞争性，有利于提高政府治理能力、提高人民生活水平。

一、政府购买公共服务是政府精简机构、转变职能的重要途径

改革开放以来，我国经济体制从计划经济体制转向社会主义市场经济体制，发生了巨大变化。作为政府的重要职能之一，提供公共服务占据了政府工作中的相当大部分的人力和资源。公共服务的多样性和复杂性也导致了政府工作任务繁重、机构臃肿。精简机构、转变职能成为当前政府着力解决的突出问题。

(一)通过政府购买公共服务，有利于推动社会组织和部分事业单位与政府脱离，精简政府机构

首先，政府购买公共服务中对购买主体“政府”的界定范围已经缩小。比较我国的《政府采购法》与政府购买公共服务制度，会发现两者存在很大的不同，即政府采购的采购主体与政府购买公共服务的购买主体，虽然都是政府，具体界定上却有很大不同。相对而言，政府采购的主体范围更大，而政府购买公共服务将原来属于政府采购主体的社会组织、一部分事业单位排除在外。从财政资金购买的角度来看，政府所涵盖的具体范围已经缩小。

其次，从承购主体来看，社会组织和部分事业单位成为政府购买公共服务的承购方，政府购买公共服务，社会组织和非公益类的事业单位是重要的承购主体，政府将一部分公共服务以购买的形式转移给它们承担，并根据合同约定向其支付必要的资金。这意味着政府对社会组织和事业单位的重新定位：社会组织和事业单位并不属于政府固有的一部分，他们与政府可以通过其他方式联合，共同为公共服务和社会建设服务。向社会组织和事业单位购买公共服务，是推动事业单位改革的重要手段之一，是将社会组织和事业单位推向市场和社会的重要一步，也是实现政府机构精简的重要一步。

(二)通过政府购买公共服务，有助于推动政府实现职能的重大转变

首先，政府购买公共服务推动政府由全能型向有限型转变。虽然我国的经济体制改革取得了很大成就，社会主义市场经济已经得到很大发展，但是政府依然还是全能型政府，集决策者、生产者、提供者和监管者于一身的情况还没有得到根本改变。随着经济体制改革的日益深化，政府独自承担所有的行政管理和公共服务已经不能适应市场经济的要求。通过购买公共服务，政府将一部分具有专业性、事务性特征的公共服务的具体实施职能转移给社会力量来承担，政府自己专心担任“决策者”“提供者”“监督者”的职能，以更好地承担公共服务责任。这样，政府就能够从大量事务性工作中脱离出来，把工作重心进一步转移到了解公众需求、规划和制定公共服务政策、确定公共服务的标准、监管社会力量对公共服务的提供等工作上来。

其次，政府购买公共服务推动政府由生产型向服务型转变。政府将本来完全由政府提供的公共服务，分出一部分交由社会力量来具体提供，而政府承担公共服务所需的资金，对公共服务提出具体要求并进行监管。原来政府包揽所有公共服务，将过多的精力投入公共服务的具体提供当中，成为公共服务的“生产型”政府。公共服务的“生产”工作，即公共服务的具体提供工作，正好也是公共服务提供中最烦琐、最细致、专业性要求很高的一部分，将其交给合适的社会力量来做，不仅能够提高公共服务生产效率，还能让政府集中精力做好规划和监管工作，有利于公共服务意识的提高。可以说，政府购买公共服务推动了政府由生产型向服

务型的转变。

二、政府购买公共服务有利于降低政府成本，提高公共服务质量

(一)政府购买公共服务有利于降低公共服务成本

首先，政府购买公共服务将竞争性、专业性的市场配置方式引入公共服务的提供当中，有利于提高资源配置效率，降低政府公共服务成本。提供公共服务被视为是政府资源配置职能的重要体现。资源配置的方式有计划配置和市场配置两种。计划配置方式的最大特点就是通过社会的统一计划来决定资源的配置。在1949年10月后到改革开放之前，计划曾经是最主要的资源配置方式。市场配置方式即社会依靠市场运行机制进行资源配置。在市场经济条件下，各主体根据市场上供求关系的变化状况和产品价格信息，通过竞争实现产品和资源的合理配置。市场配置方式以等价交换和平等竞争为原则，因其竞争机制和优胜劣汰机制的作用，具有很强的自我调节能力。政府购买公共服务通过引入竞争机制，在公共服务提供领域形成市场竞争，从而促进资源配置效率提高。私营部门、社会组织和机构拥有更灵活的用人机制和更规范的办事流程，专业性也往往更强，发展方向更明确，激励机制更到位。公共服务的具体生产工作交给社会力量来承担，能够有效提高资金使用绩效，从而减少政府的公共服务成本。

其次，政府通过向事业单位和社会组织购买公共服务，由“养人”变为“养事”，能够有效控制和减少政府的刚性支出。公共服务属于公民生活最基础的服务部分，大多数属于细致的事务性工作，而且涉及面广，种类繁多，需要不同的人去承担各种不同的工作。在传统的政府提供公共服务模式中，为了提供必需的公共服务，政府不得不供养起大量的单位及人员，让他们提供服务。这种方式导致政府机构越来越庞大，供养的人员越来越多，机构臃肿、人浮于事，并且由于不存在竞争压力，服务效率低下。政府以向社会力量购买的方式来提供公共服务，向具备资质的机构和组织购买必要的公共服务，即“养事”。而这些机构和组织根据自身承担的事务需要，向市场聘请所需人力，将有效提高效率，最大限度地节省开支。这种方式将在很大程度上精减政府冗员，有效控制财政供养机构及人员的增长，能够更充分地利用人力资源，有效避免刚性支出的增长，减少政府的低效率支出，从而降低政府的成本。

再次，政府与社会力量的分工，让对公共服务提供的监管机制更有效，从而提高资金使用绩效，降低社会成本。政府向社会力量购买公共服务，让公共服务提供中的“运动员”与“裁判员”区别开来，政府能够更独立地对社会力量的公共服务提供情况和其行为进行监管和绩效评价，这对于提高财政资金使用绩效是非常有效的。

最后，通过政府购买公共服务，引导社会组织、机构和企业等社会力量参与，

能够有力调动更多社会资金参与提供公共服务。社会组织具有非营利性特征，它们本身就可以接受社会资金，如慈善基金、社会捐款等，用于提供公益性活动。通过承接政府购买公共服务活动，这些组织和机构能够在更大范围内拓展业务，提高服务能力，从而吸引和调动更多社会资金参与提供公共服务，从而减轻政府财政压力。

(二)政府购买公共服务有利于提高公共服务的质量

首先，从公共服务的层次、范围来看，政府购买服务有利于满足多层次的公共服务需求。当前公众的公共服务需要越来越多元化，仅仅依靠政府已经不可能满足不同层次、不同范围、不同特点的公共服务需求。社会组织和机构往往都是专业性很强、按照细分市场成立的专业组织，具有公益性、志愿性和多样化特征，他们利用专门人才和专业化的管理，在提供公共服务方面具有分工细致、贴近服务对象、更了解服务需求的特点，能够准确地捕捉到市场信息，及时提供符合实际需要的特色服务，制定具体的服务方案，针对不同需求提供更细致的服务。尤其是在面向弱势群体、特殊人群的服务以及社区服务等方面，具有政府不具备的明显优势。以政府购买的方式提供公共服务，可以将不同种类的公共服务分包给不同特点的社会组织和机构去承担，服务的针对性更强，有利于满足多层次的公共服务需求。

其次，从公共服务的质量上来看，政府购买公共服务有利于提供更优质的公共服务。传统的垄断性公共服务供给下，政府行政机构的工作机制导致公共服务内容大而化之，很难被细致地设计，公众也几乎没有选择的权利和机会。政府购买服务将专业的机构、人员和工作方法引进公共服务领域，并通过引入竞争机制，形成政府规划与市场竞争的合作，真正体现政府公共服务以人为本的精神。而专业、业务单一的社会机构往往更专注，也更能够创新，他们往往愿意充分发挥其经营管理的潜能和专业技能，为社会和居民提供更高效、更优质的公共服务。

三、政府购买公共服务有利于培育和发展社会组织、推动社会建设

随着经济管理体制的改革、经济的持续高速增长，社会矛盾日益突出，社会建设问题开始受到重视。在以往的改革中，政府与市场的关系逐步得到重视并建立起来，而关于政府应该建立起怎样的与社会的关系，如何建立良好的关系，培育和发展独立的社会组织被视为一条重要途径。

社会组织承担着社会自我管理和自我服务的功能，能够在一定范围内为公民提供精神寄托和服务支持。社会组织作为公益性、资源性、非营利性的组织机构，具有自发性和自组织能力，能够根据社会和民众的实际需要决定服务内容和服务对象，有助于实现社会的自我管理和自我服务；而这种社会的自我管理和自我服务，是政府公共服务的重要补充力量，甚至在某些领域形成最重要的社会服务提

供者，对增强社会凝聚力、缓解社会压力和社会矛盾具有重要作用。

社会组织在社会与政府之间起到沟通桥梁的作用，避免政府与社会公众的直接冲突。社会组织具有一定的组织能力、管理能力和谈判能力，能够比较深入、广泛地了解所属群体的意见和要求，并与有关政府部门沟通和协调。这种社会组织实际上成为社会公众与政府之间的沟通桥梁，避免了政府与公民之间的直接冲突。

多层次的社会组织复合作用，能够形成有效的社会稳定机制。社会组织的形式多样，服务群体和内容也非常丰富。多层次的社会组织相互交织，能够形成一个庞大的社会网络，公民生活在社会网络之中，与各种社会组织打交道，接受各种社会组织的管理和服务，通过各种社会组织反映其利益诉求。健康、完善的社会组织能够形成对公民的保护网，并成为有效的社会稳定机制。

政府购买公共服务能够培育和引导社会组织成立和发展。由于公共服务的公益性特点，政府购买公共服务的主要承接力量就是各类社会组织(非营利组织)，它们正是构建社会的重要力量。政府通过制订购买公共服务计划，明确购买方向、购买目录，引导成立特定类型的社会组织，并参与到公共服务的提供中来。

政府购买公共服务为社会组织的生存和发展提供了资金和活动项目，这是社会组织生存和发展的重要基础。在我国的传统环境下，社会组织很难有独立生存和发展的能力。而政府购买公共服务中，社会组织是最主要的公共服务承接者。

从国内外的实践来看，政府购买资金也往往是社会组织最主要的资金来源。通过向社会组织购买公共服务，为社会组织提供必要的资金、场地、政策支持，将对社会组织起到积极的作用。

政府向社会组织购买公共服务，是政府融合社会组织、改善社会关系的重要途径。政府通过向社会组织购买公共服务，能够在为社会组织提供资金支持的同时，加强与社会组织的合作与交流，取得社会组织的理解和支持，让社会力量更多地了解政府行为，增强他们的参与度和认同感，调动社会的力量，让他们也为和谐社会建设出力。这样，社会组织在处理群体问题时，更有可能从政府的角度来考虑问题、化解矛盾，并将政府的善意和立场向社会公众传达。这对于政府加强社会融合、改善社会关系具有重要意义。

从更深层的角度看，政府向社会组织购买公共服务，能够形成政府与社会组织合作治理的良好局面。20 世纪 70 年代以来，西方国家掀起了一股强烈的思考和改革社会管理问题的思潮与运动，由于对当时的“自上而下”的控制型政府社会管理模式不满意，他们主张并推动“自下而上”的全民参与型政府管理模式，特别强调各种非政府社会组织在社会公共管理中的作用。而政府购买公共服务通过独立性、竞争性的购买机制，形成公共部门与社会力量的合作性伙伴关系，共同参与到社会管理中去，成为社会管理模式创新的一种重要选择。

有政府的公共服务项目作为支撑，社会组织也更容易得到社会其他力量的信任和支持，以人力、物资、资金等方式参与到公共服务的提供中，为社会组织建设注入新的活力。

第五节 我国政府购买公共服务存在的主要问题

一、政府购买公共服务的法制不够健全，制度供给不足

政府购买公共服务作为政府采购的一部分，应该按照政府采购的要求开展。但是，政府购买公共服务的很多规定与《政府采购法》的要求具有明显差异。例如政府购买公共服务的主体与《政府采购法》规定的政府采购主体就不完全一致，政府采购目录中关于服务采购的条目，很多也并没有把公共服务包含进去。这些都导致了《政府采购法》对公共服务购买的约束力不够。法制的不完善，导致目前很多地方还没有将政府购买公共服务纳入《政府采购法》统一管理。这也导致政府购买公共服务往往不规范、竞争性不够强、监管机制欠缺。相比于货物、工程的政府采购，政府购买公共服务还处于初级阶段。由于政府购买公共服务在发展前期以各地的自发探索为主，各地都是自己摸索经验，根据地方实践情况来制定相应的管理办法，所以全国性、全局性的管理办法缺失。这种各地各行其是，没有统一的规范和要求的状况，对于长期发展是不利的，应该改变。

二、政府购买公共服务的规模还比较小，开展购买的公共服务领域比较窄

近年来，随着政府购买公共服务的战略性意义越来越凸显，政府购买公共服务的规模不断扩大，购买范围也有了很大的拓展。例如，在我国，养老、特殊人群救助、弱势群体就业、城市垃圾收集、社区医疗、社区老年服务甚至公交、审计等领域，都开始纳入政府购买公共服务的视野范围，开展购买活动。但是，相比于政府自身提供公共服务的范围和公共服务支出总规模来说，实践中采用政府购买方式来提供的公共服务还非常有限。

三、政府购买公共服务的独立性不强

由于长期以来的历史原因，我国并没有形成大量独立的非营利性组织，现在承接政府购买公共服务的，往往都是高度依附于政府的事业单位，或者由政府成立的社会组织。这导致政府往往选择向下属的组织或机构购买服务，使购买服务缺少独立性。例如，在广州市，政府购买服务的主要途径都是非独立性的：其一是各街道成立社工服务中心，一般由街道原来的相关工作人员负责，由政府向其

购买服务；其二是政府直接向信任的社工机构购买项目。

四、购买公共服务的资金管理不够规范

一方面，政府用来购买公共服务的资金规模不一，来源多样，而且往往并没有纳入预算。政府购买服务所需资金一般从项目资金或者从业务经费中支出，资金管理不规范。纳入公共预算的往往都是大规模的资金。

另一方面，对于政府购买某项公共服务的价格或资金规模究竟多少合适还没有形成统一标准，也没有比较成熟的核算办法。所以，现在购买资金往往都是政府确定一个规模，对承购方对资金的使用情况到底是否合理、资金效益的发挥情况没有很明确的考核机制。

五、有能力承接公共服务的社会力量不够

从一般意义上说，政府购买公共服务，最适合的承接者是第三方非营利组织。而我国的社会组织发展十分不成熟。一方面，我国大量的社会组织是依附于政府机构生存的，并不具备真正意义上的独立发展能力。另一方面，社会组织自身的发展不成熟，专业性、人员力量等方面都不完善，独立承担公共服务的能力不强。同时，民办社工机构还呈现组织资源短缺、运作机制不完善、服务绩效评估缺乏等组织能力不足的发展困境。社会组织发展不成熟、私营部门参与很少，导致能够承接并高效提供公共服务的社会力量过于薄弱。

六、地区发展不平衡

政府购买公共服务属于新的政府管理理念指导下的改革实践。与其他改革一样，政府购买公共服务也是从经济发达地区开始实行，欠发达地区会滞后很多：城市发展比较早，农村的推进进程会相对落后。地域的经济实力、社会经济环境，以及政府领导的观念等，都是影响购买公共服务进程的因素。与发达国家和地区的交流程度、民间组织的发达程度等往往也是影响改革的重要因素。相对来说，经济发达地区的思想比较解放，与发达国家交流的机会多，便于了解和学习先进经验，也有更多经济实力提供更多的公共服务、开展政府购买活动。

七、政府购买公共服务的附加目的较多

政府购买公共服务往往与促进社会组织发展、提高就业等其他目的捆绑在一起，精简机构、降低公共服务成本的目的和功能反而被削弱。政府购买公共服务被作为提高政府经济效率的手段时，关注点必然在服务质量和财政绩效的提高上。但是，目前的政府购买公共服务，往往被视作促进社会组织发展的重要手段，或者成为事业单位改革的桥梁，这就使得政府购买公共服务的核心目标发生了偏移，

并致使对绩效的考评重视不够。

八、公共服务供给的监管机制不健全

我国目前的公共服务购买和供给中，对公共服务供给的监管机制还很不完善，公共服务供给的责任不明确。公共服务的特点致使它并不好量化，质量上也没有确定的评价标准，同时公共服务提供中财政资金的使用效率也不容易准确评价，这些导致政府对购买的公共服务并不容易做出准确评价，也给监管带来了困难。公共服务供给的分散性、公益性、非一次性等都给监管带来了困难。同时，政府购买公共服务还属于比较新的事物、政府职能不清晰、管理权限不明确，导致监管的体系和机制不健全，一些部门将公共服务的购买作为一种推卸责任、抛下包袱的方法，疏于管理和监督。而随着社会主义市场经济体制改革的不断深入，公共服务领域也必然将向社会和市场开放，客观上也对公共服务的监管机制提出了更高的要求。

第三章 国外政府及我国台湾地区购买公共服务的经验借鉴

政府购买公共服务已经成为全球公共行政改革发展的重要实践内容。虽然我国在政治环境和行政体制方面与其他国家有着明显差异，但是发达国家在政府购买公共服务过程中的实践，特别是在具体运作中的模式、内容以及各种服务供给方式的适用范围等经验还是值得我们学习的。对一些国家或地区政府购买公共服务的成熟模式进行分析，能够为我国提供借鉴。

第一节 欧美国家政府购买公共服务的经验

一、英国政府购买公共服务的概况

(一)英国政府购买公共服务的历史背景及政策发展

英国是最早将国有企业私有化的国家。早在18世纪，英国就已经出现了私人部门在公共服务方面的承包契约，但当时公共服务的外包并没有在全国普及，涉及的领域也相当少。英国政府真正开始重视购买公共服务政策的实施，是从20世纪70年代末时任首相撒切尔夫人推行的市场化改革开始的。

英国政府对公共服务的供给政策大致经历了三个阶段。

1. 政府对公共服务的垄断供给

20世纪30年代至70年代中期，随着工业化的发展，出现了疾病、住房困难、失业、贫困等一系列社会问题，为此，英国政府开始实行大规模的国有化运动和“福利国家”政策，建立了由政府垄断提供公共服务的制度模式，此时的政府扮演了多重角色，既是公共服务的生产者、提供者、管理者，又是公共服务的监督者。

2. 以民营化为导向的公共服务供给

20世纪70年代末至90年代末，英国政府引入了市场机制。随着社会福利的发展壮大，单靠政府的财政收入来维持所有公共服务的开支已经非常吃力，甚至出现了财政赤字现象。由政府垄断供给公共服务的弊端渐渐显露，英国政府开始意识到引入市场机制的必要性，开始把公共服务交由社会来提供。英国是最早进行民营化改革的国家，1979年，在撒切尔夫人的领导下，开始实施以效率为目标、以民营化为导向的市场化改革道路，推行公共服务执行与决策分开的“执行局”模式。梅杰当政后，开始关注公共服务的质量问题，提出了“竞争求质量”的改革运动，强调提高公共服务质量的根本措施应该是引入市场竞争机制，使公共部门与私营部门进行平等竞争，占优势的一方即可向社会公众提供服务，确保效率和质量。

3. 多元化的公共服务供给模式

20世纪末以来，推行多元治理模式，注重政府部门、社会组织与市场之间的密切合作。2001年，布莱尔政府设立了公共服务改革办公室，鼓励政府和社会团体在志愿服务、学校管理、收领养儿童、公共健康、青少年犯人管制计划等社区发展项目上展开合作，实行中央与地方“分治”，把更多的医疗、教育、培训、住房、运输、环境等公共服务决策权下放给地方政府。

(二)英国政府购买公共服务的基本模式

经过政府市场化改革，英国政府在公共服务的供给方面更加注重引入市场竞争机制，以“市场检验”为原则，以提高服务质量为导向，采用了多种服务提供方式，主要包括合同外包、公私合作、个人账户直接付款、消费券制度、补贴与付费相结合等。

1. 合同外包

合同外包在英语国家称 Out sourcing，亦可翻译成公共服务民营化、合同出租等，是指把原来由某政府机构直接向社会公众提供的一部分公共服务项目，转变为通过社会公开招标、政府直接拨款等方式和程序，交给有资质的社会组织、企业、机构等供应商承担公共服务的提供，同时，政府从公共预算中根据民营供应商提供公共服务的数量和质量支付费用。该方式是政府购买公共服务基本模式中最常见的一种。

英国的公共服务合同外包可以使用“采购”和“委托”两种方法。2000年出台、2005年修改、2008年重印的《资助和采购最佳实务准则》规定了采购的条件，这些规定对资助和合同都适用。2009年最新出台的《委托指导》，内容涉及“对某地区人民需要进行评估，设计服务，最后取得合适的服务的运作周期”。因此，它更多的是针对资助而非合同，但是，因为委托服务是由社会组织提供的，所以可能会因为利益冲突的问题而削弱社会组织在计划阶段的参与。

英国政府根据不同性质的公共服务，采取多种形式的合同购买。地方政府对于密集型劳务的购买合同，采用周密的收费表，事前约定好价格以及浮动的上下限，具有细节详尽、格式规范、规模较大的特点；而对于社会福利、医疗卫生、文化娱乐等专业服务的购买，则采用个案合同管理，或者采取金额固定、数量不固定、价格和数量固定等形式。

英国政府合同外包的主要特点是强调引入市场竞争机制，实行非垄断化。

1990年的《公共医疗和社区关怀法》明确规定，中央政府拨付的特殊款项的85%必须以竞争招标的方式向私营或非政府组织购买服务。为了加强竞争，防止垄断，政府对股东在私有化后的公共部门中的持股比例做了明确的规定，其中，股东在私有化5年内每个持股者不得持有15%以上的股份。对于具有较高风险性和巨大成本投资的基础设施建设领域，英国政府以立法的形式强制要求政府部门与社会组织之间以合同外包或公开竞标的方式引入竞争。

然而，强制性的竞标并不是万能的，英国曼彻斯特大学的一份调查报告显示，英国铁路部门实施民营化以来，政府的花费不仅没有降低，反而增长了一倍，现在每年的花费达到了40亿英镑。其实，英国早在1998年就已经取消了强制性竞标，允许地方政府回购以前的外包服务。2011年卓越公共服务协会(APSE)的一项调查发现，在140个地方委员会中，有80个收回了包括垃圾回收与处理、街道打扫、住房管理、场地维护、信息技术与会计工作等领域的公共服务，而在规模上，57%的受访者表示已经或正在收回以前的民营化服务。英国铁路部门的市场化改革颇具代表性，英国铁路部门1997年开始大量推行民营化，就连路轨系统也实行了私有化，但因私有化之后各种问题不断发生，2002年，政府只好从企业将铁路回购到公众手中。

2. 公私合作(Public Private Partnerships，简称PPP模式)

公私合作是指在公共项目建设或运营中，政府不需要出资购买私营部门提供的服务，而是充分发挥政府部门和非政府部门的各自优势，特许或以其他形式吸引中标的非政府部门共担风险责任、共享收益，相互合作提供公共服务的一种模式，它是一种特殊形式的合同外包。公私合作的形式有多种多样，主要包括：BOT(Build-Operate-Transfer，建设—经营—转让)、BTO(Build-Transfer-Operate，建设—转让—经营)、LBO(Lease-Build-Operate，租赁—建设—经营)、TOT(Transfer-Operate-Transfer，移交—运营—移交)、BOO(Build-Own-Operate，建设—拥有—经营)、BBO(Buy-Build-Operate，购买—建设—经营)。

英国在20世纪90年代首先提出了公私合作关系的概念，因而，英国是PPP模式的发源地，之后PPP模式在美、日、德等国家得到了热烈的响应。20世纪90年代，英国进一步将政府向社会机构购买服务的做法常态化、制度化，形成"政府、市场与社区、志愿组织等第三部门"合作机制，使得政府在获得高收益服务的同时，又支持了社会组织发展。同时，在布莱尔政府提出的"第三条道路"理论的推动下，英国采取了公共部门与私营部门之间的合作来提供公共服务。政府在公益性较高、投入较大、风险较高等基础建设领域主要通过此方式购买公共服务，例如，在隧道、公路、铁路、港口、机场等交通基础建设，国防、监狱、污水处理设施等领域。英国采用PPP模式在城市公共设施建设方面取得了非凡的成绩。

3. 个人账户直接付款

所谓的个人账户直接付款是指政府部门将财政公款直接转入符合相关条件的公民个人账户。例如，在英国政府发布的《公共服务开放白皮书》(2011)中，贯彻了“选择”与“放权”的原则，指出个人服务项目(Individual services)中的成人社会救济(adult social care)、儿童保健(child care)、残障特殊教育需求(special educational needs and disability)、弱势群体住房(housing for vulnerable people)等服务项目均采用个人账户直接付款的采购服务方式。

4. 消费券制度

消费券制度亦可称为凭单制度，是指政府给有消费资格的特定人群发放公共服务消费券，社会公众凭借此票券，可自由选择服务提供方。其中，服务提供方可以是政府、非政府组织等，若消费者选择服务的提供方是非政府组织，则可凭借此凭单向政府报销。英国政府在住房、教育领域等都采用了此种方式，这种方式使得政府和社会组织之间展开了公平的竞争。

5. 补贴与付费相结合

补贴与付费相结合的购买服务方式在英国的医疗卫生领域使用比较多。英国政府给向社会提供卫生服务的公共医疗机构一定的合理经费补助。同时，在总额控制下，采用按病种、按人头等多种付费方式，充分发挥医疗机构的积极性，使医疗机构和医务人员通过主动控制医疗成本、节约医疗资源，获得更多的收入。据统计，2016 年，英国卫生费用支出占国民生产总值的 8.4%，政府卫生支出占政府总支出的 15.6%，在政府卫生支出中，购买社区卫生服务约占 80%。

(三)英国政府购买公共服务的主要内容

英国政府购买公共服务的类型较多，涉及的领域比较广泛。撒切尔政府最先在石油领域实行私有化改革，开始出售部分股票，引入市场竞争机制，政府公共服务的外包内容逐渐增加，原来由政府垄断供给的航空航天、建筑工程、污水处理、能源、电信等领域都实现了私有化。20 世纪 80 年代末，英国政府开始全面改革，政府购买公共服务的领域进一步扩大，国家的许多垄断行业都实现了公共服务的外包，例如与民生密切相关的自来水供应、房地产行业、天然气、电力等。到了 20 世纪 90 年代初，英国的邮政部门、铁路部门、交通运输部门等也成了私有化的对象。与此同时，英国政府大力鼓励和支持居民购房，允许教育部门和医疗服务进行私有化改革。

政府在购买医疗卫生服务领域，所涉及的服务内容广、项目多，除购买常规的妇幼保健、健康教育、精神卫生、慢性病控制、老年人保健、儿童保健、建立健康档案、免疫接种等项目外，还购买伤残人士保健服务等特殊服务项目，包含的子项目也是种类繁多，如儿童保健包括营养、计划免疫、预防保健、五官保健等；妇女保健除孕期和围产期保健以外，还包括青春期保健等。

在《服务开放白皮书》中，贯彻“选择”与“放权”的原则，根据做出服务需求决策所需要的最小单位，将公共服务在中央政府、地方当局(包括 parish，town and community councils)、个人三者之间划分为三类：个人服务项目(Individual service)、社区服务项目(Neighborhood service)、委托服务项目(Commissioned service)。

(四)英国政府购买公共服务的操作程序及购买流程

英国政府采购拥有一系列较为严格的操作程序。政府对公共服务的购买流程主要分为八个阶段：政府根据公共服务需求确定采购目标，并制订出采购计划；由政府确定采购的总负责人，并配备一定数量的律师、会计师或审计师队伍，分别负责发布消息、接受咨询、编制预算或独立审计；律师根据公共服务的需求起草相关信息，并向社会公众公布信息，公开招标；公共部门接受社会咨询；按特定的标准和要求确定合格的供应商名单；向供应商直接采购；社会组织根据合同要求向社会公众提供公共服务；社会组织接受政府公共部门的监督。

从英国政府购买服务的决策程序上看，政府各部门根据社会公众的需求进行服务购买，以自主决策为原则。但各部门在采购决策中要受到两方面的约束：一是这些部门所有采购商品和服务都必须在财政预算支出的范围内；二是他们的所有支出都必须向议会负责。政府购买公共服务的流程正体现了政府部门、非政府部门和社会公众三者之间的环环相扣、相互作用和相互监督。

近年来，英国政府采取简化政府购买服务的采购流程，实行精简招标程序。在投标资格预审程序上，截至 2016 年年底，在英国 17 个中央政府部门中，已有 14 个部门取消了 10 万英镑以下政府采购项目的资格预审程序。2018 年，所有中央政府部门都将取消该程序。在未来的改革道路上，英国政府购买服务的流程将向精简的方向发展，尽量减少层层关卡的官僚主义行为，从而减少投标方的负担和成本。

二、美国政府购买公共服务的概况

(一)美国政府购买公共服务的历史背景

美国政府对公共服务的购买有着比较悠久的历史。20 世纪 60 年代，美国政府已经开始出现了公共服务的外包实践，这一实践，已有 50 多年的历史，它促进了新公共服务理论的发展，构成了美国社会福利改革的一个重要方面，使各种非营利性组织和营利性组织参与到提供公共服务的竞争中来，使政府在社会中的角色发生了变化，公共服务的质量有所改善，很大程度上提高了美国政府公共服务的供给效率，实现了美国政府向社会购买公共服务的初衷。

1. 政府购买公共服务的萌芽阶段

1861 年，美国政府通过了一项联邦法案，法案中规定，超过一定金额的联邦政府采购，必须按公开招标的程序，并以统一的单据和格式实行规范化操作管理。美国政府购买公共服务自此进入萌芽阶段。政府向社会公开招标，使社会监督参与到公共服务的购买中来，规范了政府采购部门官员的行为，提高了透明度，改善了政府公共服务的供给质量。

2. 福利改革的发展阶段

20 世纪 60 年代，约翰逊总统提出了“同贫困的战争”的口号，同时美国社会出现了从农村到城市的移民潮、福利权利运动、老龄化等现象。种种因素使公共服务需求大大增加，导致美国的社会福利补贴剧增，政府财政负担日趋沉重。在这样的背景下，美国政府开始考虑向非政府组织购买公共服务，同时以立法的形式促进非政府组织参与到政府公共服务的购买中，引入市场竞争，实现“以公补私”，减轻财政负担。据相关资料显示，美国联邦政府的“经济机会办公室”利用国防部的采购程序来确保对低收入家庭的教育服务，进行了首次政府购买服务的探索。在此之后，很多地方政府都开始了购买公共服务更广领域的创新和尝试。

3. 以立法为保障的成熟阶段

随着美国政府购买公共服务的发展，政府采购制度日趋完善。采购制度在美国已有200多年的历史。20世纪70年代中晚期，美国政府采购的制度体系已相当完备，美国政府采购制度主要由行政法规、规章制度、法律三部分组成。美国国会和有关部门制定了大约500种政府采购法规，其中《联邦政府采办法案》和《联邦政府采购条例》是政府采购法规体系的核心，统一规范了政府各部门公共服务的购买方式、程序、内容、政策等。经过长期实践，美国政府的采购制度体系不断完善，已经成为世界上最完备的采购法律体系之一。美国政府以立法的形式使非政府部门参与到公共服务的供给领域，确保第三部门供给服务的合法性，调动了全社会力量的积极性。美国政府公共服务的购买在法律的保护下不断发展，采购体系日趋成熟。

(二)美国政府购买公共服务的基本模式

美国政府购买服务经历了由密封招标的传统方式向多种竞争招标方式和竞争性谈判的新方式发展，如今已形成了多种服务购买模式，包括合同外包、公私合作、特许经营、凭单制度、政府补助等多种方式，其中最主要的是合同外包和公私合作，合同外包最为典型。据相关数据显示，合同外包占总数的80%。

1. 合同外包

合同外包起始于20世纪60年代，它有许多政治上的吸引力。它将地方非政府组织直接纳入服务体系，允许政府在不扩大规模的前提下，增加活动范围，有利于分散行政责任与政治风险。据有关数据显示，1982—1997年，地方政府在选择替代性服务方式时，90%的服务使用了合同外包。

在美国的联邦和地方政府中，多数公共服务都采用合同外包的形式，涉及领域广泛。例如，拉米兰达市只有60名政府雇员，而60个承包商包括非政府组织则提供了从消防、警备到公共工程等几乎所有的公共服务。在明尼苏达州，政府取消了学区垄断，让学生家长有权选择公立学校，促使学区在入学率和资金方面引入竞争机制。在公共服务、医疗卫生、教育、国防等领域，市场化程度通常比较高，这些服务在外包时，美国政府从传统的结果导向开始向绩效导向发展，注重公共服务外包的质量与效率。例如，在明尼阿波利斯市，雇用了社会第三部门参与到学校的管理中，工作报酬的高低与是否达到了教育的目标要求有关，形成了以绩效型为导向的教育体系。

通常而言，美国政府采用合同外包的公共服务一般是那些公共性较强、交易成本较高的服务领域。

2. 公私合作

公私合作的方式在美国的应用非常广泛。公私合作分为公营部门和私营部门。例如，在医疗服务领域，既有政府部门负责的公营养老院，也有非政府组织提供的私营老人护理机构。

这种模式意味着政府部门要投入更多时间和精力到公共服务的供给中。但是，政府采取此种购买方式并不以营利为目的，而是要带动社会部门，同时扮演着监管者的角色，通过公私合作的方式促进公共服务效率的提高。政府部门要根据社会服务的需求，规划出服务购买政策，购买者可以是非营利组织，也可以是政府部门，两者可以共同参与公共服务提供的决策，实现利益的双赢，并共同承担公共服务供给的接入成本与风险。公共服务最终到底由谁来承担，通过比较政府与非政府部门提供效率的高低来确定。例如，在一个基础设施项目中，政府相对私人部门而言在征用土地时具有更明显的协调各方利益的优势，这项工作就由政府来做；而具体的建设施工就应发挥非政府部门高效率、注重经济效益的特点。

公私合作模式可以充分发挥政府部门和非营利组织各自的相对优势，通过两者之间的竞争，使社会公众对提供的服务有选择权，有利于通过充分竞争，提高公私部门各自的服务效率。

3. 特许经营

特许经营是指通过签订合同，特许人将有权授予他人使用的商标、商号、经营模式等经营资源授予被特许人使用，被特许人按照合同约定在统一经营体系下从事经营活动，并向特许人支付特许经营费。

美国是最早实施特许经营政策的国家，经过多年的实践，美国在特许经营领域已经形成了比较完备的立法体系。美国特许经营的法律规范可分为四类：一是联邦政府的专项法规；二是州政府的专项法规；三是普遍适用的商法法规，如公司法、反垄断法、注册法等；四是国际特许经营协会及其他特许经营协会的组织规范。

4. 凭单制度

凭单制度就是政府部门给有资格消费某种服务的社会公众个体发放优惠券。社会公众凭借凭单在政府指定的公共服务生产组织中进行“消费”，然后政府用现金兑换各组织接收的凭单。凭单制度的优势在于，由于消费者手中持有选择公共服务提供方的凭单，消费者会在权衡后选择服务质量较高的生产者，所以作为公共服务的生产者，为了获得消费者手中的凭单，必须提高服务的质量和效率。这种服务提供模式有利于引入社会监督，使得消费者参与到公共服务采购的监管中来。

凭单制度广泛应用于美国公共服务的许多领域，包括食品与营养、卫生保健、基础教育、住房等，是一种相当成功的公共服务民营化的改革措施。例如，在福利制度的改革中，美国政府把社会保障法第20款中有子女家庭补助项目、过渡性儿童保育和大宗发展补助项目所要用的40亿美元都转变成了凭单，使消费者根据手中持有的凭单选择自己需要的医疗保健内容，从而享受相应的公共服务，此项措施收到了预期的效果。

(三)美国政府购买公共服务的主要内容

美国政府向社会组织采购公共服务始于垃圾清理等简单服务。如今，美国政府购买公共服务所涉及的范围已非常广，政府利用财政资金向非营利或营利组织所购买的商品、工程及服务都属于政府采购的范畴。

有关学者提出了适用政府向社会非营利或营利组织采购公共服务的三个基本条件：①服务是硬性的，即服务的产出和质量能够被界定；②监督成本不是很高，即政府有能力监督和控制私人承包商的行为；③存在一个提供服务的竞争市场。多数人认为，政府采用合同外包的公共服务一般是那些公共性较强、交易成本较高或者涉及政府核心职能的服务领域，并非所有的公共服务都适合外包。据Savas的计算，美国至少有200种服务是由承包商向政府提供的。1982—1997年，地方政府在选择替代性服务提供方式时，90%的服务使用合同外包。

根据1992年美国城市管理协会(ICMA)与民营化委员会的报告，县政府层面外包的公共服务包括：①行政(收费、传递、传票等)；②建筑物维护；③资料处理；④车辆维护；⑤医院、保健与紧急救助；⑥会议及休闲娱乐场地；⑦废弃物清运及处理；⑧街道、桥梁维护；⑨交通标志；⑩交通及捷运。在州政府层面，根据相关调查显示，政府购买公共服务涉及的领域也比较广泛。

2014年，美国进行了一项针对州政府民营化所涉及领域问题的调查，研究表明，州政府层面有许多项目都被不同程度地民营化，民营化的内容包括合同外包、公私合作、特许经营、凭单制度、政府补助等，体现在教育、公共服务、卫生保健、监狱、交通、电力、电信等公共服务领域。至于联邦政府层面，政府在国防、能源、航空航天、环境、农业、医疗卫生、社会服务以及辅助性服务等领域都尝试采用了合同外包的方式。

(四)美国政府购买公共服务的操作程序及购买流程

美国政府采购在联邦政府率先实践，之后在各州政府全面铺开。美国政府购买公共服务采用高度集中采购的方式，采购程序比较严格。美国分为联邦政府和州政府两个层面，有专门的政府采购机构，分别为联邦政府总务管理局(General Service Administration，GSA)和州政府服务总署，它们主要负责制定公共服务采购政策，并根据所制定的政策执行管理。例如，州政府首先根据社会公众服务的需求，制定购买服务合同，并将合同外包给非政府组织，州政府服务总署负责统一签订，再分配到政府各部门分别进行执行和管理。

一个完整的服务购买主要包括合同的形成阶段和合同的管理阶段，在合同形成阶段的市场调查时，美国政府规定，凡有意向政府部门提供货物或服务的企业，一般应向有关部门提出申请、注册。在选择供应商的过程中，政府采购部门主要通过向有意向承包服务的非营利性组织或营利企业索取相关资料，并按照国家审查标准进行严格的分析和评估，以透明、公平、公正、公开为基本原则，确定合格的供应商，再进行公开招标，引入市场竞争机制。

严格的政府采购程序的约束，有利于非政府组织之间的公平竞争，节约采购成本和监督成本，使政府采购系统有更高的运作效率。

三、德国政府购买公共服务的概况

(一)德国政府购买公共服务的历史背景及政策发展

德国当今良好的公共服务体系与其社会背景和历史的发展有着紧密的联系。自普鲁士政府以来，德国经济和社会治理强调的一个核心准则是自治，这为联邦制的德国实行公共服务的均等化提供了良好的基础环境。两德统一之后，为了解决东西部公共服务的差距，健全政府购买公共服务体系，德国政府进行了购买公共服务的系统革新，保障了公共服务的供给效率。

1. 政府购买公共服务的摇篮时代

在17世纪早期，许多州及地方主要采用自治管理办法，随着德国社会的发展，政府逐渐倾向于公民能够承担更多的责任，并鼓励社会公民能够参与到政府服务采购的决策中来。自19世纪开始，随着工业化的推进，政府责任进一步变大，救济穷人逐步从教会、善人和州政府的责任中剥离出来而成为地方政府职责的一部分，地方政府面对着疾病、住房困难、失业、贫困等一系列社会问题。为了缓解财政入不敷出、公共服务负担沉重的状况，政府购买公共服务开始进入摇篮时代。德国政府为了适应社会发展的需求，进行了服务购买的改革措施，推进购买公共服务提供方式的社会化和市场化，改善政府公共服务的供给质量，从而减轻联邦和各地方政府的负担与管理成本。

2. 联邦和地方政府购买公共服务的成长阶段

20世纪80年代初，德国经济严重衰退，给整个国家带来了社会大震荡，两德的合并更加重了政府经济和财政上的负担。在如此糟糕的社会环境下，社会公共服务的需求更加广泛，需要政府发挥高效能，因此政府必须跟紧国家发展的脚步，使地方政府的公共服务走上变革的道路，试探性地借助市场的力量购买公共服务，使社会性公共服务实现市场化，向非政府组织购买公共服务，把可竞争、可计量的事业型公共物品领域逐渐交由社会组织负责。联邦和地方政府公共服务的购买开始进入成长阶段。

3. 公共服务走向均等化的成熟阶段

德国作为一个联邦制国家，随着政府购买公共服务的成长，政府采购制度日趋完善，政府公共服务的购买开始向均等化方向发展，确保每个公民都能公平地享受到服务。联邦、州与地方各级政府有明确的公共服务责任，通过一般均衡拨款与补充拨款、专项拨款、共同任务拨款等多种形式构成一个完整的转移支付体系。在各州和地方经济发展水平有较大差异的条件下，政府采取优惠政策，同时实行政府补助制度，带动整个国家经济的增长和社会的进步，避免地区之间经济发展的不平衡，实现公共服务的均等化。政府对于欠发达地区采取了补助制度，建立了比较完备的公共服务体系，从而实现了政府公共服务的购买走向均等化。

(二)德国政府购买公共服务的基本模式

德国政府购买公共服务的模式有多种，它与英、美两国提供的服务模式不同：英、美注重引进市场竞争机制，建立政府部门与非政府部门之间的合作，促进社会组织之间的竞争；而德国对于在公用事业领域引进竞争机制、公共服务市场化表现得更为谨慎，并未出现和英、美两国类似的大规模私营化、市场化浪潮。德国购买服务的基本模式主要包括合同外包、公私合作、政府转移支付、政府补助制度、志愿者自愿提供等。德国政府为了提高服务质量和效率，采取了以竞争性招标为主要方式的合同外包和公私合作的购买模式，鼓励私营部门进入政府主导的公共服务领域。

1. 合同外包

合同外包的公共服务提供模式与以往政府直接提供公共服务模式不同的是，在采购公共服务模式下，政府不再自己使用财政资金运作完成公共服务，而是通过合同关系，政府支付资金，交由非营利性组织或者营利组织等其他主体来提供公共服务，其核心是建立契约式服务提供模式，而不是建立雇佣关系，它要求作为购买方的政府和作为被购买方的服务提供者保持独立性，服务提供者独立决策、独立运作、承担责任，政府依据合同进行管理，对绩效进行独立的评估。

德国立法的修订，改变了政府部门与非政府部门的关系，政府购买公共服务经历了从设计型合同向绩效型基础合同的发展，采用绩效导向补偿的原则。但是，由于受国家社会、政治、经济、文化等因素的影响，德国与英、美两国政府外包服务方式不同，英、美更倾向于社会私营企业向社会公众提供公共服务，而德国政府则更倾向于慈善机构的支持。在公用事业方面，公共服务市场化表现得更为谨慎，为了减少财政负担，地方政府希望借助市场的力量，把可竞争、可计量的事业型公共物品领域外包给企业，把社会性服务外包给公益性团体。

德国政府经过长期的实践，形成了自己的一套公共服务合同外包方式和采购体系。德国合同外包的方式主要包括协商、招标、谈判程序。

2. 公私合作

公私合作即公共部门与社会组织在某些公用事业项目的建设或运营中相互合

作的一种模式，这种模式是双方发挥各自的优势来提供公共服务，共担融资风险和责任，共享收益。这种模式在德国被称为“公私合作伙伴关系”。

为了防止私营部门或政府部门在公共服务提供领域的垄断，提高公共服务质量和效率，德国政府采取了成本—收益分析、招标管理、全面质量管理等管理措施，促进了公共部门与私营部门的合作。例如，德国政府在公路、桥梁、隧道、污水处理设施、自来水供应系统等基础设施领域都采用公私合作的方式。

据相关学者调查，巴符州博登湖地区果树技术中心基金会就是采用了“公私合作伙伴关系”的服务提供方式。该技术中心为1万多户果农提供新技术培训、病虫防治等公共服务，它不仅可以向政府申请科研经费，还可以向企业提供有偿技术服务。这种公私合作的购买服务模式起到了利益共享、风险共担的效果。

3. 政府转移支付

转移支付即联邦补充拨款，这些拨款基本上属于无条件拨款，转移支付不规定资金的具体用途，是对增值税共享和州际横向平衡的补充。联邦补充拨款不采用公式化的办法，而是根据一些特殊的需求来确定补助额，如对于政治性负担高于平均水平的州、财政困难的州和一些存在特殊困难的州等进行拨款。

转移支付的资金需要在政府财政预算中支付，支付时要按规定的专门的用途拨款，这实际上是一种有条件的支付。

尽管德国各地区经济发展水平不同，贫富差距较大，但政府通过以公共服务为重点的财政转移支付，使得所有公民能够享受同等待遇的公共服务。这种购买公共服务模式对于保障广大人民群众的利益和维护社会的稳定，具有重要的价值。

4. 政府补助制度

对于欠发达地区，联邦政府除进行规范的转移支付外，还采取了一些优惠政策，积极鼓励其自身的发展。

政府补助制度有利于整个国家经济的增长和社会的进步，能带动欠发达地区的发展，避免地区之间经济发展的不平衡。德国“鲁尔工业区改造”的地区扶持正是政府补助制度的具体体现。

（三）德国政府购买公共服务的主要内容

欧盟于1992年颁布了《公共服务采购指令》，将航空客货运输、电子通信服务、水路运输、教育及职业教育、健康与社会服务等27类公共服务全部纳入向市场购买范围，购买公共服务的领域也较为广泛，凡是超过20万欧元的公共服务，一律公开招标购买。

其中，指令将政府采购服务内容分为“优先”和“非优先”两类，规定优先服务必须严格按指令执行，而非优先服务要遵守非歧视和透明度原则。

在德国，社会组织的服务领域主要包括病人或残疾人护理、青少年辅助教育、老年人护理、失业人员扶助等，其中，德国政府向私人企业购买的公共服务主要包括违章车辆拖吊、垃圾处理等简单服务。

(四)德国政府购买公共服务的操作程序及购买流程

按照德国相关法律和欧盟有关指令，德国联邦政府购买公共服务操作程序必须遵循六大原则：私法原则、预算法原则、平等待遇原则、公开透明原则、充分竞争原则、非歧视原则。政府购买公共服务操作程序的关键是创建契约式服务提供形式，而不是创建雇佣关系，即作为购买方的政府和作为被购买方的服务提供者之间维持自立性，服务提供者自立决策、自立运作、担负责任，联邦政府根据合同进行管理，对服务的绩效进行独立的、科学的、系统的评估。

长时间以来，德国联邦已经对许多专项预算进行了完善，并同意一定的政府购买程序对私有和非政府组织供给的社会服务进行购买，以提升德国政府的工作效能。通俗来说，德国联邦政府购买公共服务的四大流程是：第一，政府对购买服务进行可行性和必需性探讨，依据相关的程序选取购买公共服务的领域、项目，并确定相应服务的预算；第二，向社会群体宣告政府购买的领域、购买的项目、购买价格、预算安排以及质量条件要求和各项服务规格等；第三，依据相关要求对投标进行资质认定，并应用招投标和委托等方式选好供应商、签订合同并实施相关的过程管理和监督；第四，对购买服务的相关组织进行绩效考核并按照绩效进行结算。

为了实现德国政府对非营利组织和社会服务组织公共服务的合理购买，德国政府力争逐步从公共服务直接生产者的角色中淡出，从而更多地负起对公共服务标准和制度制定者的责任，为公民创造良好的社会生活环境，完善公共服务领域。

第二节　日韩政府购买公共服务的经验

一、日本政府购买公共服务概述

(一)日本政府购买公共服务的背景

日本政府购买公共服务制度源于20世纪80年代末90年代初开始的政府规制改革，是“市场化试验”的产物。市场化试验也称“示范性事业”，是指“把一直由政府垄断的公共服务领域的一部分事业，通过政府和民间企业平等竞标的方式，委托给在成本和服务质量方面都具有优势的中标者经营”的制度。

第二次世界大战结束后，为了治愈战争的创伤，推动社会经济发展，稳定社会秩序，日本政府制定并实施了一系列规制。规制一般指中央或地方政府根据有关法律、法规以许可、认可等行政指导手段对国民以及企业的活动进行干预的行为。战后很长一段时间，政府通过实施的保护性扶持地方产业的规制来配置资源、干预经济，使日本经济有了很大程度的提高和好转，故“二战”之后的这段时间的日本经济体制又被称为“市场规制与直接规制的混合体”。

随着全球经济一体化的发展，各国经济的联系更为密切，到了20世纪80年代后期，规制型经济体制带来的弊端日渐突出，已然不能适应日本日渐成熟的经济状况。经济规制下的日本经济活动缺乏自由竞争，政府的过度干预使得经济市场缺乏活力、经济增长速度放缓，财政赤字不断增大，出口速度也大为放缓。这种建立在官僚政治体制之上的政府主导型经济发展模式使得日本政府长期存在人浮于事、效率低下、官僚主义横行等不利于经济健康发展的因素。长期持续的保护体制，构筑了一个使低效率赖以生存的、抑制竞争的、封闭的经济结构。为了提高整个社会的活力，有必要消除抑制竞争性的规制，进行规制改革，促进自由竞争。

基于此种社会经济背景，20世纪90年代，日本政府决定开始导入英国PFI模式(Private Finance Initiative)，把公共服务市场向民间开放，削弱公共服务成本，削减政府财政支出，扩大民间企业商机，促进社会经济发展。

(二)日本政府购买公共服务的模式、内容及特点

日本政府规制改革中的“市场化试验”直接催生了日本政府购买公共服务制度。此种模式并非将公共服务完全市场化，而是有计划、有目的地借助市场的力量来协助政府更加有效地投入公共服务事业。日本购买公共服务整个过程中的主导者是政府。

1. 日本政府购买公共服务的基本模式

自20世纪90年代以来，日本政府不断进行行政改革，希望逐渐将公共服务事业民营化，但是由于利益集团对此持反对态度，日本政府依然是公共服务提供的主体。政府保留了很强的干预、领导能力，若发现某一服务是失败的，政府可以采取重新实施或者关闭失灵的服务机构等方式来重新进行购买公共服务。在市场机制的作用下，引入现代企业机制，提高了公共服务的质量和效率，使一般国民享受到了更加廉价和高质量的服务，削减了公共服务成本，扩大了民间社会组织的商机。1995年，若不考虑宗教因素，日本非政府组织的支出近2 136亿美元，约占国民生产总值的4.5%，其中45%来自政府的支持。从1996年开始，日本开始推行公共服务供给民营化，即当公用事业、公共物品和服务由民间机构提供更有效时，就让民间机构提供。日本现行的政府购买模式主要是公共与私营部门竞争性招投标模式。

2. 日本政府购买公共服务的内容

进入21世纪，小泉内阁实施了“市场化试验”，即首先将能够市场化的部分尽量市场化，政府推出可以由私人部门生产和经营的部门，私人部门无法提供的公共服务由政府提供。2005年，小泉内阁对3个领域的8项事业引入竞争机制。3个领域包括：与公共就业相关的领域；与社会保险相关的领域；与刑罚设施相关的领域。8 项事业包括：职业介绍项目、青年职业介绍项目、职业招聘项目、职业培训项目、国民年金保险费征收项目、保险事业促进项目、年金电话咨询项目、刑罚设施相关的项目。2006 年以后，政府购买公共服务的范围进一步扩大，统计调查、大学教育等项目成了改革新增的内容。

3. 日本政府购买公共服务的特点

随着日本政府购买公共服务涉及领域的不断扩大，改革成效也日渐显著，日本政府已然形成了适合本国国情的一套公共服务购买体系。根据相关文献和学者的研究，可以归纳出日本现行的政府购买服务模式的特点：试行，逐步推进；完备的立法支持，不断修正完善；政策连续，信息透明。其中信息透明是最大的特色，日本内阁专门设立了网页，公布与公共服务购买相关的法律、公共服务购买事业推进进程以及评价和调整等。同时，日本的公共服务市场化并不是完全的，政府仍保留了较强的经济干预能力，这也是日本模式的一大特点。

(三)日本政府购买公共服务的法规政策

日本政府自 1997 年决定导入英国 PFI 模式后，首先开始构建 PFI 法律体系框架，力图向民间开放公共服务市场，引入竞争机制，削减政府财政支出，促进经济发展，改善亚洲金融危机对本国的经济创伤。

1997 年，日本政府制定了《利用民间资金促进公共设施等整备相关法》，并于 1999 年正式施行。其规定："公共设施的设计、建设、运行维护管理，利用民间资金，以民间为主导，高效地提供公共服务。"法律还规定了使用 PF 模式的对象领域、政府的作用和各种扶持措施等内容。2000 年 3 月，日本政府制定了"关于制定利用民间资金等公共设施整备相关项目实施的基本方针"，规定了 PFI 项目所要遵循的基本步骤和框架。2001 年和 2003 年，政府又先后出台了《PFI 项目实施过程相关指南》《合同指南》《实施效果监测指南》等，由此确立了完整的 PFI 法律制度体系。同时，在日本内阁府还设立了"利用民间资金事业推进室"负责相关法律制定的基础研究、普及工作。

此外，20 世纪 90 年代中期日本政府开始"规制改革"后，于 2003 年 12 月召开的日本综合规制改革会议"关于推进规制改革的第 3 次答询"中，政府提出了实施"市场化试验"制度的建议(也称"示范型事业"建议)。2004 年 3 月，小泉内阁通过的《推进规制改革、民间开放 3 年计划》将"推进民间开放(市场化试验)"的观点引入规制改革的计划，由此开始了日本政府购买公共服务的进程。

2006 年，日本政府出台了《关于通过竞争改革公共服务的法律》，以法律的形式明确了改革公共服务应遵循的方针，规定了进行购买公共服务的原则、程序和方法措施等内容，并规范了购买公共服务的具体官商之间的实施问题。该法还在内阁中设立了第三方机构——"官民竞标监理委员会"，专职负责监管政府购买公共服务活动，对业务实施的效率、效果进行评价，并将评价结果向社会大众披露，确保了公共服务改革实施过程中的透明性、公正性和中立性。

2006 年 9 月，日本的“市场化试验”迈入了正式实施阶段。2012 年 4 月 1 日，职业介绍、职业体检等六项服务也开始向民间进行公开招标。此后，随着日本政府购买公共服务制度的日渐成熟，日本总理府设立的公共服务改革推进室决定按照竞争性招标的方式将日本几乎所有的政府公共服务项目都外包给民间专业公司。此次改革逐步在政府公共服务中引入竞争性招标机制，被称为日本历史上规模最大的公共部门改革行动，改革使得日本公共服务购买项目较之前的模式有了根本性的变化，减轻了日本政府的薪政负担，促进了日本经济的回暖。

（四）日本政府购买公共服务的流程

在日本政府先行制定的相关公共服务法律框架以及设立的相关监管机构之下，公共服务项目的购买实施不仅受到了严谨的法律条款约束和健全的执行监督，还需按照严密的操作步骤进行规范实施。

日本政府在遵循《关于通过竞争改革公共服务的法律》和接受第三方机构“官民竞标监理委员会”监督的基础之上，首先将政府机关需要改革的业务和民间机构能够承担的业务放到一个透明、公开的环境下，召开公共服务业务说明会，然后让民间机构事业者和政府机关进行公开竞标，通过对双方的各方面条件、能力等进行综合对比，选出适合的新经营者。相关省厅对此后的业务运营进行监督、反馈，就此业务的成本、效率以及是否为国民提供了优质的公共服务进行评价。

二、韩国政府购买公共服务概述

（一）韩国政府购买公共服务的背景

被称为“亚洲四小龙”之一的韩国，人均国民生产总值于 1996 年就已超过了 1 万美元。韩国经济的快速发展使得国力迅速提升，并加入了“富国俱乐部”（OECD）。但是 1997 年的一场金融危机使得韩国遭受了自“二战”以来最为沉重的打击：股价暴跌，韩币贬值，大批工厂倒闭，失业人数高达 150 万人，外汇储备只剩 30 亿美元。作为应急挽救措施，国际货币基金组织（IMF）决定提供 600 亿美元的贷款，但开出的条件是韩国必须按照其要求大幅减缓经济增长速度，提高税收，减少政府开支等。面对这一局面，韩国人称之为“丧失经济主权”的条件。

1998 年 2 月，金大中执政。在国际货币基金组织等的强大压力下，为迅速克服经济危机，他提出了进行行政改革的措施，涉及金融改革、劳资改革、大企业改革和公共部门改革等领域。从改革的内容上看，韩国的行政改革不仅仅是针对金融危机，更是对韩国固有的经济、行政体制上的弊端所进行的综合性改革，力求改变政府管理模式，完善自由市场经济体制，为韩国的长远发展打下坚实的基础。

金大中政府的改革是以新公共管理理论为指导思想，以建立“小而高效的服务型政府”为改革目标。改革围绕这一目标，主要推动三个方面的改革，即公共部门结构调整、行政运营系统的改革和对公共服务的改善。根据“小政府”的构想，金大中政府要求将公共服务供给方面的29项业务、公共设施运营与管理方面的22种业务、信息化网络管理方面的16种业务实施外包委托管理制度。继金大中政府之后，卢武铉政府也通过外包、合同、授权等方式，让企业和第三部门参与提供医疗、教育、卫生等公共服务。韩国政府决定把自由竞争的市场体制引入公共事业领域，改变过去政府过度干预所带来的效率低下、支出过大以及腐败等弊端，由此开启了政府购买公共服务的进程。

(二)韩国政府购买公共服务的相关法规、内容及模式

政府将服务外包给社会组织的例子在韩国政府文件中不是十分常见，但是韩国政府不断积极学习别国外包服务经验，越来越重视政府和社会组织的合作，这在2000年的《非营利性私人组织支持法》中得到了体现。这项法律实施之前，韩国政府考察了别国政府购买公共服务的成功案例，深刻认识到了政府联合民间社会力量的重要性，于是在总理办公室下设了民间社会关系发展委员会，在国家机关事务管理部成立了民间合作办公室。从此，韩国政府开始关注社会组织，重视自身与社会力量的合作，逐步开始鼓励社会组织向政府管理部门寻求支持。

1994年8月，韩国政府制定了《促进民间资本参与社会间接资本设施投资法》，由此引入了PPP模式。韩国政府一般主要负责外包项目的计划、评估、审批和支持，民间部门则负责项目的设计、建设、融资和运营。整个过程通过政府和民间组织的持续合作来共同完成项目所需的条件基础，提供公共基础设施和服务。

韩国初期的民间投资项目大部分是公路、铁路等，采用的模式也大多为建造—运营—移交(BOT)。后来韩国借鉴了英国和日本的做法，在2005年1月修订《社会基础设施民间投资法》以后，引入了BTL方式并大力推广，将民间投资项目的范围扩大。为了通过综合系统的管理提高国家基础设施发展的效率和透明度，韩国在法律上明确了民间投资项目的管理机构，于1998年设立了韩国民间基础设施投资中心(Private Infrastructure Investment Center of Korea，PICKO)，统一负责管理民间投资基础设施的有关事宜，以统一标准向项目利益相关者提供服务，包括项目评估、可行性研究、资格评审、招标和评标、技术和行政支持等。2005年PICKO已更名为韩国公私基础设施投资管理中心(Public and Private Infrastructure Investment Management Center of Korea，PIMAC)，成为韩国公共基础设施投资管理的唯一窗口。

(三)韩国政府购买公共服务的流程

韩国政府对购买公共服务的实施流程有着具体的规定，韩国PPP模式按项目提案的主体可分为政府公告项目和民间提议项目。

政府公告项目是政府挖掘到项目需求后，由政府(主管机关)考虑相关计划和

设施需求等，制定项目计划，并审查民间投资与政府投资相比是否更有效，然后考虑项目的性质和项目收益性等，选择适当的具体方式(如 BOT、BTL 等)。民间提议项目是私营企业挖掘项目需求，并向政府主管机关提议所选定的项目，然后综合考虑设施需求、项目收益性、项目结构、建设、运营计划、资金来源和融资方案等，制订项目计划，向主管部门提交项目提案书。私营企业除了本项目以外还可以开发有收益的附属项目提案，以提高项目的财务可行性。对于民间的提案内容，政府主管部门会先评审其合理性，然后再立项和招标或议标。

在韩国 PPP 模式的政府管理中，企划财政部负责民间投资政策的提出、相关法律制度的制定、支援赔偿费或建设补助金等的设定，KDI 则负责民间投资者的资格审查、参与谈判和提供技术支持等。

第三节 我国台湾地区购买公共服务的经验

一、我国台湾地区购买公共服务的背景

1980 年以来，西方一些国家由于推崇福利国家的创建，社会负担加大，政府面临着财政赤字、资源稀少的窘境，从而导致社会民主超载，政府无力承担福利社会所带来的巨大行政任务。随着全球化浪潮不断扩大，新的国家间竞争悄然而至，西方发达国家意识到要尽快改善本国政府面临的行政困境。一些学者开始倡议缩小政府事务，呼吁政府引入民间社会力量，运用绩效管理、契约管理、责任管理等管理机制来进行行政机制改革，从而建立一个成本少、效率高、回应快、品质好的企业型政府。同时，在新公共管理改革的不断冲击下，越来越多的国家政府认识到，人民需要的是一个有长远规划能力、有效率且有回应性的民主政府。应调整单一的大政府提供服务的模式，转而向小而精的政府模式发展，向着公共服务民营化、公共管理社会化的目标不断前进。

我国台湾地区同样也面临着人民期待增加、公共服务高度扩张、财政困难、组织庞大却效能有限的困境。近年来，随着我国台湾地区政治形势的日益开放、工商业的快速发展、社会结构的不断扩展，人民的要求也日渐提高。而我国台湾地区因受限于人事编制、支出预算等，在为民服务的工作上，其市政措施越来越无法满足社会的需求及人民的愿望。面对此种现象，不仅民间高呼打破不合理的经济管制、强调市场机制，扩大民间团体公平参与机会，而且地区行政主管部门也主动提出了各种鼓励民间参与的利润诱因，以减轻财政负担、提升工作效率，使大众获得较好的服务。

二、我国台湾地区推进购买公共服务的进程

我国台湾地区自1993年以来先后推动了“行政革新方案”“再造纲领”及相关措施；并在1996年举行了相关会议以采纳各界意见。1993年连战提出“行政革新方案”，该方案重点涉及了廉洁、效能和便民三个方面。其中“增进行政效能”中规定，责由各机关检讨、调整本机关及所属机关组织，业务功能以委托或授权办理较具效率的机关、单位或任务编组，应予裁撤，并要求3年内精简预算员额5%。从出台政策的演变中可以看出我国台湾地区开始逐步向社会开放服务外包的过程。于1996年在“经济发展”议题的共识中提出了“管制松绑”“开放或委托民间经营办理”“公共营造物纳入移转民营”等用词，充分肯定了公共服务委外的必要性。1997年萧万长提出“再造纲领”，总目标在引进企业管理精神，其中提到要“引进企业管理技术，建立以顾客及绩效为导向的服务管理制度”。

我国台湾有关方面近来更是进一步指出了，未来当局各级机关超过300项业务将积极委托民间办理，尤其公立大学及公立医院的委外管理更是推动重点，除为民间制造商机，也替当局减轻人事负担。2001年我国台湾当局又成立“改造委员会”，负责推动相关改造事宜，并持续推动鼓励民间参与公共建设、公共事业民营化。紧接着又于2002年成立“组织改造推动委员会”，以去任务化、地方化、法人化和委外化为组织改革的目标。由此可见，我国台湾当局在行政改革中已融入了不少推动民营化或建立企业型“行政机构”的概念。同时在相关方面的规划下，当局业务与民间合作已成为重要内容，并得到了有系统、有步骤的推动。

三、我国台湾地区购买公共服务的主要模式

我国台湾地区购买公共服务的模式主要是学习、借鉴西方发达国家的先期成功经验，再运用到自身的实际操作中，逐渐形成了一套体系。台湾政治大学公共行政学系的詹中原教授从基本层面出发指出了当局对各类财务和服务的规划、支付及生产的功能。在此基础上民营化就意味着减少当局干预，提高私有机制的功能，以满足人民的需求。在我国台湾地区，民营化方式普遍被认为有撤资、委托及替代三类。

撤资的意思是公共事业或资产转移到民间，此种转移型的民营化可经由出售、无偿转移及清理结算等方式进行。而出售及无偿转移的对象可以是事业机构现有的员工、产品的使用者和服务对象、社会大众，以及市场上现有的其他私营企业，或社会机构原有的所有人。而对于经营绩效不佳的公共事业，则可以用削减预算、关闭工厂以及出售资产等方式退出市场。委托是指当局委托私人部门部分或全部财务与服务的生产活动，但继续承担监督的责任。当局的委托外包方式又分为签约外包、特许权、补助、抵用券和强制。而替代的含义则是，当大众认为当局所提供的生产或服务不能满足社会要求时，民间私人部门认识到了此种需求，于是

提供生产或服务来满足民众。

在这三种方式中，撤资和委托都需要当局直接而主动的决定，对于替代，当局则处于较被动的立场。此外，在委托和替代中，当局扮演的是一个持续渐进的角色，而在撤资中，则是当机立断的；因为就委托的监督责任和渐进的替代过程而言，当局均不会立即在市场上消失。另外，值得一提的是，BOT 模式在我国台湾地区是应用比较广泛的一种模式，其当局的垦丁凯撒国际观光饭店、垦丁福华饭店以及南北高速铁路都是用 BOT 模式来降低成本风险进行筹资建设的。

第四章　我国政府购买公共服务的管理体制

第一节　政府购买公共服务的要素管理

政府购买公共服务的管理要素包括购买主体、承接主体、购买内容三个方面。

一、购买主体

讨论政府购买公共服务的主体，也就是在讨论谁购买服务的问题，它是指以政府为主导的公共权力部门，既有中央政府，又包含各级地方政府部门。广义上讲，社会服务的购买主体不仅包括政府部门，还涵盖具有社会责任意识的企业。在购买服务过程中政府承担的角色是委托主体和资金提供者，政府并不提供直接的服务。政府的主要职责是制定政策、推出程序、实施标准、决定范围，选择有资质、有实力与有信用的社会组织，并对提供的服务进行监督与评估。政府部门作为购买主体，可以分为两大部分。

(一)政策制定部门

政策制定部门主要指各级政府或政府部门的领导层。在当今的发达国家，政府购买公共服务已成为一大趋势，政府购买公共服务在 20 世纪末也逐渐被中国政府视为解决民生问题的重要措施之一。其中一个主要表现是“中央政府对政府购买公共服务的政策性规范在逐步加强，将其合理化纳入现代社会服务体系”，地方政府的政策在大步推进之中。

1. 中央引导政策循序渐进发展

政府职能的转变是我国政治经济体制改革的必然要求。政府的服务采购并非单一购买的行为，政府在购买服务的同时还能促进社会服务商品化、专业化，进而完成资源的优化整合。自 1995 年上海浦东新区“罗山会馆”作为我国首例政府向社会组织购买服务的探索开始，试点在全国范围内逐步扩大，深圳、北京、无锡等城市也纷纷试行形式多样的政府购买公共服务项目。在总结各个地方试点服务项目经验教训的基础上，中央政府对购买社会服务的政策性引导逐渐明晰。

2010 年 2 月 4 日，在省部级主要领导干部专题研讨班上，温家宝指出："由政府保障的基本公共服务提供上，应该更多地利用社会资源，建立购买服务的机制。要逐步做到凡适合面向市场购买的基本公共服务，都采取购买服务的方式；不适合或不具备条件购买服务的，再由政府直接提供。要鼓励社会资本投资建立非营利性公益服务机构。"温家宝这一讲话被业内专家看作中央推进政府购买公共服务的一个重要信号。

2011 年 7 月，民政部发布《中国慈善事业发展指导纲要(2011—2015)》，将促进公益慈善组织发展作为加快发展慈善事业的重要任务之一，并明确提出"建立和实施政府购买公共服务制度，采取项目资助、合同委托、社会招标等方式，扩大政府购买公共服务的规模，拓展购买服务的领域，形成多元参与、有序竞争、共同发展的慈善服务供给格局"。除此之外，该纲要还就慈善事业的政策法规、人才建设、监管体系、文化建设等方面给出了具体指导，这些指导为社会组织认购服务、提供服务、搭建政府与组织之间的平等合作关系提供了良好的社会环境。

在 2012 年 3 月 19 日召开的第十三次全国民政会议上，温家宝指出"我国的社会管理和公共服务体制改革相对滞后"的现状，并提出"政府的事务性管理工作、适合通过市场和社会提供的公共服务，可以以适当的方式交给社会组织、中介机构、社区等基层组织承担，降低服务成本，提高服务效率和质量"。

2012 年 11 月 14 日，《民政部、财政部关于政府购买公共服务的指导意见》出台，明确政府购买公共服务的主体、对象、范围、程序与监督管理。文件尤其将购买范围重点设定为"城市流动人口、农村留守人员、困难群体、特殊人群和受灾群众"，以满足这些弱势群体的社会服务需求。

2013 年 7 月 31 日，李克强在国务院常务会议上明确提出，将适合市场化方式提供的公共服务事项，交由具备条件、信誉良好的社会组织、机构和企业等承担。

中央对政府购买公共服务的关注持续升温。2013 年 9 月 26 日，国务院办公厅公布了《关于政府向社会力量购买服务的指导意见》(以下简称《指导意见》)，为政府购买公共服务提出了更加根本、更加长远的规划和要求。

《指导意见》中首次提出政府购买公共服务的目标任务是："到 2020 年，在全国基本建立比较完善的政府向社会力量购买服务制度，形成与经济社会发展相适应、高效合理的公共服务资源配置体系和供给体系，公共服务水平和质量显著提高。"在《指导意见》发布的同一天，财政部有关负责人接受了记者采访，就相关问题进行了阐述。财政部有关负责人对《指导意见》的基本定位是这样分析的：

"鉴于当前政府向社会力量购买服务工作尚处于探索阶段，进展程度不一，做法也不尽相同，在全国层面制定具体制度的时机还不成熟。比较符合实际的做法是，先研究出台指导性意见，鼓励、支持和指导地方推进工作，根据进展情况再总结经验、完善办法，逐步建立健全相关制度。因此，《指导意见》的基本定位是做好顶层设计，相关政策设计注重原则性、方向性、统筹性和指导性。既鼓励支持开展政府向社会力量购买服务的主动性、积极性，又明确一些基本原则要求，确保规范操作、稳妥推进。”

这段话明确指出了中央在政府购买公共服务政策设定上的角色定位，即“鼓励、支持、引导”。还处于探索阶段的政府购买公共服务，由于在国内不同地区有着不同的进度，目前并不具备颁布全国性法律制度的条件，而中央政府的“顶层设计”在鼓励地方积极推进实施的同时，也为地方政府具体条例的出台及其实施给出了宏观层面的指引。总的来说，就政策制定的层面，中央政府的推进更加谨慎，一贯遵循稳健方针。

中共中央十八届三中全会在 2013 年 11 月 12 日通过了《关于全面深化改革若干重大问题的决定》，将传统的“管理”改为“治理”，强调社会对公共事务的参与，并多次强调要鼓励社会组织加到各类社会事务和公共服务中来。2013 年 12 月 4 日，财政部下发了《关于做好政府购买公共服务工作有关问题的通知》，从财政的角度提出了政府购买公共服务的进一步要求。

2014 年 1 月 16 日，全国政府购买公共服务工作会议召开，要求全国推进政府购买公共服务改革工作要加快速度，这意味着政府购买公共服务改革进程开始提速。这次会议由财政部主办，在会上，财政部相关领导介绍，2014 年政府购买公共服务工作在全国全面推广，2020 年将在全国建立比较完善的政府购买公共服务制度。

2014 年 11 月 22 日，财政部、民政部下发《关于支持和规范社会组织承接政府购买公共服务的通知》，提出“加大对社会组织承接政府购买公共服务的支持力度，加强社会组织培育发展，按照突出公共性和公益性原则，逐步扩大承接政府购买公共服务的范围和规模，探索多种有效方式，加大社会组织承接政府购买公共服务支持力度”。要求各地切实做好社会组织承接政府购买公共服务的组织实施，建立健全部门联动机制，统筹规划、协调指导政府向社会组织购买服务工作。及时披露、公开信息，鼓励社会监督，充分调动社会参与的积极性。要结合实际，制定支持和规范社会组织承接政府购买公共服务的具体政策，确保工作落到实处，取得成效。切实加强调查研究，认真总结好经验、好做法，及时发现并解决政府向社会组织购买服务工作中出现的问题。

2015 年 1 月 29 日，卫计委发布《关于开展政府购买公共服务试点工作的通知》，要求每个省份选择 3～5 个城市或地区开展政府购买公共服务试点工作，取得经验后逐步扩大试点范围。新农合基金经办服务等七大类项目列入首批试点项目目录。同期，财政部印发《关于购买服务管理办法的通知》，其中要求将医疗卫生服务纳入政府购买公共服务指导性目录。

2015 年 10 月 29 日，《中共十八届五中全会公报》指出：“增加公共服务供给，从解决人民最关心最直接最现实的利益问题入手，提高公共服务共建能力和共享水平，加大对革命老区、民族地区、边疆地区、贫困地区的转移支付。实施脱贫攻坚工程，实施精准扶贫、精准脱贫，分类扶持贫困家庭，探索对贫困人口实行资产收益扶持制度，建立健全农村留守儿童和妇女、老人关爱服务体系。”这段文字表述给政府购买公共服务提供了未来的发展方向及购买范围。

2. 各级地方政策在稳步推进

上海市是中国政府购买公共服务的最早试点。与国内其他地区相比，上海市相关的政策条例在数量和涉及层面上都具有领先地位。在其制度设计上，上海市把向社会组织购买服务纳入创新社会管理和公共服务的总体布局之中，起步早、标准高、规划细、覆盖广。据统计，近年来上海各级政府出台相关文件 17 部，有力地推动了购买社会组织服务工作向制度化、规范化方向发展。《浦东新区关于政府购买公共服务的实施意见(试行)》于 2007 年出台。2010 年 3 月，闵行区出台了《关于规范政府购买社会组织公共服务实施意见(试行)》的通知，明确了购买服务的指导思想、基本内涵、实施原则、操作规程等内容。2011 年 4 月，上海市委办公厅、市政府办公厅印发《关于进一步加强本市社会组织建设的指导意见》，提出要加大政府职能转变力度，建立购买服务机制，提出“对协助政府参与社会管理和公共服务的社会组织，要通过项目招标、合同管理、评估兑现等形式，建立政府购买公共服务机制。政府部门要将购买服务的资金列入部门年度预算，并逐步扩大购买服务的比例”。此后，静安区、长宁区和松江区相继出台了政府购买公共服务的专门性指导意见或实施办法。2012 年，上海市财政局印发了《上海市市级政府购买公共服务项目预算管理暂行办法》和《上海市市级政府购买公共服务项目目录(2013 年度)》，全市初步形成了从公益创投到公益招投标，再到政府制度化购买公共服务的社会组织培育机制。2012 年 6 月 1 日实施的《社区公益服务项目绩效评估导则》(上海市地方标准)，由上海市民政局提出，是国内首个社区公益服务项目地方标准，也是进一步完善社区公益服务管理机制的一项重要举措。

广东省在政府购买公共服务的相关政策和配套制度上也做出了很大的努力。2008 年 5 月，广东省深圳市宝安区出台了《推进政府购买公共服务改革工作方案的通知》；2010 年 7 月，广州市出台了《广州市财政支持社会工作发展实施办法(试行)》及《广州市政府购买公共服务考核评估实施办法(试行)》；2011 年 3 月，东莞市出台了《东莞市政府购买公共服务实施办法(试行)》，同年 4 月出台了《东莞市政府购买公共服务考核评估实施办法(试行)》；2012 年 11 月，佛山市出台了《佛山市政府向社会组织购买服务实施办法》，等等。2012 年 5 月底，广东省印发实施了《政府向社会组织购买服务暂行办法》，其中规定，除法律规定或特殊事项外，政府承担的社会公共服务如资产评估、法律援助、公益服务、慈善救济等，以及履行职责所需服务，如法律服务、监督评估等，应通过政府向社会组织购买服务的方式，逐步转移由社会组织承担。2012 年 8 月，广东省财政厅发布了《2012 年省级政府向社会组织购买服务项目目录》，指出涉及基本公共服务、社会事务服务、行业管理与协调事项、技术服务事项、政府履职所需辅助性和技术性服务等 262 项服务项目被纳入第一批政府采购服务范围，此举也为全国首创。

在中央政府一系列文件出台后，各省(市、区)也纷纷行动起来，结合本地实际，相继发布了政府购买公共服务的文件，如2006年，北京市海淀区出台了《关于政府购买公共服务的指导意见(试行)》，2010年，北京市民政局提出了《关于开展政府购买社会组织公益服务项目试点工作的意见》和《政府购买社会组织公益服务合同文本》；2007年，山东省财政厅和卫生厅出台了《政府购买城市社区公共卫生服务指导意见(试行)》；2009年，云南省办公厅出台了《关于控制财政供养人员增长推行政府购买公共服务工作的意见(试行)》，同年12月，四川省成都市出台了《关于建立政府购买公共服务制度的意见》；2010年，浙江省杭州市《关于政府购买公共服务的指导意见》；2013年1月，江苏省财政厅出台了《省级政府购买公共服务改革暂行办法》；2014年5月，甘肃省人民政府办公厅颁布了《关于政府向社会力量购买服务的实施意见》；2014年6月，浙江省人民政府办公厅发布了《关于政府向社会力量购买服务的实施意见》；2013年9月，河南省民政厅、财政厅出台了《河南省政府购买公共服务实施办法》，2014年12月，河南省人民政府办公厅出台了《关于推进政府向社会力量购买服务工作的实施意见》等，均对政府购买公共服务的内涵、基本原则、总体要求、目标任务、购买主体、承接主体、购买形式、购买范围、购买条件、购买程序、资金管理、绩效管理、职责分工和评估办法进行了明确规定。

(二)政策执行部门

政策执行部门，主要是指各级政府下设的委(办)局及其所附属的事业单位，是购买服务的主体。民政部门作为政策的执行机构，在政府购买社工服务的整个过程中起到了非常重要的推动作用。民政部门在充分评估公共需求的基础上制订购买计划，并组织各方力量参与到购买工作中；购买社工服务的资金有一部分来源于财政预算，还有一部分来源于福利彩票基金，民政部门试图减少在现有财政资金中“挤占”，开辟了多元资金来源模式。在购买服务的过程中，民政部门监督和管理社会工作机构，保证社工服务的质量和水平。民政部门也承担了孵化社会组织、培养社工人才的职责，为社会工作服务优质高效发展提供了人才保证。

在实践中，向社会组织购买公共服务的工作一般由各省、市、区级民政部门统筹安排，社会组织直接或者通过“枢纽型”组织向民政部门申报项目。北京市的情况比较特殊。北京市政府购买公共服务主要是以项目运作的形式，社会组织可向两大部门发布的项目领域和范围进行申请：一类是北京市民政局的“社会组织服务民生”项目；另一类是北京市社会建设办公室(北京市社工委)的“社会建设专项资金”项目。北京市民政局的服务民生项目主要面向社会团体、民办非企业单位、基金会和社区社会组织，项目申报书报送到北京市社会团体管理办公室各相关业务处室。北京市社会建设办公室的“社会建设专项资金”项目需经过两种渠道进行申请：一是北京市27家枢纽型社会组织对所主管的同类别、同性质、同领域的社会组织申报的项目进行汇总、申报；二是各区县的社会建设领导小组办公室对各区县的社会组织申报的项目进行汇总、申报。

除民政部门以外，国务院办公厅于2013年9月制定出台的《关于政府向社会力量购买服务的指导意见》中关于政府购买公共服务的购买主体是这样表述的："政府向社会力量购买服务的主体是各级行政机关和参照公务员法管理、具有行政管理职能的事业单位。纳入行政编制管理且经费由财政负担的群团组织，也可根据实际需要，通过购买服务方式提供公共服务。"也就是说，购买主体包括"行政机关""事业单位"及"群团组织"三部分。此项规定的生成主要有以下方面考虑：一是目前存在一些具有行政管理职能的事业单位，如环境保护督察监管机构等，将其纳入购买主体，有利于政府向社会力量购买公共服务工作与事业单位分类改革工作相衔接；二是从事公益服务的事业单位，如公立医院、公立学校等，其中涉及的购买服务问题宜结合事业单位分类改革进展情况逐步研究推进；三是群团组织，主要是指妇联、工会、团委等，这些单位的工作职责和提供的服务也可以采取向社会力量购买服务的方式。

就河南省而言，"政府购买公共服务"这一全新公共服务模式近年来也受到越来越多的关注。为了推动河南全省的社会工作发展，河南省民政厅、财政厅于2013年10月联合出台《河南省政府购买公共服务实施办法》，要求加快推进政府购买公共服务，并对采购资金来源、采购方式、购买对象、受益群体等进行了详细规定。在河南省，郑州市金水区作为"全国社会工作人才队伍建设试点示范区"，于2011年在省内率先启动政府购买公共服务岗位项目工作，截至2015年，金水区政府先后投入520万元用于扶持直接提供社会工作服务的民间专业社工机构。

2014年7月，河南省民政厅下发通知，组织全省社工机构申报河南省2014年度政府购买公共服务项目。经过评估、筛选，最终确定购买社会工作服务项目14个，社会工作服务岗位6类，并由包括金水区在内的17家省内民办社工机构承接，针对留守老人、出监监区罪犯、视障青少年、服刑人员及其子女、散居孤儿等弱势群体开展为期一年的服务。这是河南省首次推行政府购买公共服务，标志着河南省开展政府购买社工服务真正进入"试水区"。

在河南省购买的社工服务岗位项目工作推行了一段时间后，河南省民政厅进行了中期评估工作，2015年6月中旬，来自香港、深圳的专家评审团从材料审查、现场汇报、实地探访三方面，结合量化的服务数据和质化的服务效果，综合过程评估和效果评估等，就2014年政府购买公共服务工作进行综合评估。经过评估，评审团专家们肯定了半年以来各承接单位开展服务所取得的成绩，也指出了服务开展中存在的问题和不足，并对各岗位项目的后续服务给出了改进建议。2015年年底，河南省民政厅邀请一家评估机构对2014年度河南省购买的社会工作服务岗位项目进行了期终评估，通过评估，对专业性强、服务效果好的机构给予了充分肯定，对不够专业的机构指出了问题。河南省政府购买公共服务工作尽管只有一年的实施经验，但取得了明显成效，得到了专家充分肯定。通过各岗位项目上社工们的努力，河南省政府购买社工服务取得的成效明显，不仅扩大了社会工作在全省范围内的认知度和影响力，也推动了各地公益事业的健康发展。很多岗位项目的驻点单位开始认识到社工的“不可或缺”，纷纷争取岗位和服务。

河南省推出政府向社会组织购买服务，虽处于探索试点阶段，但可以说是“双赢”，不仅使公共服务体系趋于完善，提高了政府部门的办事效率，同时也使提供服务的民间社会组织有了进一步发展的动力，为高校社会工作专业毕业生提供了职业成长平台。这一社会管理创新举措让政府减负，使百姓受惠，在区域范围内乃至全国范围内都收获了良好的口碑。

二、承接主体

社会组织是政府购买公共服务的重要承接主体，是公共服务的重要生产者。社会组织通过竞争的方式参与，竞标成功的组织将成为公共服务提供者，获得政府的资金支持，为服务对象提供服务。

在政府购买公共服务中都有对承接主体资质与能力的要求，而承接主体范围是逐步扩大的。经过各地多年实践，2012 年国务院提出建立健全政府向社会组织购买服务制度，当时的考虑是将政府购买公共服务作为支持社会组织发展的一项重要措施。“社会组织是政府购买公共服务的重要承接主体。推进政府购买公共服务工作、完善政府购买公共服务制度，社会组织不可或缺。在推进政府购买公共服务的过程中，要坚持政府购买和培育扶持并重，把提升社会组织公共服务能力作为开展购买服务的基础性工作，引导社会组织健康有序发展。要统筹利用现有公共服务设施，以适当方式为社会组织开展服务创造必要条件，大力支持社会组织开展社会服务活动。”因此，这一时期的“政府购买公共服务”基本等同于“政府购买社会组织服务”。《政府购买公共服务管理办法(暂行)》颁布后，承接服务的主体得以明确，从单一的社会组织扩大到了多元化的社会力量，覆盖了政府以外的各种组织类型：在民政部门登记成立的社会组织、经国务院批准免予登记的社会组织、在工商管理部门登记的企业、按事业单位分类改革应划入公益二类或转为企业的事业单位、在行业主管部门登记的机构。

在具备承接资格的组织类型比较复杂的情况下，对于购买中选择哪种类型的组织作为承接主体，国务院做了明确规定：“承接主体的具体资质条件，地方可根据实际情况，由购买主体会同财政部门根据购买服务项目的性质和质量要求确定。”由财政部、民政部、工商总局联合颁发的《政府购买公共服务管理办法(暂行)》对承接政府购买公共服务的主体做出说明，规定承接主体应当具备以下条件：“(一)依法设立，具有独立承担民事责任的能力；(二)治理结构健全，内部管理和监督制度完善；(三)具有独立、健全的财务管理、会计核算和资产管理制度；(四)具备提供服务所必需的设施、人员和专业技术能力；(五)具有依法缴纳税收和社会保障资金的良好记录；(六)前三年内无重大违法记录，通过年检或按要求履行年度报告公示义务，信用状况良好，未被列入经营异常名录或者严重违法企业名单；(七)符合国家有关政事分开、政社分开、政企分开的要求；(八)法律法规规定以及购买服务项目要求的其他条件。承接主体的资质及具体条件，由购买主体根据以上规定，结合购买服务内容具体需求确定。"相对而言，以营利为目的的企业在涉及硬件方面的服务领域具有更多的优势，如供水、供电、交通、环卫与垃圾处理等；而以非营利为目的的民办非企业单位则在扶老、助老、助残、救灾、就业等公共服务环节更适合；行业协会类组织则更擅长于行业产品标准的制定、反倾销应诉等事项；教育、科技、文化、卫生等服务领域则需要事业单位主导。

在提供公共服务中，鉴于社会组织自身具有的优势，财政部、民政部发文提出："在购买民生保障、社会治理、行业管理等公共服务项目时，同等条件下优先向社会组织购买。"各级民政部门推出的购买服务中，一般把承接主体限定在依法登记或者经过批准免予登记的社会组织。对法人身份进行限定是一方面，政府购买公共服务中还会把社会组织的年检、评估结果和购买服务的资格联系起来。北京市在政府购买公共服务中对承接主体的选择就明确规定：只有通过年检，评估等级为3A级以上的社会组织才可以购买服务。广州市在政府购买家庭综合服务中心服务中要求投标人必须是国内合法注册的法人或其他组织，分公司投标的必须由具有法人资格的总公司授权，不接受联合体投标。郑州市金水区对购买社会工作服务的投标人要求具有县区级以上(含县区级)民政部门认可的3A级以上(含3A级)认证。承接主体具有良好的社会信用，这一点尤其重要，有些地方政府建立了定期更新的社会组织信息库，重点记录社会组织承接服务的诚信信息，在招投标时选择的承接方就从该信息库中产生。这就可以动态排除违规运作或存在潜在风险的社会组织，确保承接方的诚信和优质。广东、浙江等地方政府编制出台了《具备承接政府职能转移和购买服务资质的社会组织目录》，明确规定依照有关法律法规登记、设立，具有独立承担民事责任的能力；具有健全的法人治理结构、完善的内部管理制度和民主监督制度；独立的财务管理、财务核算和资产管理制度，具有依法缴纳税收、社会保险金的良好记录；有专职工作人员(需提交劳动合同和社保缴纳证明)；有固定的办公场所及合法稳定的收入，年业务活动费用总额不低于注册的活动资金或开办资金数额；具备提供公共服务所必需的设备和专业技术能力，等等。有些地方还规定，具备一些条件，如参加社会组织等级评估并获得评估等级在3A以上，获得捐赠税前扣除资格和非营利组织免税资格，曾多次承接政府职能转移和购买服务，在国际国内和省内具有较大影响力，在行业内具有较高的声誉，曾荣获部、省、市人民政府和有关组织等授予的荣誉等，可以优先承接政府购买公共服务项目。

应该指出的是，我国社会组织近几年才有了快速发展，规模普遍较小。由于历史短，发展水平低，大多数社会组织还处于小微组织水平，在政府推出的购买服务中难以满足设施、人员与专业技术能力等方面的要求。社会组织实力弱是不可争辩的事实，其在财务、运作方面存在的不透明现状也一直备受争议和诟病。社会组织存在的不规范现状，使得政府在购买服务时不得不设置门槛，增加谈判成本、沟通成本以及监督成本，否则政府试图提高服务质量、降低服务成本的目标就难以实现。为此，社会组织在当下就应当提升自身的服务水平，打造核心竞争力，加强规范化建设与管理，为更好地承接政府推出的购买服务打下坚实基础。

三、购买内容

萨瓦斯在他的《民营化与公私部门的伙伴关系》一书中指出，“对于排他性弱但具有部分共同消费特征的公共服务，采取公私合营的方式供给更有效率”。公共服务事项涉及的种类多种多样，要全面梳理政府应承担的职责任务，明确界定哪些服务是政府必须购买的，哪些服务项目可以交给社会组织来做并能够纳入政府购买公共服务范畴。

关于政府购买公共服务的范围，民政部、财政部发布的《关于政府购买公共服务的指导意见》(以下简称《指导意见》)中，明确提出政府购买公共服务的内容要按照“受益广泛、群众急需、服务专业”原则，重点围绕城市流动人口、农村留守人员、困难群体、特殊人群和受灾群众的个性化、多样化社会服务需求，组织开展政府购买公共服务。实施城市流动人口社会融入计划，为流动人口提供生活扶助、就业援助、生计发展、权益维护等服务，帮助其尽快融入城市生活，实现城市户籍居民与外来经商务工人员和谐共处。实施农村留守人员社会保护计划，帮助农村留守儿童、妇女和老人缓解生活困难，构建完善的社会保护与支持网络。实施老年人、残疾人社会照顾计划，为老年人和残疾人提供生活照料、精神慰藉、社会参与、代际沟通等服务，构建系统化、人性化、专业化的养老助残服务机制。实施特殊群体社会关爱计划，帮助药物滥用人员、有不良行为的青少年、艾滋病患者、精神病患者、流浪乞讨人员、社区矫正人员、服刑人员、刑释解教人员等特殊人群纠正行为偏差、缓解生活困难、疏导心理情绪、改善家庭和社区关系、恢复和发展社会功能。实施受灾群众生活重建计划，围绕各类受灾群众的经济、社会、心理需要，开展生活救助、心理疏导、社区重建、资源链接、生计项目开发等社会工作专业服务，帮助受灾群众重树生活信心、修复社会关系、恢复生产生活。

随后，国务院办公厅出台文件——《关于政府向社会力量购买服务的指导意见》(国办发〔2013〕96 号)，文件规定政府向社会力量购买服务的内容为适合采取市场化方式提供、社会力量能够承担的公共服务，突出公共性和公益性。教育、就业、社保、医疗卫生、住房保障、文化体育及残疾人服务等基本公共服务领域，要逐步加大政府向社会力量购买服务的力度。非基本公共服务领域，要更多更好地发挥社会力量的作用，凡适合社会力量承担的，都可以通过委托、承包、采购等方式交给社会力量承担。对应当由政府直接提供、不适合社会力量承担的公共服务，以及不属于政府职责范围的服务项目，政府不得向社会力量购买。各地区、各有关部门要按照有利于转变政府职能、有利于降低服务成本、有利于提升服务质量水平和资金效益的原则，在充分听取社会各界意见的基础上，研究制定政府向社会力量购买服务的指导性目录，明确政府购买的服务种类、性质和内容，并在总结试点经验基础上，及时进行动态调整。

可以看出，上述两个文件清晰地确定了政府的职能范围，厘清了政府与社会、政府与市场的边界。政府购买的公共服务不是针对政府本身的服务（如会议、后勤、印刷等），而是针对社会公众需求的服务。首先，要明确可以购买和优先购买的领域和项目。凡属于政府承担的基本公共服务、社会事务服务、行业管理及协调、技术服务以及政府履职所需辅助性事务等事项，如果适合采取市场化方式提供并且社会力量能够承担，如就业培训、婚姻家庭、残疾人服务等项目，则原则上都可以向社会力量购买。政府购买应坚持立足需求、量力而为，从人民群众最基本、最紧迫的需求出发设计、实施社会工作服务项目，用人民群众社会服务需求是否得到有效满足作为检验政府购买公共服务的重要标准；坚持政府主导、突出公益，加强对政府购买公共服务的组织领导、政策支持、财政投入和监督管理，充分尊重市场主体地位，发挥市场机制在配置社会服务资源中的基础性作用，通过公开透明、竞争择优方式选择服务提供机构；引导服务提供机构按照公益导向原则组织实施社会工作服务项目。其次，要明确禁止向社会力量购买的范围。政府购买公共服务在推进政府职能转变和构建服务型政府方面发挥着重要作用，但并非所有的公共服务都可以购买。对应当由政府直接提供，且不适合社会力量承担的管理及服务事项，以及不属于政府职责范围的服务项目，政府不得向社会力量购买。涉及政府的根本性职能和法律法规规定不得以政府购买方式履行的，都属于禁止购买的范围。禁止性购买的服务主要包括如下内容：涉及国家安全、保密事项以及司法审判、行政许可、行政审批、行政执法、行政强制、行政行为等不适合向社会力量购买的服务事项，如土地流转审批、办理房产证、治安处罚等事项并不适合由其他组织承接。最后，要制定并公布政府购买公共服务指导性目标。为增强政府购买公共服务的科学化，需要建立统一的政府购买公共服务指导性目录，政府采购法也明确规定了政府采购中应首先编制和发布采购目录。要通过编制购买目录，对政府购买公共服务的具体内容进行明确和细化，避免购买过程中的随意性。通过公布政府购买目录，可以引导社会组织有针对性地提供政府倾向于购买的公共服务。应结合地方发展实际，提高目录的引导性和操作性，可以把基本公共服务、社会管理性服务、行业管理和协调性服务、技术性服务和政府履职所需的辅助性事项纳入政府购买公共服务指导性目录。早在 2013 年，国务院就要求各地制定政府购买公共服务指导性目录。2015 年 5 月 5 日，经国务院同意，文化部、财政部、新闻出版广电总局、体育总局联合发布《关于做好政府向社会力量购买公共文化服务工作的意见》，提出要积极有序地推进政府向社会力量购买公共文化服务工作，要制定指导性目录。为响应中央号召，全国各省区相应地制定了政府向社会力量购买服务指导性目录，浙江、安徽、内蒙古、河南等多个地方均已出台相关文件。

在政府购买公共服务的项目选择中，应遵循两个原则：一是针对不同的群体有优先性的区别。为了体现社会福利分配的公平性，应优先考虑购买政府服务覆盖不到的和无市场支付能力的人群。首先应针对特殊人群如残疾人、自闭症患者等服务项目，如残疾人救护服务项目。其次是针对老人、儿童、流动人口等弱势群体的服务项目，如针对老年人的健康护理、心理慰藉、居家养老服务项目。最后是针对普通群体的服务项目，如社区居民参与的体育、娱乐项目。二是区分私人物品与福利物品。私人物品一般由市场提供，如为居民拍摄全家福、更新家庭计算机配件等个人物品，应由市场机制解决。福利物品是向无支付能力的弱势群体提供的服务，通常由政府或公益组织提供。政府购买公共服务应侧重于提供福利物品，如果通过政府购买公共服务由社会组织向普遍人群提供私人物品，可能会破坏正常的市场机制。

第二节　政府购买公共服务的模式管理

依据社会组织购买公共服务时是否独立于政府部门，可以把购买服务分为独立性与依赖性两种模式；根据购买的程序是否具有竞争性，又可分为竞争性购买和非竞争性购买。在现实生活中，缺乏依赖关系竞争性购买模式的案例，这里只讨论其中的三种。

除三种常规的政府购买公共服务模式外，还有一种国际上新近兴起的合作模式——社会影响力债券，这种模式具有其他合作模式所不具有的优点，可以规避服务购买的风险，以更有效率的方式提供某些公共服务等。

一、依赖关系非竞争性购买模式

依赖关系非竞争性购买模式指的是购买的政府部门与承接服务的组织之间是依赖性关系，购买选择程序是定向的、非竞争性的。

（一）依赖关系非竞争性购买模式关系

(1)民间组织与购买部门之间是依赖性关系。承接服务的组织通常是政府部门为了购买服务而建立的，因此在购买中没有决策力，无法决定本组织是否要参加购买，与政府部门通常保持“上下级”关系。它们因为购买服务而存在，没有独立的宗旨目标，也依赖于购买的资金而生存。

(2)购买程序不规范，没有体现竞争、公平等政府采购的原则，相应的也没有规范的评估机制，而是依靠政府传统的方式来监管服务的执行情况。

(3)政府完全承担公共服务的责任，难以实现职能转移、多方参与等制度目标。购买协议通常是政府部门单方面意志的体现，服务组织无法自愿、平等地参与购买服务。这就决定了服务组织只是政府意志的执行者，而没有体现“多方参与”。与此相对应，政府承担了购买的所有不利后果，没有实现职能转移的“有限”目标。

(二)依赖关系非竞争性购买模式的具体案例分析

1. 上海新航、阳光、自强案例

为了从源头上预防和减少犯罪，加强社会管理，提高社会管控水平，维护社会稳定，上海市委提出构建预防和减少犯罪工作体系。2003 年，由上海市政法委牵头，按照“政府主导推动、社团自主运作、社会多方参与”的总体思路，通过政府购买公共服务的方式，组建了新航、阳光、自强三个民办非企业单位，分别接受市矫正办、市团委和市禁毒委的委托，从事社区矫正人员、“失学、失业、失管”社区青少年和药物滥用人员的相关社会服务工作。三个组织的运作模式是统一的，按照一定的比例，根据社区服刑人员、刑满释放的安置帮教人员、问题青少年、禁毒人员的人数来配备社工(其比例分别是 50∶1、150∶1、150∶1 和 50∶1)。每个组织的社工规模约 500 名。组织分为总站和 19 个区县工作站，每个分站在各个街道有工作点，服务遍及整个上海。

2. 普陀区民间组织服务中心案例

普陀区是上海的中心城区之一，面临着作为历史上产业工人聚集的一系列遗留问题，比如现代城市的大规模建设、外来人口的导入、人口构成日趋老龄化、下岗工人待业人口增多等。普陀区民政局苦于自身力量的不足，无法做好方方面面的社会管理和公共服务工作，于是萌发了以政府购买方式培育民间组织的思路。在大力发展民间组织的同时，民政局希望加强对民间组织的管理工作。2003 年，在全区 9 个街道、镇全部建立了“社区民间组织服务中心”，其功能主要是党建、民间组织服务、人力资源管理、监督预警、承接政府委托或转移职能以及服务社区居民。

(三)依赖关系非竞争性购买模式的成效与存在的问题

1. 取得的成效

首先，在一定程度上解决了政府公共服务供给不足的问题。在依赖关系的服务购买中，这些民间组织都因政府的力量不足而由政府资助成立，所以这些组织都增强了政府的执行力，使政府在相关领域的管理更加周密。

其次，政府对社会管理力度加大。例如，普陀区政府通过民间组织服务中心

开展党建工作，建立民间组织预警机制。普陀区委明确指出，（区和街道）两级民间组织服务中心党总支承担枢纽职能，负责指导归口管理和属地管理的民间组织开展党建工作，实现区域内民间组织党建工作全覆盖。民间组织服务中心详细掌握着社区内民间组织的资料和动向，随时向政府报告。

再次，公共服务呈现多样化和人性化特点。最明显的体现是新航等组织的社工服务。社工为特殊人群提供了针对性、人性化的服务，这是政府无法做到的，而恰恰是社工所长。

最后，培养了一批志愿者。虽然这些组织并不是真正意义上的“民间组织”，但是在服务过程中，确实培养了一批志愿者，丰富了志愿资源。以自强为例，在其成立的两年时间中，截至2005年12月，已有8 000多人成为禁毒志愿者，他们中有医生、公务员、教师、心理咨询师、大中学生等。志愿者队伍的壮大不仅可以为社会提供志愿服务，而且培养了公众参与社会服务的责任意识，有助于志愿精神的发扬和社会风尚的形成。

2. 存在的问题

第一，破坏了政府购买的内涵与原则，不符合公共服务社会化和政府改革的真正要求。在依赖关系的非竞争性购买模式下，这些组织并不是社会化组织，或者说社会化的程度不高。相反，这些组织在资源上完全依靠政府，在组织发展和管理上受制于政府，完全可能成为变相的政府机构。这样不仅没有达到重塑政府、实现政府职能转移的目的，反而增强了政府的控制力。

第二，评估形式化，没有真正的法律责任存在。因为缺乏竞争性，组织服务绩效的优劣并不与购买经费及其相应的责任挂钩，所以评估并不具有法律意义，只是政府管理的一种手段，实际上还是传统意义上的直接管理，并没有实现契约化的间接管理。结果，不仅没有实现政府职能转移的制度目标，而且形式化的评估为国有资产的流失打开了一个没有法律保障却具有合法外衣的渠道。

第三，资源的行政垄断对其他非营利性组织的发展不利。政府对新航等组织的定向服务购买，不仅形成了资金上的行政垄断，使其他非营利性组织无法得到此部分经费，更重要的是将这个领域封闭了起来，其他组织无法进入或者很难进入。

第四，政府自建组织并向其购买服务，容易导致盲目购买趋势。在现实案例中，一些根本不属于政府职责范围的服务，政府也用购买的方式向社会提供服务，实际上使政府的触角进一步延伸到私域中。

第五，可能带来部门利益的膨胀。在缺乏相关配套制度，尤其是缺乏社会监督的情况下，依赖关系非竞争性的公共服务购买很有可能带来部门利益的膨胀，从而成为某些“利益觉醒”部门扩大部门势力、谋取部门私利的手段。

在社会转型过程中，政府信赖并控制亲手扶持的非营利组织并不是个别现象，政府购买中出现的资金定向流动也屡见不鲜。这样的方式确实能够弥补政府人手不足的缺陷，并发挥非营利组织的优势，做好很多政府做不好的事情，然而这一切都建立在政府和组织相关负责人的个人认识和自律基础上，没有制度乃至法律的保障，很可能发生国有资产流失、腐败、政府进一步侵害私域空间等问题。所以，提高组织的自主化、社会化程度，建立政府购买的竞争化、公开化程序是十分关键和必要的，也是政府购买公共服务的趋势所在。

二、独立关系非竞争性购买模式

(一)独立关系非竞争性购买模式的主要特点

独立关系非竞争性模式指的是购买服务的政府部门与承接服务的民间组织之间是独立的关系，通常表现为在发生服务购买之前，该民间组织业已存在，不是由购买服务的政府部门为了购买事项而成立的。但是在选择程序上采用非竞争性的方式，而不是面向社会公开招募。政府部门通常偏向于选择有良好社会声誉的组织来降低购买的风险。

(1)承接服务的组织是业已存在的民间组织因为购买事项而与政府部门发生合作关系，这些组织具有独立性，不依赖于购买资金生存。

(2)购买的合意是双方相互选择和协商的结果，没有公开的竞争过程，但是存在潜在的竞争市场，政府可以更换购买的对象。换句话说，这些民间组织具有可替代性，并不具有垄断地位。

(3)具有专业优势、高效率的管理模式和良好社会声誉的民间组织成为政府选择的首要对象，它们提供的公共服务也使该模式在某种意义上更加接近政府服务购买的初衷。

(4)承接服务的组织具有独立地位，在服务提供过程中也承担独立责任，政府只充当监管的角色，因此双方在权责上有一定程度的明晰。

(二)独立关系非竞争性购买的具体案例分析

1. 罗山市民会馆案例

罗山市民会馆于 1996 年 3 月建成，是浦东新区政府推动“小政府、大社会”、社会服务社会化，让社会团体参与社区服务、管理的探索性项目。会馆由浦东新区社会发展局和金杨街道办事处提供房屋，浦东新区社会发展局、城工委、浦东社会发展基金会、上海基督教青年会共同投资，由金杨新村街道和上海基督教青年会合作并由青年会独立管理。这种集社区服务、社区文化、社区教育于一体的体现社会公益性、服务性、非营利性、倡导性的社区服务模式，及发动社区市民参与实现“政府支持、社团管理、市民参与”的新型管理机制，在浦东、上海乃至全国是第一家。

罗山市民会馆全年面向社会提供服务，通过发动社区市民参与社区活动、开展社区互动，帮助市民解决各种困难，增强了市民对社区的认同感，调动了市民参与社区建设的积极性，为保社区稳定做出了贡献。罗山市民会馆与金杨街道密切合作，相互配合，实现社区资源的最大化整合，为市民提供最优质的服务。市民代表，居委会代表，街道、劳保局代表，浦东新区社会发展基金会代表，青年会代表组成的市民管理委员会成为罗山市民会馆的最高决策机构。罗山市民会馆是社区精神文明建设的重要载体，通过社区图书馆、社区各类文艺团体及市民文化、体育活动营造了一种市民互动、互助自助的良好社区氛围。

服务全浦东的“999”市民求助中心通过建立志愿者网络支持，24 小时接受市民求助，在浦东新区社会保障局、社会发展局、城工委、街道的支持配合下，建立了志愿者工作中心，通过对志愿者的招募、培训、表彰，形成了一支把“您的需要我的追求，您的困难我的服务”作为行动准则的固定的志愿者服务队伍，并在 100 多位注册志愿者的帮助下营造了一个社区温馨的大家庭。

罗山市民会馆接受政府委托，把提高市民生活质量和生命质量作为自己的努力方向，面对各类社会问题，依靠政府支持、市民参与，实施科学管理，为市民提供更好的公共服务。为配合解决社会老龄化问题，1998 年街道合作建立了罗山敬老院，这个以开放形式管理的敬老院使社区人群和敬老院的人群不断产生互动，提倡“老有所学、老有所为、老有所乐”的养老观念，倡导“志愿服务储蓄”，鼓励老人以及“更年轻的老人”在自己力所能及的条件下为他人、为社区服务，形成了敬老院与社区良好的邻里关系。

2. 打浦桥社区文化中心案例

卢湾区文化发展“十一五”规划指出，社区文化中心是基层社区建设三个中心之一，是构建和谐社区的重要载体。在这一背景下，卢湾区十分重视社区文化中心建设，并在四个街道试点，由公共财政投入硬件建设，建立文化中心平台，同时吸引社会力量参与中心管理。打浦桥社区文化服务中心就是由打浦桥街道办事处投资建设，同时担负实体运行的日常费用以及人员费用，由华爱社区服务管理中心负责运营和管理。双方签订了购买协议，并于 2005 年正式投入运营。

华爱社区服务管理中心是独立的民办非企业单位。它相当于上海基督教青年会专门负责社区建设的项目部门，2001 年在上海基督教青年会协助下成立，但是并不隶属于上海基督教青年会，而是独立对外签订协议，承担责任。

(三)独立关系非竞争购买模式取得的成效与存在的问题

1. 取得的成效

首先，形成了自组织的多中心治理格局。传统的社区管理以街道为主体，以居民委员会为依托，实际上是政府行政机构的延伸。而罗山市民会馆是上海基督教青年会这个民间社会团体，接受政府(浦东新区社会发展局)委托，利用国有资产(罗山市民会馆馆舍)建立的新型社区服务机构，它承担了原本由政府包揽的公共社区管理和服务。政府不再是传统治理模式下的唯一“统治者”，街道承办的社区服务中心、基金会、上海基督教青年会都不同程度地参与了治理的过程，形成了一个由多元公共治理主体组成的公共行动体系。

其次，加强了组织之间的互动合作。在治理过程中，无论哪个组织，都不可能拥有知识和资源两个方面的充足能力，独自解决一切问题，它们必须通过与其他组织交换知识和资源达到目的。罗山会馆与打浦桥社区文化中心是民办非企业单位，它们与政府的合作是生产社区公共服务产品的一种准市场的模式。在如何采用经济方式和手段，与其他手段相配合以达到增进社区公共福利的目的方面提供了创新性经验，体现了非营利组织参与社会管理的社会政策趋向。

再次，鼓励了公民自下而上的参与。鼓励公民以个体或集体的形式广泛地参与公共行政，从而使公共行政更能响应公众的呼声。公民与基层行政组织互动就是在公民自愿组织的原则下，通过公民的参与和监督使公共行政的服务和效率达到最佳。在上述案例中，罗山市民会馆依托志愿性组织上海基督教青年会，动员市民积极参与有关政策、制度的建立，并参与具体的活动项目，可以说从每个项目的设计、出台到最后的享用、服务，都为市民提供了畅通的参与渠道。它在日常管理中倡导的“公民自助”理念和志愿服务的精神更是从观念上培育了社区居民的公民意识，让他们能主动参与到公共管理的具体事务中，为自己和他人服务。

最后，体现了社会组织的特殊作用。其主要表现在：一是提供非垄断性公共产品时社会组织具有效率优势。罗山会馆开设的市民教室、假日托儿所、医疗咨询、图书馆、护理员培训班等40余个服务项目在性质上都属于公益性的非垄断性公共产品，这就决定了由传统志愿组织提供具有更高的效率。二是社会组织可以满足人们日益增长的多样化、个性化的物质和精神生活需求。罗山市民会馆作为非政府组织，其“草根性”使得它对于公众的需求变化具有高度的敏感性，通过志愿者的信息反映，可以随时跟踪公众的需求，这都为罗山市民会馆提供多样化、个性化的公共产品奠定了基础。三是社会组织为公民参与社区治理提供了畅通渠道。在上述案例中，上海基督教青年会作为志愿组织，积极宣传志愿服务的理念，广泛动员市民参与会馆的志愿活动，并且充分利用志愿者的特长和工作能力，为社区市民排忧解难。如果没有上海基督教青年会这样的传统志愿组织的吸纳，公民很难有正规的渠道参与各种服务项目和制度的设计。

2. 存在的问题

首先，委托内容混淆。在打浦桥案例中，政府与接受委托的组织签订协议，承接社区公共服务这项职能，除了常规性的活动以外，还随时接受政府部门的指令性任务，这意味着协议的内容是不能具体化和量化的。与此相对应，购买的经费也不能确定，因为活动是不确定的。这其实是政府职能外包，而不是具体任务的外包。在公共服务购买中，只有协议的内容是确定的，接受委托的组织才可以充分自主地开展活动，而不受行政干预。

其次，政府责任混淆。政府的基本职责是为社会提供基本的产品和服务，至少是市场机制无法提供的产品和服务。学界通常用公共物品的特性来界定政府必须提供的产品以及服务。现在的问题是，政府在很大程度上没有区分社区服务的性质，一些应该由政府支付费用的项目没有支付，而一些不需要政府介入的项目却介入了。一个典型的例子就是培训课程。针对个人需要和爱好设置的培训课程完全是个人物品，应由市场机制来解决，这类服务完全是竞争性和可排他的。但是一些特殊人群的培训课程，可能就是福利物品，需要政府的补贴。比如对生活困难的待业人员的技能培训、对残障人士的护理知识培训等。在上述案例中，罗山会馆完全依靠准市场机制的营运模式，在公益性事项上没有政府的投入，发展受到很大限制；打浦桥社区文化中心则由政府统揽了全部费用。这实际上是混淆了服务的性质，混淆了政府责任。

三、独立关系竞争性购买模式

(一)独立关系竞争性购买模式的特点

独立关系竞争性购买指的是购买服务的政府部门与承接服务的民间组织之间是独立的关系，不存在资源、人事等方面的依赖关系，政府部门挑选承接服务的组织采用公开竞争的程序，因此存在公开的竞争市场。政府可以用招标的方式来选择最合适的服务提供者，以达到最小成本最大收益的效果，即体现政府采购物有所值的原则。这种模式最符合政府采购的制度规定和目标，也能最大限度地保障公共服务的提供。

(1)参与购买的双方主体相互独立，不存在任何资源上的依附关系。

(2)选择程序是公开的竞争方式，民间组织自愿参与，政府部门公开选择。通过招投标等方式，政府部门能够综合考虑成本收益等因素，为社会提供质优价廉的公共服务。

(3)双方主体按照购买协议共同承担责任。

(4)承接服务的组织通常能结合组织优势提供公共服务，比如在本组织擅长的领域，使用独特的方式和管理经验等。

(5)在按照服务合同提供必需的服务之外，这些组织还可能按照本组织发展的需求提供其他的公益服务，借此拓展本组织的业务覆盖面以及扩大影响。这些激励成为组织竭力提供优质服务的动力。

(6)除了政府部门提供购买经费外，一些实力较强的组织还可能根据实际需要投入相关经费，从而跨越纯粹的“委托”关系，建立起与政府部门的“合作”关系。

(二)独立关系竞争性购买模式的具体案例分析

1. 江西村级扶贫试点项目

为贯彻《中国农村扶贫开发纲要(2001—2010 年)》有关精神，国务院扶贫办、国家财政部、亚洲开发银行、江西省扶贫办和中国扶贫基金会积极创造条件，引导非政府组织参与和执行政府扶贫开发项目共同协商，决定在江西省开展有关“非政府组织和政府合作进行村级扶贫规划试点的技术援助项目”。该项目的主要目标是通过非政府组织参与实施政府资助的村级扶贫规划项目，创建和示范非政府组织参与政府扶贫项目的机制和模式，并为政府有关部门提供政策建议。

作为项目实施的主体，江西省扶贫办与中国扶贫基金会签订协议，江西省扶贫办提供一部分资金，由中国扶贫基金会负责项目试点部分的具体实施，包括负责非政府组织的公开竞标活动以及扶贫工作中对这些非政府组织的管理和协调。在试点活动中，一些通过招标选择的非营利性的非政府组织(简称 NGO)将组织实施村级扶贫规划项目(包括直接实施某些子项目)。如 NGO 招标选择操作指南中所规定的，中国扶贫基金会将组织整个招标选择的过程，包括组织一个由 17 人组成的评审委员会。江西省扶贫办将根据评审委员会的评审结果和建议，做出最终选择，并报送亚洲开发银行确认。试点项目区包括江西省乐安县、兴国县和宁都县的 6 个乡镇(每县各 2 个乡镇)中的 19 个重点贫困村。试点村村级扶贫规划试点活动的主要内容包括开展参与式的贫困评估、村级综合发展需求分析、制定村级扶贫规划和实施村级扶贫规划等。在整个试点项目实施过程中，必须自始至终采取参与式的方式进行，应充分听取困难群众(尤其是贫困妇女)的意见。实施村级扶贫规划的项目经费由江西省扶贫办提供(每个村 50 万元)，非政府组织的工作经费由亚洲开发银行提供。

2. 北京“惠泽人”案例

根据最高人民法院、最高人民检察院、公安部、司法部《关于开展社区矫正试点工作的通告要求》，北京市作为首批试点的六个省市之一，自 2003 年 4 月起，北京市开始在东城、房山、密云 3 个区县开展社区矫正试点工作。作为东城区领导小组办公室，东城区司法局为弥补社区矫正工作中专业人员的不足，于 2003 年 10 月 10 日和北京惠泽人咨询服务中心签订《“东城区社区矫正实验项目”合作协议书》，惠泽人咨询服务中心开始参与东城区社区心理矫正服务。

2005 年 2 月 21 日，东城区阳光社区矫正服务中心成立，其业务主管单位是东城区司法局。社区矫正服务中心为非营利性社会组织，其主要职能是：组织发动社会力量参与社区矫正；为社区服刑人员提供回归社会辅导、心理矫正、帮助教育、技能培训、临时救助等各类服务；组织开展社区矫正宣传、培训、理论研究与交流活动；对社区矫正社会工作者进行招聘、管理、教育、培训和考核等。东城区阳光社区矫正服务中心成立当日，与“惠泽人”签订了《东城区阳光社区矫正服务中心“心理矫正”专业服务购买协议书》，建立了惠泽心理矫正工作室，东城区司法局通过中心出资购买“惠泽人”心理矫正服务。

(三)独立关系竞争性购买模式取得的成效与存在的问题

1. 独立关系竞争性购买模式取得的成效

首先，民间组织发挥了自身优势，提高了公共服务的质量。在江西案例中，对投标申请资格就要求该组织的宗旨是扶贫开发和社区发展。此外，民间组织在服务过程中体现出志愿精神、服务精神、平等精神也使其提供的服务呈现出与政府机构不同的特点，提高了公共服务的质量。

其次，有了初步的成本核算，提高了服务效率。在“惠泽人”案例中，已经有了初步的成本核算。“惠泽人”以较大的价格优势击败了参与竞争的对手，获得东城区社区矫正服务的资格，从另一个侧面也反映出购买服务的部门通过竞争和比较节约了成本，提高了公共服务的效率。

再次，实践了公开招标的程序。前两个模式都没有公开招标的程序，而本模式初次尝试了公开招标的竞争性程序。公开招标是政府采购的首要方式，它能够有效防止腐败，更好地实现物有所值的目标，能够为所有潜在的投标人提供更为平等的竞争机会，实现政府采购的物有所值目标。本模式的最大意义就在于公开招标程序的建立。

2. 独立关系竞争性购买模式存在的问题

首先，政府系统与非政府组织之间的合作基础薄弱。一是资源矛盾。在江西案例中，扶贫系统传统上是从中央到基层的垂直系统，资金也是从上往下层层拨付，属于内部流动。民间组织的介入，使资金开始从内部流向外部，引发资源争夺和紧张关系。二是政府权威地位受到挑战。民间组织区别于政府的工作方式博得了百姓的认同，政府与非政府组织的绩效得到对比，政府权威地位受到挑战，也让各级政府对民间组织的工作保持警惕。三是政府对民间组织的不信任。在独立关系模式中需要更大的成本来磨合双方的合作。在江西案例中，基层扶贫办官员十分不理解为什么要让民间组织来参与扶贫，他们抱怨：“难道我们的工作做得不好吗?”还有些官员认为，一个村四五万元的工作经费，实在是太高，还比不上政府的效率。以上这些问题，体现在执行层面上，民间组织遇到很多不合作的现象，需要花很大的成本来协调关系，有时甚至不得不妥协。

其次，民间组织在服务提供过程中要经历从陌生、排斥到被服务对象接受的过程，民间组织需要培养社会大众的信任。对于民间组织而言，要获得社会公众的信任，就面临着特殊的困境。政府在社会各个层面仍然占据主导地位，政府在很大程度上控制着社会的信用资本。同时，在民间组织内部，2000 年宜汉假信事件、2001 年胡曼莉事件等相继曝光以后，非营利组织的诚信受到较严重的质疑。因此，来自社会公众的信任需要长期培养。

再次，购买协议对政府的约束力不强。在江西扶贫和北京“惠泽人”两个案例中，分别发生了购买服务的政府部门资金不能按时到位，以及违反协议单方面减少资金的情况，影响这些组织开展服务的进度和效果，但是政府都没有承担其相应的违约责任。

最后，面对强大的政府以及与政府合作的利益诱惑，一些组织并没有完全保持自己的宗旨，并坚守专业优势。萨拉蒙认为，“发达国家的非营利机构都处于失去与公众接触基础的高度危险境况中，许多组织长期以来已经转变为官僚机构，看起来与政府机构没有什么差别”。这样的现象也正在现实案例中发生。在江西案例中，为了达到扶贫办制定的一些要求，加上协议只有一年的期限，限制了扶贫组织发挥自身的优势，甚至放弃了自己组织的专长，没有开展自己擅长的项目。在首批6个试点村中，6个组织竟然不约而同采纳了农村基础设施建设作为扶贫项目。因此，从某种程度上说，该试点并没有达到购买民间组织的专业扶贫服务，提高对困难群众“瞄准度”的目的。

四、社会影响力债券模式

(一)社会影响力债券模式的特点

社会影响力债券(Social Impact Bond)，也称作社会效益债券，是一种以社会成果为目的的新兴融资工具，为解决社会问题的预防性干预措施提供资金，从而减轻应对社会突发或更严重问题的压力。它是实现“为结果付费”的一种模式，旨在通过向私人投资者融资以实现社会效果。为结果付费和社会影响力债券将焦点关注在为社会效果付酬以及如何以最低的成本实现这些社会效果，以此提升解决社会问题的效率、创新性与影响力。社会影响力债券尽管称为债券，但它并不是传统意义上所理解的债券。传统债券要担保偿还本金并按一定比例支付利息，而社会影响力债券与项目成果挂钩，达到既定成果则支付，如未达到则无须买单，因此又被称为“按成功支付债券”；此外，传统债券在金融市场发达的国家和地区均可上市流通、进行场内外交易，而社会影响力债券因属于新兴的金融工具，投资风险还有待确认，目前尚未上市流通或面向公众发行。其具体特点有如下几个方面：

(1)结果型投资者(如政府或其他公共投资者)只在成果产生后给予资金支持；

(2)几乎所有的未成熟项目投资都是由愿意承担风险的投资者注资的；

(3)投资者能否获得回报以及能够取得多少回报都取决于社会问题的解决成效；

(4)数据的跟踪、收集以及对于投入和产出的严格测量非常关键；

(5)通过在整个项目中不断学习和获取反馈，服务提供者可以灵活地做出调整；

(6)触发支付的产出和成果需要经过第三方审核。

(二)社会影响力债券的经典案例分析

1. 英国 Peter borough 监狱项目

英国是最早推动社会影响力债券的国家。由英国一家名为“社会金融(Social Finance)”的非营利组织参与设计的社会影响力债券是一个典型。“社会金融”是一家专门从事社会投资咨询的公益组织。该债券是专门针对减少短期服刑人员刑满后的再犯行为这一社会问题而设计的。英国审计署公布的一份报告显示，在英国，63%经历过短期监禁的人会在出狱后一年内重犯，他们平均每人有43次前科，每人平均坐过7次牢。由于刑满释放人员在离开监狱时身上往往现金寥寥，没住房、没工作、没有家庭支持，许多人会轻易陷入再次犯罪的恶性循环。由此造成的损失高达每年100亿英镑。

在传统的政府购买公共服务的模式下，英国司法部会去购买某个社会组织的服务以减少犯人的再犯率。St. Giles Trust 正是一家致力于预防和减少犯罪的公益组织。但英国司法部直接购买 St. Giles Trust 机构服务发现，与其他政府购买公共服务的问题一样，St. Giles Trust 只重过程，不重结果，在政府资源有限的情况下，政府的投入产出效果难以预控。为此，在“社会金融”这一非营利组织参与下，2010年，一种新的政府购买公共服务的方式出现了：St. Giles Trust 和英国司法部签订协议，为 Peter borough 监狱里的3 000名刑期少于一年的犯人提供各类有助于他们回归社会的服务。司法部要求 St. Giles Trust 在6年时间内，犯罪再犯率从当时的60%～70%降低7.5%，所需花费高达500万英镑。但是，政府并不直接购买 St. Giles Trust 的服务，而是由“社会金融”这家公益机构，通过他们设计的社会影响力债券向17名私营部门的投资者募集资金。如果6年之内，重复犯罪率下降7.5%，那么这些投资者不但可以从政府收回本金，而且可以从政府那里获得一定的投资回报，犯罪率下降得越多，投资回报率也就会越高。该社会影响力债券运行后的实际效果是，政府因为可以根据 St. Giles Trust 的实际服务效果来支付费用，因此降低了政府购买公共服务的风险；由于存在相应的投资回报率，私营部门也获得了相应的经济价值；St. Giles Trust 则拓宽了资金来源渠道。最关键的是，通过三大部门的协作，最大限度地降低了初犯重返率，创造了社会价值。

2. 网络公益众筹平台：新浪“微公益”

(1)项目概况。随着国民经济的发展，现代公民意识萌发，个人捐赠的意识大幅度提高，但是由于传统慈善的不公开透明等问题，引发了全社会对公益的信任危机，此外还存在以往公益门槛过高、信息传播不畅等问题。为了解决这些社会问题，让全民人人参与并创造价值，新浪搭建“微公益”平台。微公益平台首创中国“社会化劝募”的新局面，整合新浪门户网站优势和微博巨大能量，是中国第一个“社会化公益服务平台”。微公益平台将微博上碎片化的求助信息汇聚到一起，能使求助者受到更大范围、更有影响力的关注，以产品和技术的创新实现“一站式”救助过程。该平台上的求助内容，主要分为支教助学、儿童成长、医疗救助、动物保护、环境保护五个重点方向，每个项目都简要、清晰地描述了项目介绍、发起人、捐助对象、目标金额、救助时间等信息。新浪微公益平台的募资对象分为个人和企业，个人捐赠即个人对感兴趣的项目直接捐助，企业捐助由企业发起项目，网友转发1次，企业捐助 N 元。

(2)案例特色。

首先，服务面向各类公益组织。各类公益组织，无论大小、种类、领域，只要通过基本审查，都可以在新浪微公益平台上向所有的新浪微博用户劝募。据统计，截至2014年10月10日，新浪微公益平台累计协助发起13 910个微公益项目，累计筹款超过2.3亿元人民币。这些资金到各家募捐机构的手中，帮助各类公益组织完成了各种各样的公益项目。

其次，借助新浪微博庞大的用户群体和新媒体的“病毒式传播”机制，推动优秀公益项目的快速传播。据统计，截至2013年12月，微博的月活跃用户(MAU)数量和日活跃用户(DAU)数量分别达到1.291亿个和6 140万个。这一用户数量是任何其他传统媒体都难以企及的。与此同时，作为一种新媒体，新浪微博同样坐拥任何传统媒体都不具备的“病毒式传播”机制，能推动优秀公益项目快速传播。

最后，引入全新的透明机制，推动公益组织和公众之间形成良性互动。在新浪微公益上劝募的项目，从项目发起，到最终的项目执行，其全过程都是公开透明的。由此，包括捐款人在内的全体社会公众便都可以看到该项目的进展情况，并可以通过微博这一社交媒体对该项目进行评论。如此往来，公众和发起公益项目的组织之间就能形成一种良性互动的关系，从而实现组织和公众的共同成长。

(3)案例的价值与影响力。

首先，以信息化、技术化手段，打破政策门槛，协助小微公益组织筹款。新浪微公益平台是中国第一个“社会化公益服务平台”，其最为重要的一个社会价值在于用技术化的手段打破了政府政策在公募资格方面的限制。根据中国现有的法律规定，民办非企业单位和非公募基金会不得开展公募活动。针对这一政策规定，新浪微公益通过与多家公募基金会合作，让公募基金会在微公益平台上认领其他没有公募资格的组织发起的公益项目，由此帮助众多小微公益组织筹到善款。这一点是新浪微公益对整个中国社会做出的具有颠覆性意义的重大贡献。

其次，推动公益价值传播，在全社会营造公益氛围。新浪微公益借助新浪微博庞大的用户群体和新媒体的“病毒式传播”机制，能够在很短的时间内实现公益项目的社会化传播。在这个过程中，公益项目背后所蕴含的公益价值理念也得以散播。同时，又由于新浪微公益零门槛的参与机制，所有的社会公众都可以直接参与公益捐款活动。由此，公益价值得到了全面传播，整个中国社会的公益氛围也变得热烈起来。

最后，通过全透明的运作机制，重塑公众对公益行业的信任。中国社会对公益圈的信任度一度降至冰点，而新浪微公益平台的全透明运作机制，将公益项目的全过程都暴露在阳光下，从而重塑了公众对这一行业的信任。现如今，优秀的公益项目一上线就能获得社会公众的大力支持。

综上所述，新浪微公益平台的公益网络众筹是中国公益圈里一条奋力游动的“鲶鱼”，给中国公益圈带来了十分巨大的改变，由此产生的社会效益是任何其他网络媒体都无法企及的。

(三)社会影响力债券模式取得的成效及存在的问题

1. 取得的成效

(1)将政府、社会、市场三大部门同时纳入社会价值生态体系。三大部门产生协同效应的前提是，各自的动力机制应该在目标上统一。为此，政府需要转变职能，避免参与那些专业化程度比社会服务组织差的社会服务领域，防止脱离政府本位，避免出现错位、越位；社会组织本身就是以解决社会问题为己任，但是由于始终面临资金短缺的问题，尤其是面临当前世界经济的低谷，传统的融资模式逐步萎缩，如政府拨款和社会个人捐款，很难保证社会组织持续发展；私营部门由于存在追逐利润的天性，往往被排除在社会服务领域之外。因此，私营部门进入社会服务领域，必须出现投资回报载体。社会影响力债券恰好将三者的需求统一到社会价值创造的链条上，为各取所需提供了可能。

(2)根据效果支付，实现风险分摊。在社会影响力债券的设计中，政府未直接购买社会组织服务，而是由私营部门先行购买社会服务中介机构发行的债券，如果通过社会服务影响评估，社会服务组织的服务确实产生了预期效果，政府才根据事先约定的投资回报率支付费用给该私营部门。私营部门在决定是否购买社会影响力债券之前，也将对该债券的投资回报可能性进行投资评估，只有符合投资要求的债券才会进入私营部门的投资组合。社会组织是否能够顺利拿到运行费用，完全取决于私营部门对社会服务组织服务能力的判断。这种根据社会服务效果的方式，不但调动了私营部门的积极性，也将政府购买公共服务的风险顺利地分摊到了私营部门和社会组织。

(3)引导投资者和政府管理者更重视社会效果数据。社会影响力债券成功的关键是能够对项目实施结果进行量化处理，进行结果评估，让投资者、政府、中介机构、社会服务组织处在一个公平的环境下；而互联网、移动互联网、大数据时代，让数据的收集更便利，有利于更大的社会问题的数据挖掘和评估，为社会效益债券提供了技术上的支持。

(4)提供了慈善事业的新资金。社会影响力债券蕴含慈善的理念，又考虑到有吸引力的财务回报，正是符合目前可持续慈善的趋势。美国旧金山的一份几年前的富人调查报告显示，大约50%受访富人对社会影响力债券感兴趣，无论他们视其为慈善还是投资，都可以为慈善事业注入更多的资本。

(5)有助于政府创新社会治理模式。金融危机，对欧美很多国家财政赤字冲击很大，政府对于社会慈善事业的拨款日益紧张。我国政府也提倡“加强和创新社会管理，事关巩固党的执政地位，事关国家长治久安，事关人民安居乐业”，社会治理模式对国家战略发展具有重大战略意义。2014年10月29日，李克强总理主持召开的国务院常务会议明确提出“引导社会力量开展慈善帮扶，是补上社会建设‘短板’、弘扬社会道德、促进社会和谐的重要举措”，并鼓励股权捐赠、慈善信托、公益创投等创新实践。虽然在发展中国家，还是以经济发展为中心，社会事业的投入不能以发达国家的标准来要求，但是实验社会影响力债券，不失为多赢之举：一方面降低政府财政支出压力；另一方面使民间资本参与社会事业展现出一新局面。如同20世纪80年代后期席卷发达国家和发展中国家的"新公共管理运动"，社会影响力债券这种政府购买公共服务方式也是一种建立在"市场"基础上的公共行政行为，提高了政府部门的工作效率和创新动力；由于按结果付费，要求社会组织不断提高社会服务的效率，不断创新社会服务内容；债券作为金融工具的一种形式，也为私营部门凭借更多的商业手段进入社会服务领域提供了更多的创新机会。

2. 存在的问题

(1)价值估价的困境。社会组织提供的社会服务所创造的社会价值如何估价，是决定社会影响力债券如何吸引私营部门等更多进入者的关键。但就目前的评估技术来说，还没有被学术界和实业界广泛接受的价值评估体系，目前在制定社会影响力债券标的价格时，往往更多的是基于运营成本的一种成本加成定价方式。缺乏合理的市场定价机制，将丧失吸引更多社会资源进入社会服务领域的机遇。

(2)服务效果的评估。尽管本书列举的英国社会影响力债券，给出了将再犯率降低7.5%社会效果要求标准，但是在实际的再犯率估算时，很难认定在债券设定的服务期限内降低的再犯率就是一个永久的比率，换言之，在6年内没有再犯的初犯者，就一定将永远不犯罪了吗？因此，对服务效果的准确估算(也称为社会影响力评估)将是未来社会服务领域亟待解决的问题。

(3)社会效益债券成本可能会很高。因为社会效益债券的创新，它带来的管理成本也会比直接购买社会组织服务更高。从社会效益债券的主体看就可以知道多了中介组织、评估机构等，这些都需要支付劳务费用，而且项目持续时间长，管理成本一直存在。

(4)社会服务机构选择的困境。社会效益债券是否能够实现收益回报，关键不在于政府和投资人，而在于受到资助的社会服务机构，它的能力是否足够，是否可以创造卓越的表现，它的服务方法是否有效、可复制、易推广，都是重要的变量，而这些都需要组织提供有说服力的证明，才能让中介组织选择合适的执行方。但发展中国家的公益链条发展不完整，许多社会服务机构自身管理比较混乱，定位不明确，除了项目执行，还要做投资者沟通等诸多事宜，这些要求对很多社会服务机构来说都很富有挑战性。

(5)确定服务领域的挑战。在许多社会效益债券中，选定的工作领域都在犯罪、无家可归的人群中，因为跟踪判定这样的社会问题，比较容易获得项目业绩完成的各项指标。但对其他社会服务来说，寻找有说服力的社会效益成功指标就变得模糊不清。如改善教育、减少饥饿等重大的社会议题，人们甚至社会服务机构、学术专家等都无从下手，更不用说寻求更进一步的后续服务。

第三节　政府购买公共服务的管理对策

政府购买公共服务的管理对策可从确立政府购买公共服务项目、制定工作方案、选定供给机构、签订购买合同和组织实施、监管及评估等几个环节入手。这一部分内容主要解决的是购买什么服务、向谁购买以及如何购买的问题。

一、确立政府购买公共服务项目

2012 年 11 月 14 日，民政部、财政部联合发布了《关于政府购买公共服务的意见》，作为我国第一个全国性政府购买公共服务的专门政策，该意见概括性地明确了政府购买公共服务的基本内容，但是政府购买公共服务中具体“买什么”的问题尚未明确，需要进一步明确政府购买公共服务的指导性目录。2013 年 9 月 26 日，国务院办公厅发布的《关于政府向社会力量购买服务的指导意见》中也明确提出了“研究制定政府向社会力量购买服务的指导性目录”的要求。政府购买公共的服务指导性目录研究是构建我国政府购买公共服务制度的重要内容，也是政府购买公共服务制度的首要环节，有助于推进政府购买公共服务的规范化和科学化。确定政府购买公共服务的项目是整个流程管理中最重要的一个环节。

(一)确立政府购买公共服务项目的要素

党的十八届三中全会要求，推广政府购买公共服务，凡属事务性管理服务，原则上都要向社会购买。按照这个要求，凡是明确规定禁止之外的公共服务，包括政府事务性管理事项和公共服务事项，原则上都应该纳入政府购买公共服务的范围。从 2015 年中央预算主要支出项目来看，中央财政支出占比大小依次为国防支出、公共安全支出、教育支出、一般公共服务支出、科技支出、社会保障与就业支出、交通运输支出、农林水事务支出、医疗卫生与计划生育支出、住房保障支出、节能环保支出。从广东省的 2015 年公共预算支出构成看，重点支出依次为教育、社会保障和就业、城乡社区、交通运输、医疗卫生与计划生育、农林水、科学技术、节能环保和文化体育与传媒。2015 年广东省民生类支出完成 8 912.66 亿元，占一般公共预算支出的 69.6%，其中，教育支出完成 2 025.27 亿元，同比增长 15.8%，增支主要用于扩大城乡免费义务教育生均公用经费补助范围、提高补助标准、支持高水平大学建设等；社会保障和就业支出完成 1 050.55 亿元，同比增长 32.9%，增支主要用于提高底线民生保障水平、促进就业创业等；交通运输支出完成 2 017.44 亿元，同比增长 129.7%，增支主要用于重要交通基础设施建设、提高公共交通便利化水平等，2015 年年底广东省实现县县通高速。由此可见，政府可能通过购买方式来提供的公共服务范围很广，开展购买公共服务的空间也很大。判断一项公共服务是否适合以政府购买的方式来提供，主要需要考虑四个方面的要素。

1. 公共服务必须有适当的承接方

政府购买公共服务，必须首先在市场上找到适当的承接方，也就是具备提供这项公共服务的基本能力的主体。只有购买方和承接方都存在时，购买关系才可能形成。广东省各主要城市政府购买公共服务的试点起步最早，始于 2007 年。经过几年的发展，广东省在政府购买公共服务方面已走在全国的前列，成为国内先行地区。近年来，由于政府购买公共服务的推动，广东省在全国率先放松社团成立登记规制。《广东社会工作发展报告(2014)》提供的数据表明，社会组织数量、政府购买公共服务资金总量、获全国社会工作者职业水平认证人数 3 项指标，广东均在全国排名第一。截至 2013 年年底，广东省社会工作组织达到约 500 家(占全国社工机构总数 3 成以上)，当年全省政府购买公共服务资金(包括政府财政及福彩公益金等)达到 11.110 9 亿元(占全国购买社工服务资金总额 5 成以上)，全省通过国家社会工作职业水平考试人数达到 2.4 万人。

2. 公共服务事项必须有比较确定的价格和质量量化指标

由于公共服务的购买涉及预算与定价、质量监督和评估、绩效评价等方面的问题，需要比较确定的量化指标。这里的量化指标包括服务的价格衡量指标和质量衡量指标。相对来说，量化指标越明确的公共服务，越适合以购买的方式来提供。这里公共服务的质量是指政府提供的公共服务质量是否达到规定标准或承诺标准。服务标准是衡量公众及其他主体评价服务质量的主要尺度，也是上级机关和公众监督公共部门的主要依据。除服务标准外，一些国家的公共服务部门或机构还建立起服务承诺，例如英国的“公民宪章运动”，就要求各个公共服务机构对其服务标准进行承诺，服务承诺里的标准也是衡量服务本身的参照系。在没有明确标准的情况下，判断的依据主要是根据公众期望的标准。

3. 公共服务事项的购买必须有明确的资金来源

只有在政府已经安排了必要的资金来源之后，公共服务才能够实施购买提供。这可能包括两种情况：其一，对于政府一直都在提供的公共服务，按照惯例是有相应资金的，这些服务可以换用购买的方式来提供，资金来源于原有的预算资金；其二，以前政府没有提供的公共服务，或者没有提供到位的公共服务，新增购买计划，应该事先通过预算确定资金来源。近 5 年来，广东省各级政府累计投到社工事业的资金达 19.17 亿元。东莞、广州、中山市先后建立了公共财政支持社会工作体制。东莞市率先将社工经费全部纳入财政预算。截至目前，广东省共投入福彩公益金 3.6 亿元。其中，深圳市 2013 年投入福彩公益金达 1.36 亿元，广东省从 2013 年开始连续 3 年每年安排福彩公益金 1 000 万元用于社工人才培养和社工试点。此外，一些地方和部门大力引进社会资金，如深圳、东莞、佛山市禅城区先后举办公益创投活动、开展企业社会工作试点，几年来筹集社会资金 1 600 多万元；省妇联从李嘉诚基金会争取 1 000 万元，顺德区筹集民间慈善资金近 1 亿元，推进社工服务。

4. 公共服务的购买是否具备竞争性市场

首先，由政府向社会力量购买的公共服务，有能力和资质承接服务的组织和机构越多，采取竞争性购买方式提供的可能性越大。其次，服务的竞争性、外部性特征也反映了该项服务是否适合以向社会力量购买的方式提供。一项服务的竞争性越低、外部效应越高，该项物品或服务的公共性越强，这样的物品和服务越接近纯粹的公共物品和公共服务，这样的物品或服务市场化的可能比较小，如果采用向社会购买的方式来提供，应该更加谨慎。相反，一项服务的竞争性越高、外部效应越低，则该服务的公共性越小，越接近纯粹的私人服务，如电信服务等。这种服务的市场化可能性比较大，甚至可以逐步完全交由市场来提供。如果一项服务的竞争性和外部效应都比较低，则该服务具有局部公共性质，这样的物品和服务比较接近“俱乐部”物品或服务，如城市间高速路、社区社会服务等，这类公共服务比较容易有限市场化，可通过适合的方式，将服务委托给社会力量经营。一个物品的外部效应和竞争性都高，则该物品具有公共财富的性质，如地下水，这类公共物品则不容易也不适合被推向市场。作为公共服务市场化的一种方式，公共服务向社会力量的购买提供也应该以公共性、外部性、竞争性作为判断标准。

具体来看，可以通过公共服务的竞争性、外部性特点和程度，以及社会力量是否易于提供等条件，来大致判断是否适合市场化形式供给，并进一步判断是否适合由政府向社会力量购买来提供。

(二)确立政府购买公共服务的原则

政府购买公共服务的项目选择应该把握需求优先原则，也要兼顾公共性、服务性、公益性与非营利性，同时政府购买公共服务应该具有可市场化运作特点。

1. 把握需求优先原则

政府购买公共服务是政府提供社会公共服务体系中的一种创新形式，是政府遵循市场基本原则、有效地满足社会公共需求的重要途径。政府将原来由其直接承办的、为社会发展和人民生活提供服务的事项，通过“购买”服务等方式交给具有相关资质的社会组织等来承接，是一种政府提供公共服务的新型方式。这种方式能更好地适应政府履行公共管理、公共服务职责的要求，有利于促进政府职能的转变、提高政府提供公共服务的效率和质量，全面提升政府的公共服务水平，从而能更好地满足人民群众对公共服务的需求。尽管政府购买公共服务改变了政府提供公共服务的方式，变直接提供为间接提供，但根本目的还是能更好地满足人民群众不断增长的公共服务需求。因此，在选择政府购买公共服务项目时，必须将能更好地满足人民群体对公共服务的需求放在首位。

2. 兼顾公共性、服务性、公益性及非营利性原则

为社会提供良好的公共服务是现代政府的一项重要职能。政府购买公共服务是政府提供公共服务的一种方式，是政府根据其法定职责将其为社会发展和人民群众日常生活提供公共服务的事项，交由政府主办的事业单位、有资质的社会组织或市场主体来完成，并根据其提供服务的数量和质量，按照一定的标准进行评估后支付服务费用的行为。政府购买公共服务是政府适应公共服务领域改革的一种管理体制创新手段，客体是原来由政府负责管理的公共服务项目，如公共卫生服务、公共就业服务、公共文体服务、公共信息服务、社会保障服务、社会福利服务等。政府购买公共服务提供的是公共产品，其主要目标是实现非营利的社会效益。因此，政府购买公共服务的项目具有公共性、服务性、公益性和非营利性等基本特征。在选择政府购买公共服务项目时，必须考虑到这些特征，并将其作为选择的基本原则之一。

3. 坚持市场竞争与效益并重原则

政府购买公共服务的市场竞争与效益原则是指在政府购买公共服务中应发挥市场竞争机制的作用，通过竞争实现公共服务领域的资源最佳配置，从而达到最大效率状态。政府购买公共服务是公共服务市场化、政府公共服务管理企业化的一种措施，市场竞争与效率本为应有之意。将市场竞争与效率作为政府购买公共服务的基本原则，主要目的是克服政府垄断公共服务所带来的效率低下、公共服务品质不佳的问题，核心则是利用市场竞争机制的激励作用。政府购买公共服务的市场竞争与效率并重原则的内容可归纳为：政府在向市场购买公共服务产品时，所有公共服务的承接主体地位平等，政府作为购买者只应按照市场因素决定交易方；所有的立法与法律适用过程公开透明；所有操作行为符合规则并受到监督。政府购买公共服务的市场竞争与效率原则有着深厚的理论基础——市场竞争理论。虽然市场竞争理论不能准确地告诉人们应该怎么行动，但它能够马上解释什么事情做错了，应该采取什么措施予以补救。如果问题是由一系列不正当的激励机制所致，那么解决问题的关键就是改变这些激励机制。

(三)确立政府购买公共服务项目的措施

1. 确立政府购买公共服务的目录

首先，制定政府购买公共服务目录必须依靠完善的法律法规和政策制度依据。前面提到的广东、北京、上海均出台了政府购买公共服务目录，其政策依据主要体现在两个方面：一是社会工作专业人才队伍建设的整体制度文件；二是政府购买公共服务的政策文件。只有从制度上确立政府购买公共服务的机制、范围、内容和形式，才能使制定的政府购买公共服务目录更加合理、可行。

其次，在政府购买公共服务目录产生的过程中应注重自上而下与自下而上的结合。大部分政府购买社工服务目录的产生都是采用自上而下的方式，小部分的政府购买社工服务目录的产生则是采用自下而上的形式，它是指由政府部门通过“公益创投”等形式向民间征集服务项目，民办社工机构根据自身专业选择项目并做申报。

再次，北京、上海、广东三地现有的政府购买公共服务目录中具有较多的共通性，即通过购买岗位或单项项目形式进行的项目：①运用社会工作专业理念与方法开展的社会公共服务项目；②社会工作专业人才队伍建设中的培养、评价、使用、激励项目；③使用福利彩票公益金购买的，依据其宗旨开展的扶老、助残、济困、救孤四类项目；④专业社会工作岗位。此外，广东省部分城市还进行了购买综合服务项目的实践，即由政府建立街道家庭综合服务中心，并将社区内的多种社会工作服务需求打包交由承接方(即民办社工机构)承担，以家庭、青少年、长者和残障人士等重点人群为核心。

最后，制定政府购买公共服务目录，除依据有关政策制度外，还需结合本地区的实际情况，具体包括：①本地区经济社会发展水平以及财力投入；②本地区政府转移职能要求；③本地区社会公众的服务需求；④民办社会工作机构发展水平及专业服务能力。

2. 确立政府购买公共服务项目的措施

政府相关部门应在编制年度部门预算时，提出拟购买的服务项目(包括项目名称、项目内容、资金预算等内容)，报请政府有关部门审查批准，并报送同级(或上级)财政部门。财政部门依据相关规定对报送的购买服务项目及其预算进行审核，分项编制年度政府购买公共服务项目预算草案，报请人大部门批准后统一纳入行政职能部门预算管理，并纳入部门年度财政综合预算统筹安排。为此，首先要明确政府购买公共服务项目范围的界定原则及标准；其次要进行项目的可行性及必要性方面的论证；还需要在符合《中华人民共和国政府采购法》的基础上进一步明确项目的定价原则、标准及依据、购买方式(公开招标/政府采购、定向委托、邀请招标、竞争性谈判、单一来源采购等方式)及供给机构的选择等问题。

设计出好的政府购买公共服务项目很关键，它是公共财政拨款的依据。政府购买公共服务项目的重点领域主要是人民群众需求较大的公共服务，包括教育、科技、文化、卫生、体育、社会福利、计划生育、社会保障、社区服务等；也可以是政府行政管理中一些事务性工作，包括政策论证、社会调查、听证、评估等。目前可以围绕构建和谐社会的目标，以解决民生问题为重点，明确政府购买公共服务项目的优先领域为社会福利、社会救助、教育、公共卫生、司法矫正、帮教服务、社区建设、残疾康复、劳动就业和职业培训等。

二、制定政府购买公共服务项目工作方案

政府有关部门应当结合工作实际，根据有关规定和批复的部门预算，制定政

府购买公共服务项目的具体工作方案，并报请有关政府机构审议、批准。工作方案的内容主要包括指导思想、工作任务、进度安排、组织领导和保障措施等。同时，要组织建立政府购买公共服务项目的专门领导小组、办公室（工作小组）以及绩效考评专家小组。结合各地政府购买公共服务的实践，工作方案一般包括以下几方面内容。

（一）设定总体任务与要求

制定政府购买公共服务的任务在于转变政府职能，发挥市场在资源配置中的决定性作用，形成符合实际、协调有力、规范高效的政府购买公共服务制度，建立高效合理的公共服务供给保障体系，完善政府向社会力量购买服务机制，培育和发展社会组织，支持社会力量承接政府职能转移，加强政府购买公共服务资金管理，加强政府购买公共服务绩效管理。

总体要求体现为推进政事分开、政社分开，改善民生和创新管理，通过引入市场竞争机制，进一步开放公共服务市场准入，把政府直接向社会公众提供的一部分公共服务事项和政府履行职责所需的辅助性服务事项，按照一定的方式和程序，由市场组织供给，政府根据服务数量和质量支付费用。推动现代公共服务体系建设和发展，建立规范的政府购买公共服务制度，着力提高政府提供公共服务和履行职能的效率和质量，推进服务型政府建设。

（二）规定购买范围

政府购买公共服务范围根据政府职能性质确定，并与经济社会发展水平相适应，包括基本公共服务、社会管理性服务、行业管理与协调性服务、技术性服务和政府履职所需辅助性事项。政府新增或临时性、阶段性的服务事项，适合社会力量承担的，应当按照政府购买公共服务的方式进行。不属于政府职能范围，以及应当由政府直接提供、不适合社会力量承担的服务事项，不得向社会力量购买。

（三）制定基本原则

1. 把握公平透明与竞争择优原则

加强政府购买公共服务制度建设，确保制度规范、统一公开、公平、透明，逐步将政府购买公共服务纳入政府采购范围，公开购买公共服务具体事项和内容，坚持费随事转，以竞争方式为主择优选择承接政府购买公共服务的社会力量，确保具备条件的社会力量平等参与竞争。

2. 做好财政预算，明确权利责任

各级政府负责组织开展本级政府购买公共服务工作。按照财权与事权统一的原则，把政府购买公共服务经费纳入同级财政预算管理，强化预算约束。明确服务购买方、供给方在政府购买公共服务过程中的权利和责任，明确各有关部门在推行政府购买公共服务的职责分工，建立协调配合机制。

3. 注重监管与绩效原则

建立政府购买公共服务绩效评价体系，细化验收标准，强化日常监管考核，确保供给方按照合同约定提高服务的质量和效率，建立由购买主体、服务对象及第三方组成的综合性评审机制。

4. 坚持改革创新和健全机制原则

坚持与转变政府职能、事业单位分类改革相衔接，推进政事分开、政社分开，放开市场准入，凡社会能办好的，尽可能交给社会力量承担，原则上不再增设新的机构和编制，逐步将“养人”支出转向“办事”支出，创新公共服务供给方式，推动政府向社会力量购买服务的健康发展。

(四)设计购买内容

在购买内容部分，对政府购买公共服务的购买主体、供给主体、购买内容与指导目录做出明确而具体的安排。

1. 政府购买公共服务的购买主体

从各地政府购买公共服务实践看，购买主体一般是各级行政机关和经费由财政负担的承担行政管理职能的事业单位。纳入机构编制管理且经费由财政负担的群团组织，可根据实际需要，通过购买服务方式提供公共服务和履行职责所需的辅助性服务。

2. 政府购买公共服务的供给主体

政府购买公共服务的供给主体包括在民政部门登记或经国务院批准免予登记的社会组织，以及依法在工商行政管理或行业主管部门登记成立的企业、机构等。供给主体应具备以下条件：一是依法设立，能独立承担民事责任；二是治理结构健全，内部管理和监督制度完善；三是具有独立的财务管理、会计核算和资产管理制度；四是具备提供公共服务必需的设施、人员和专业技术能力；五是具有依法缴纳税收和社会保障资金的良好记录；六是参与政府购买公共服务活动前3年内无重大违法违纪行为，通过年检、资质审查合格，社会信誉、商业信誉良好；七是法律、法规规定以及购买服务项目要求的其他条件。

3. 政府购买公共服务的购买内容

政府购买公共服务的内容为适合采取市场化方式组织提供、社会能够承担的公共服务和政府履职所需的辅助性服务，突出公共性和公益性。除法律、行政法规另有规定，或涉及国家安全、保密事项、司法审判以及行政决策、行政许可、行政审批、行政强制等行政行为不适合购买，以及不属于政府职能的服务项目外，下列事项可通过政府购买公共服务的方式，从市场组织供给。

(1)基本公共服务事项。基本公共教育、劳动就业服务、人才服务、社会保险、社会救助、社会福利、基本养老服务、优抚安置服务、基本医疗卫生、人口和计划生育服务、基本住房保障、公共文化、公共体育、基本公共安全服务、残疾人基本公共服务、离退休干部服务、职业疗养服务、环境保护、交通运输、服务“三农”等领域。

(2)社会治理服务事项。区划地名管理、社会组织管理、社区事务、社工服务、法律援助、慈善救济、公益服务、人民调解、社区矫正、安置帮教、公共公益宣传等领域。

(3)行业管理与协调事项。行业职业资格认定、处理行业投诉等领域。

(4)技术服务事项。科研、行业规划、行业规范、行业调查、行业统计分析、资产评估、检验检疫检测、监测服务等领域。

(5)政府履职所需辅助性事项。法律服务、课题研究、政策(立法)调研草拟论证、会议经贸活动和展览服务、监督、评估、绩效评价、工程服务、项目评审、咨询、技术业务培训、审计服务、后勤服务、会务服务以及林业、公路、港航、地勘、新闻出版等领域。

(6)其他适宜由市场供给的公共服务事项。

(五)拟定购买程序

1. 编制政府购买公共服务的指导目录

各级财政部门会商有关部门根据本地区经济社会发展水平、政府履职需要及财力水平等因素，制定政府购买公共服务动态指导目录，明确政府购买公共服务的种类、性质和内容，并根据客观实际的变化需要及时调整，将符合政府采购规范标准的服务项目逐步纳入政府采购目录(服务类)中。

2. 编制和审定购买服务计划

购买主体应当根据政府购买公共服务指导性目录，结合本年度本部门工作任务和实际，在编制部门预算时，按照民生优先、先易后难、突出重点的原则，同步编制本部门细化到具体项目的年度购买服务计划，作为部门预算的组成部分报同级财政部门审定。

3. 组织实施政府向社会力量购买公共服务

购买主体根据批复的部门预算及政府购买公共服务项目计划，制定“政府购买公共服务具体项目实施方案”。购买工作要综合考虑购买内容的市场发育程度、服务供给特点等因素，根据《政府采购法》的有关规定，按照方式灵活、程序简便、竞争有序、结果评价的原则组织实施，对符合政府采购竞争性条件的，统一纳入采购程序，确定承接主体；对具有特殊性、不符合竞争性条件的，可以采取委托、特许经营、战略合作等方式进行购买。购买主体与承接主体要及时签订购买服务合同，明确服务供给的范围、标的、数量、质量要求以及服务期限、资金支付方式、权利义务和违约责任等内容，严禁转包行为。购买主体要对服务提供的全程进行跟踪监管，对服务成果进行检查验收。承接主体要严格履行合同义务，按时完成服务项目任务，保证服务数量、质量和效果。

(六)做好资金监管

1. 严格政府购买公共服务资金的预算管理

根据现行财政财务管理制度，政府购买公共服务所需资金是从部门预算安排的公用经费或经批准使用的专项经费既有预算中统筹安排。因政府提供公共服务而增加财政资金安排，必须按照预算管理制度规范要求办理。政府购买公共服务所需支付的资金，由各部门依据购买服务合同按现行的部门预算政府采购资金支付程序支付；也可以根据政府购买公共服务的不同形式，由财政部门审核购买服务合同后采取其他支付方式。对实行购买服务后工作任务减少了的购买主体，要及时调整相关机构设置和人员编制，逐步将“养人”支出转向“办事”支出，避免产生既“养人”又“养事”的“两头占”现象。防止购买主体将本应由自身承担的职责，通过政府购买公共服务方式转嫁给市场供给方承担。

2. 强化政府购买公共服务资金的绩效管理

购买主体要对政府购买公共服务项目实施全过程的绩效目标管理。实施购买前，要认真制定购买服务项目的绩效目标，细化考核标准；项目实施过程中，要对项目进行绩效跟踪；项目结束后，要对绩效目标的实现程度、资金使用、服务质量、协作状况等实行严格的绩效考核，必要时引入第三方实施绩效考核。绩效考核结果作为以后年度财政安排购买服务资金的重要依据。

(七)加强保障措施

1. 切实加强组织领导

各级政府要切实加强组织领导，把满足人民群众日益增长的公共服务需求作为公共服务体制改革的重点，落实政府公共服务责任。地方政府相关部门要按照确定的基本方向和框架体系，抓紧制定相关配套文件，进一步深化政策措施，并做好各项制度、政策之间的配套和衔接，逐步使政府购买社会组织服务工作制度化、规范化和科学化。

2. 做好舆论宣传工作

充分利用电视、广播、网络、报纸等传媒手段，对建立政府购买公共服务制度的重要意义、指导思想、基本原则和主要政策等进行广泛宣传，为推进该项工作营造良好的舆论环境。

3. 突出重点分步实施

全面建立政府购买公共服务制度是一项艰巨的任务，涉及领域广、范围大，要先易后难、由点到面、突出重点、稳步推进。相关部门、各级政府要加强政府购买公共服务的统筹规划，以确保政府购买公共服务工作有序、高效、公平、规范开展。

4. 强化公众社会监督

通过公共媒体及时披露、公开与政府购买公共服务相关的信息，包括服务机构的选择标准、选择结果、考评标准、考评结果等信息，加强公众对政府购买公共服务工作的监督。任何单位和个人有权对政府购买公共服务活动中的违法行为进行检举，相关部门应当依照各自职责及时处理。为政府提供了购买服务产品的社会组织，应依法纳税并将购买政府服务及收支情况主动向社会公开，接受社会和财政、审计部门的监督。

三、选择政府购买公共服务项目供给机构

(一)政府购买公共服务供给机构的范围界定

在政府购买公共服务过程中，供给公共服务的数量与质量标准由政府来确定，政府提供部分或全部的资金支持，制定相关政策，界定服务对象的范围与资格，制定服务的目标与方法，运用市场机制，调动社会组织积极性，保证公共服务的供给。

公共服务的供给可以由政府部门来满足，也可以通过私营组织来提供，还可以由非营利组织供给。不过，三者在承担公共服务供给时拥有各自不同的特点。政府部门最主要的任务是制定政策以及对公共服务的供给进行管理，保障社会公平，提高社会的凝聚力，同时也可以借助自身特有的能力直接提供公共服务；私营组织进行服务性产品生产经营的目的则是为了获得经济利润，着重公共服务供给的效益；而非营利组织不以营利为目的，主要开展各类志愿性的公益或者慈善活动，更受服务受众的欢迎。从国外发展经验来看，品类齐全、结构合理和素质优良的非政府组织是政府购买公共服务的重点选择，代表了社会公共服务改革和发展的方向。

目前我国开展公共服务的非政府组织主要有两种类别：第一类是发起人为民间力量，并且不以营利为目的的非政府组织，其提供的服务面向养老、教育、卫生等领域。这类组织数量不多，实力较弱，如民办非营利学校、医院、养老机构、福利院、文化馆、基金会等。第二类是在政府培育之下成立的非政府组织，这些机构招聘社会工作者，承担社会服务项目，在实际运作中得到政府在政策、经费等多方面的支持。这类组织近两年发展迅猛，尤其东部沿海地区发展速度很快。如深圳市鹏星社会工作服务社注册成立于 2007 年 5 月，是由深圳市民政局培育起来的、深圳市首家为政府和社会提供社会工作服务的民间非营利专业机构。首批以政府购买公共服务的方式招收 31 名专业社工，向深圳市社会福利院、救助站、军休所、慈善会、老龄办及民政局相关部门，如社会福利处、民间组织管理局及社区办，派驻社工，提供社会工作专业服务。鹏星的民间性表现在四个方面：第一，机构完全由个人注资成立；第二，机构的人、财、物与政府无任何关联。政府以购买方式向机构购买社工或项目服务；第三，机构完全自主运作管理；第四，完全采取市场化的方式参与社会竞争。

非营利组织提供公共服务存在明显的优势：第一，不以营利为目的，有很强的使命感，使其相对政府与市场而言，能够做到公平与效率的完美结合；第二，具有极大的灵活性，因而在提供某些公共物品时比政府更具低成本、高效率、灵活多变的优势；第三，更贴近基层，很多非营利组织以社会弱势群体或边缘性社会群体为服务对象，从而解决了很多政府与市场无暇顾及或者不愿顾及的公共服务需求等。因此，在政府力量不足、难以提供多样化公共服务的情况下，发动社会力量，采取政府资助，由非营利组织经办的方法，成为解决公共服务需求的重要思路。

(二)政府购买公共服务选择供给机构的评价体系

政府在选择公共服务供给机构时，应坚持评价和选择步骤、选择过程透明化的原则，建立起一套科学、全面、系统、客观，同时具有可操作性的综合评价体系，将公共服务供给机构的准入过程制度化、系统化、程序化。

1. 准入评价原则

第一，坚持科学性原则。对政府购买公共服务供给机构进行有效评价应遵循科学性原则，科学性是确保评估结果准确合理的基础。首先要以科学的理论为指导，使公共服务供给机构准入的评估指标体系能够在基本概念和逻辑结构上严谨、合理，抓住政府购买公共服务的实质，并具有针对性，能准确反映政府购买公共服务的客观实际；其次，由于评估指标体系是理论与实际相结合的产物，无论采用什么样的定性、定量方法以及建立什么样的模型，都必须是客观的抽象描述，要抓住最重要、最本质和最有代表性的东西；再次，评价指标的选择、指标权数的确定、数据的选取计算等必须以科学理论为依据。也就是说，依据一定的目的来设计政府购买公共服务供给机构准入的评价指标并确定其名称、含义和口径范围等。

第二，掌握全面性原则。所谓全面性是指政府购买公共服务供给机构的准入评价指标体系应能全面、准确地反映其各个方面的情况，综合考虑其服务能力、服务质量、技术水平、合作意愿以及发展潜力等可能影响供应链合作关系的指标，并且能将各个评价指标与系统总体目标有机地联系起来，组成一个层次分明的整体，对公共服务供给机构做出全面、具体、客观的评价。遗漏任何重要方面都会使评估结果出现偏差。

第三，把握系统性原则。所谓系统性是指对政府购买公共服务的供给机构必须采用若干指标进行衡量，指标间相互联系、相互制约，同一层次指标尽可能的界限分明，体现出较强的系统性。首先，指标数量的多少及指标体系的结构形式应坚持系统优化原则，即在供给机构信息尽量充分的前提下，所选指标数目应尽可能少，各指标之间不应有强相关性，不应出现过多的信息包容和涵盖而使指标内涵重叠。既要避免指标体系过于庞杂，又要避免单因素选择，最终要达到评价指标体系的总体最优或满意；其次，系统性原则要求所选指标反映不同侧面且具有代表性，这就要求在坚持全面性原则，从整体上考察政府购买公共服务供给机构的同时，还必须明确考察的重点；再次，设计评估指标体系的方法应采用系统的方法，例如系统分解和层次分析法，由一级指标分解为二级指标，再进一步分解为三级指标，组成树状结构的指标体系，使评价指标体系中各个要素及结构都能满足系统优化的要求。

第四，坚持客观性原则。所谓客观性是指在对政府购买公共服务供给机构进行准入管理时，应确保评价指标体系的来源与依据的客观公正，依照其进行供给机构准入评价的过程、方式具有客观性。它包含两方面的内容：首先，指标体系作为评价载体和内容必须客观，必须由专家设计，且不能随意改变。数据覆盖面要广，以反映大部分人的利益，在具体使用时不能主观随意决定某项指标的取舍。其次，尽可能选用可量化的指标。定量指标精确性较高，有利于客观评价，而定性指标主观判断性较强，受干扰大，与客观性有一定的冲突。因此，指标应尽量以定量为主，减少模糊性。

第五，可操作性原则。所谓可操作性是指公共服务供给机构准入评价指标的设计必须具有可操作性。它包括三个层面的内容：首先，评价指标体系要具有针对性，应该结合评价对象的种类、特点等实际情况来制定，尽量选取具有共性的综合指标，并保持统计口径的一致；其次，评价指标要具有可测性，即评价指标用操作化的语言定义所规定的内容，并运用现有的工具测量获得明确的结论；最后，评价指标要具有现实可行性，也就是针对某一指标是否能够获取充足的相关信息。如果获取相关信息的渠道不畅通，就无法在现实中进行运用。

2. 准入评价要素

以相关文献研究成果及实际调研为基础，对政府购买公共服务供给机构的准入进行全面、综合性评价主要应考虑其供给能力，而供给能力可归结为服务质量、服务价格、服务供给能力、服务柔性、合作能力及发展潜力等 6 个一级指标。这 6 个一级指标还可以分解为相应的二级指标进行衡量。

政府购买公共服务供给机构的准入评价模型共分为三层：第一层为目标层，即政府购买公共服务供给机构的选择和评价；第二层是准则层，围绕衡量政府购买公共服务供给机构的 6 个方面即 6 个一级指标和 18 个二级指标；第三层是方案层，针对多个备选机构，最终选出政府满意的公共服务的供给机构。

在政府购买公共服务供给机构的准入评价指标体系中，公众对服务产品的满意度是首要考虑因素，通常用服务质量、服务价格和服务柔性等指标来评价公众满意度。除此之外，服务能力在政府购买公共服务供给机构的选择中也尤为重要。同时，由于公共服务具有专业化程度高的特点，在衡量服务能力时，需要特别考虑到对政府购买公共服务供给机构的专业技术水平的评价。设置合作能力这一评价子指标，主要是考虑到对政府购买公共服务供给机构的准入评价并不是单纯的公共服务社会化过程中对供给机构的选择这一简单活动，而是属于整个公共服务供应链设计和运行中的重要一环，服务供给机构选择的合适与否，将直接影响整条服务供应链运行的有效性。因此，对政府购买公共服务供给机构与政府之间的合作信任度进行评价是非常必要的。在合作能力评价的二级指标中还设置了政府购买公共服务供给机构的文化融合和服务资源整合能力，这些都是为了更好地衡量政府购买公共服务供给机构与接受服务公众之间的相互关系。

需要强调的是，政府购买公共服务供给机构的准入评价模型是一个一般性模型，对于不同类型的公共服务，针对不同类型的供给机构进行准入评价时，评价要素的重要性会发生相应的变化。例如，如果政府购买公共服务供给机构是非营利组织，一级指标中发展潜力下设的服务利润增长率将不作为重点考察的要素，该因素所分配的权重将很小或为零。

3. 准入评价方法

(1)层次分析法(简称 AHP)，又称多层次权重分析法，是 20 世纪 70 年代初美国运筹学家、匹兹堡大学教授萨蒂提出的一种使用多准则的评估方法。它的基本原理是将决策内容划分为目标、准则、方案等层次，按照问题的特性和预期的总目标，把问题分解成不同的组成元素，根据各个元素之间的相互联系和前后因果关系，构成不同的层次组合，形成多层次的系统评估模型，最后用相对权重系数来确定方案层(具体决策)对于决策层(决策目标)的绝对评分或确定相对的优劣排序，最后做出评估选择。

采用 AHP 方法可以对政府购买公共服务供给机构的准入进行有效评价，进而为政府选择公共服务供给机构提供决策依据。下面给出运用 AHP 方法进行公共服务供给机构准入评价的步骤。

第一步：明确问题，选择相关的政府购买公共服务供给机构。

第二步：建立政府购买公共服务供给机构准入评价问题的层次结构。

第三步：根据层次结构中供给机构准入评价的准则，两两比较并量化构成相应判断矩阵，采用特征向量法确定供给机构准入评价准则的权重，并判断一致性。

第四步：层次单排序，针对每个准则给出各个政府购买公共服务供给机构的评价值，构成每个政府购买公共服务供给机构对应于每个准则的判断矩阵，并计算相应的权重。

第五步：层次总排序，计算每个政府购买公共服务供给机构的综合权重，根据权重的高低作为最后选择的依据。

层次分析法的优点在于可以处理定性和定量相结合的问题，在进行政府购买公共服务供给机构准入评价时，可以将政府意见与政策经验导入模型，并加以量化处理，在保证准入评价模型科学性、系统性和合理性的基础上，使政府能够充分利用其有价值的经验，做出政府购买公共服务供给机构准入选择的最优决策。

(2)模糊综合评价法。模糊综合评价法是一种基于模糊数学的综合评价方法，是对受多种因素影响的事物做出全面评价的一种十分有效的多因素决策方法。模糊综合评价的结果是一个集合，而不是一个点值，它较为准确地刻画了事物本身的模糊状况。

模糊综合评价法也可用于政府购买公共服务供给机构的准入评价，为政府选择公共服务供给机构提供决策依据。运用模糊综合评价法对公共服务供给机构进行准入评价的步骤如下。

第一步：设定政府购买公共服务供给机构准入评价的各级因素。

第二步：确定评价细则，也就是确定评价值(评价因素的优劣程度)与评价因素值之间的对应关系(函数关系)。函数关系的确定可以运用统计的方法，也可请有经验的专家进行打分，直接给出评价值。

第三步：设定各级评价因素的权重分配。要求第一级评价因素的权重之和为1，各级评价因素下属的下一级评价因素的权重之和为1。

第四步：进行综合评价。根据确定的评价因素、评价细则及权重进行综合评议，获得反映供给机构能力的最终评判集，并据此对政府购买公共服务供给机构进行选择。

模糊综合评价法的优势在于能够将一些边界不清、不易定量的因素定量化。在对政府购买公共服务供给机构进行准入评价时，往往会涉及一些难以量化的、由人们的主观判断确定的影响因素。模糊综合评价法根据模糊数学的隶属度理论把定性评价转化为定量评价，具有结果清晰、系统性强的特点，能较好地解决模糊的、难以量化的问题，因此能够对公共服务供给机构的准入资质进行客观、公正、准确的评价。

四、签订政府购买公共服务项目合同

相关部门根据与公共服务供给机构协商的结果，对拟签订的合同内容进行修订和细化，做好签订合同前的相关准备工作。在合同中应当明确双方的权利义务、服务内容、服务期限、项目金额、评估标准、绩效考核办法、付款方式(按照资金支付与服务质量挂钩原则)、违约责任、协议变更及解除等内容。将签订的合同，报同级(或上级)财政部门备案，作为今后拨付资金的依据。购买价格或购买数量超出该项目年初预算时，按财政预算管理审批权限的有关规定办理审批手续。

五、政府购买公共服务项目的组织实施、监管及评估

(一)政府购买公共服务项目的组织实施

政府购买公共服务项目的供给机构应严格按照已签订合同所规定的内容来提供相应的服务，并保证服务的数量和质量。服务项目的购买部门应对供给机构提供服务的全过程进行跟踪监管，及时地发现和解决问题，以保证政府购买公共服务项目的顺利开展。在公共服务供给机构履行合同期间，同级(或上级)财政部门

可会同公共服务购买部门组织绩效考评专家小组和服务受众，对公共服务供给机构履行合同的情况进行考评，并提出相关改进和奖惩建议。

(二)政府购买公共服务的监管与评估

政府购买公共服务项目的评估是对购买全程进行评价和估算，以便为决策提供依据。监管是对购买全程实施监督和管理，以使项目过程符合其宗旨和目标。评估与监管是两种不同性质的工作，有各自的运行规律，但又密不可分，评估为监管提供信息，监管以评估为基础。在政府购买公共服务过程中，评估与监管的基本框架具有共同之处。

1. 主体

政府购买公共服务涉及两重代理关系：一是公民委托政府提供公共服务；二是政府委托社会组织生产公共服务。因此，购买服务中的监管包含两重监管：一是对政府购买方的监管；二是对服务生产者的监管。前一监管的目的是保证购买行为的合理与合法性；后一监管的目的是保证代理人按合同约定正确履行购买意图。据此逻辑，公民基于公民身份拥有最原始的监督权；服务购买方拥有对代理人的监管权；服务接受者对服务生产者拥有监督权。

(1)公民。因为政府购买使用财政资金，所以辖区内全体公民都享有监督权，这种监督权可以通过三种方式行使：一是公民直接批评建议和检举揭发；二是由服务接受者参与项目评估与监管；三是由公民代表和政治代理机构代行监管权。

服务接受者(消费者)对服务的质量、数量和绩效掌握着一手信息，最有资格对服务进行评价和监督。

公民代表由购买领域的实务专家和学者组成，他们可以被吸收到政府开展的评估和监管工作中，比如成为项目评审委员会成员。

政治代理机构是指已经存在的具有监管权力的机关，主要包括党委、人大、政协、司法部门和行政机关中的民政、业务主管、采购管理、税务、审计和监察部门。这些机构在各自业务范围内审查政府购买的合法性、合理性、规范性和经济性等内容。

(2)服务提供者(政府购买方)。购买过程虽然由职能部门具体执行，但涉及发改委、财政、采购管理等多个部门，因此，政府购买方是一个复合主体，它的监管包括服务提供方的自我监管和对服务生产者的监管，自我监管又包括各政府部门的自我监管和相互间的监管。

(3)服务生产者(社会组织)。社会组织既是被监管者，也是监管者。社会组织的监督职责主要体现在两个方面：一是对政府购买方的监督，购买方是否遵守合同、是否尽到了购买责任等是主要监督内容；二是自我监管，社会组织在服务的数量和质量、资金使用、流程规范等方面需进行自我约束。

监管主体间权责关系需依据监管模式加以具体设计，目前国际上常见的监管模式有集中监管和行业监管。如果采用集中监管模式，则需建立专门的监管机构，由其统一领导评估与监管工作，协调各主体间的关系。如果采用行业监管模式，则需在行业主管部门中建立行业监管机构，由其全面负责评估与监管工作。

2. 内容

政府购买需进行经济性评估与监管和社会性评估与监管。前者关注的是政府购买公共服务的经济、效率和效益；后者关注的是政府购买公共服务的公平、便利和充足性。

经济、效率和效益分别指政府购买的成本投入、成本与产出的比例和产出满足需求的程度等情况。对经济、效率和效益的评估与监管主要通过对购买资金使用情况的监测来实现，贯穿整个购买的过程。

公平、便利和充足性分别反映的是政府购买是否平等地满足了服务接受者的需求、服务接受者是否能方便地获取服务、服务是否充分等情况。社会性评估与监管通过对公共服务的惠及人群、服务种类、数量和质量、服务对象满意度的监测来实现。

因购买项目所涉领域不同，需依评估与监管的基本内容有针对性地设计监督内容和评估指标体系。

3. 运行机制

无论采取何种模式、无论工作重点是什么，一些通用的运行机制是任何评估与监管都不可缺少的，它们主要包括：①信息公开机制，通过多种形式实现购买信息公开，建立网络信息公开平台以发布购买信息、项目进展信息、结项和审计信息等，并收集各方评价信息，通报违规处理结果等；②项目审计，以项目为单位，对项目中的人事、财务、流程、财产等情况进行全面审查；③项目绩效评估，以项目为单位，通过事前、事中和事后相结合的绩效评估全面掌握项目的实施情况和效果；④投诉处理机制，建立电话、网络、信访等投诉通道，建立投诉信息核实机制和反馈机制；⑤责任追究机制，根据法律法规及购买合同的规定，明晰政府、社会组织及服务接受者各方的职责，对失责方依法追究责任，并制作责任记录。

政府购买公共服务项目的评估验收。公共服务购买部门会同财政部门根据行业特点，设置评估和验收标准，采取内、外部评估机制相结合的方式，内部由政府主管部门，外部由社会中介组织和服务受众，分别对政府购买公共服务项目的实施情况进行绩效评估和合同验收；评估和验收结束后，同级(或上级)财政部门根据绩效评估结果和已签订的合同规定，确定拨付资金总额和拨付剩余资金。对于服务效果好、超额完成合同规定服务指标的，全额兑付项目资金；对于考核结果达不到要求的，依据合同约定和权责划分来采取必要的追惩措施，扣减其项目资金。这不仅可以提高政府购买公共服务项目的效率和效果，还可以敦促项目的供给机构保持较高的自律性。

第五章　我国政府购买公共服务的运行机制

第一节　政府购买公共服务运行机制概述

运行机制是指在人类社会有规律的运动中，各种影响因素的结构、功能及其相互关系，以及这些因素产生影响、发挥功能的作用过程和作用原理及运行方式，是引导和制约与人、财、物相关的各项活动的基本准则及相应制度，是决定行为内外因素及相互关系的总称。构建政府购买公共服务运行机制，就是针对购买前的需求管理、资金筹措、过程管理、评估与监管、购买流程中的风险，以及购买后的退出等关键环节和重要节点，建立相应的操作规范和遵循原则，目的是推动政府购买公共服务活动和管理规范运作、健康运行，并在实践中建立环环相扣、协调联动、运转高效的工作体系。鉴于政府购买公共服务的管理体制、评估与监管在现实生活实践中占有重要地位，所以已另设章节阐述，本章节只就购买服务的需求机制、风险防控机制进行研究。

一、政府购买公共服务运行机制的内涵

政府购买公共服务作为一种政府通过购买而供给公共服务的方式，其运行机制的主要内涵可以概括为需求管理、政府出资、定向购买、契约管理、风险防控、评估兑现等几个关键节点。

(一)政府购买公共服务的需求管理

从需求管理流程出发，做好公共服务的需求管理工作是厘清购买公共服务底线的起点。第一步，政府部门要做好需求调查工作。政府在购买公共服务之前，要做好需求调查，收集需求信息，重点要考虑评估中的负面清单项目，形成初步的服务需求目录。第二步，政府部门要做好需求筛查工作。需求筛查是对收集的不同需求加以整理，按照财政能力与需求的轻重缓急，对不同需求进行排序，特别是应将民生需求放在优先地位，进而形成公共服务的有效需求。第三步，政府部门对购买的需要程度重新分类，整理出正式的公共服务目录，以便于确定服务

提供机制。政府基于购买需求的公共服务目录是部门预算管理的基础和依据，也是确定购买公共服务边界的保证。

(二)政府购买公共服务的资金安排

在政府购买公共服务的管理模式中，政府作为公共服务的安排者和提供者，其首要任务是根据公共服务的需求和目标，安排用于购买服务的财政资金。政府购买的公共服务应是准公共物品，在购买公共物品的过程中具有引进竞争机制的可能性和现实性；同时，服务具有相对独立性，易于管理和列出质量及数量要求的公共服务项目，往往能成为政府购买公共服务的首选项目。从实践来看，对服务质量与数量的确定往往取决于政府的财力和管理水平。

(三)政府购买公共服务的定向购买

政府购买公共服务的第三个重要环节是选择购买服务方式及确认服务的受益对象。政府购买公共服务的方式主要有合同承包、补助或凭单制等，在合同承包方式下，政府选择提供服务的私人部门或非营利组织并与之签订合同；在补助方式下，政府选择特定的私人部门或非营利组织确定补助方式和标准；在凭单制方式下，政府向有资格的服务对象发放消费券。

(四)政府购买公共服务的契约管理

作为广义上的契约管理，无论是合同承包、补助还是凭单制，政府购买公共服务一方面为公共服务供给提供了多元化的选择，另一方面也对政府的管理能力尤其是契约管理能力提出了新的要求和挑战。这是由于在政府购买公共服务的行为模式中，政府只是改变了生产者的角色，但作为安排者和提供者，政府的管理责任产生了新的变化，而不是弱化。应对政府购买公共服务的操作流程予以规范，如服务的申请(或招投标)、审批(或签约)、提供、评估、结算等程序要做到规范化。

(五)政府购买公共服务的评估兑现

政府购买公共服务中政府是通过需求评估、质量评估和绩效评估，对私人部门和非营利组织提供的服务予以认定并兑现相关费用的。在合同承包和补助方式中，需求、质量和绩效评估主要是由政府或政府委托的非营利组织来完成的；在凭单制方式中，这方面的评估由政府和服务对象共同来完成。

二、政府购买公共服务运行机制的逻辑关系

完善政府购买公共服务运行机制需要处理好以下几个方面的逻辑关系。

(1)在“买什么”的问题上处理好“应该买”“可以买”“何时买”三者之间的关系。从政府购买公共服务的内容来看，可大致分为两种：一种是维护政府机构自身运行向社会力量购买的服务，即政府消费类服务，如印刷、车辆保险(放心保)、会议、软件开发等；另一种是政府通过向社会力量购买面向全社会或特定人群提供

的公共服务，即政府提供类服务，如教育、医疗、社区、就业培训等。确定是否“应该买”，就是要清晰界定公共服务的分类与政府购买边界，根据所购买服务的内容及特点，按照“适合采取市场化方式提供、社会力量能够承担”的原则加以梳理区分，既要有利于推动简政放权，防止“大包大揽”，又要确保政府全面正确履行职能，防止“卸包袱”。确定是否“可以买”，既要经济上可行，即确保包含市场生产成本和政府管理成本的政府购买成本低于政府直接生产成本，又要技术上可行，即费用和收益便于衡量，能够通过签订合同方式进行购买且能够执行，保证政府有能力对合同进行全过程控制，从而进行正确监督与评价。确定“何时买”，既要考虑我国服务业发展相对滞后的市场环境，确定市场上有社会力量可以提供可购买的服务，又要考虑体制环境，在目前可以购买的公共服务多由事业单位提供的情况下，要做好与事业单位改革的政策衔接，确保利益格局调整中的社会稳定。因此，各地可结合地方实际，按照有利于转变政府职能、有利于降低服务成本、有利于提升服务质量水平和资金效益、有利于推进相关领域改革的原则，研究制定政府购买公共服务的指导性目录。

(2)在“如何买”的问题上处理好制度创新与原有政府采购制度规范的关系。政府购买公共服务，是政府以契约形式，将服务外包给社会主体，由其来完成并提供。从国际惯例来看，其购买活动应执行政府采购的法律制度规定。从我国的实践来看，政府机构自身运行所需的服务，大多已按照政府采购法的相关规定执行。而政府外包公共服务，在我国还处于探索阶段，政府购买公共服务的范围主要集中在不涉及体制矛盾和利益调整的养老助残、法律援助、技术培训、扶贫帮困、安置帮教、市政养护，以及一些新增财力安排的民生项目，如文化下乡、河道清淤、老年人保险、环境治理等。虽然我国《政府采购法》对政府购买公共服务并无限制性规定，政府购买公共服务可在政府采购制度框架下进行，但现行政府采购的操作程序和相关管理制度主要是针对货物采购制定的，难以适应购买公共服务的需要。服务需求的多元性及社会发展的非均衡性，决定了政府购买公共服务方式的多样性，也决定了政府必须在依需求进行科学分类的基础上，按照方式灵活、程序简便、竞争有效、结果评价的原则组织开展政府购买公共服务工作。这就要求政府针对服务采购的特殊性，研究制定服务项目采购的操作办法，在购买程序上制定一些“宽免”政策。但这些制度创新必须符合《政府采购法》的精神和宗旨，与现行政府采购制度框架最大限度地保持一致和衔接。可考虑在坚持大的原则不变的前提下，在财政部刚刚颁布的《政府采购非招标采购方式管理办法》(财政部第 74 号令)的基础上，对符合政府采购竞争性条件的，统一纳入采购程序，并允许适当延长项目执行期限，简化采购方式审批程序，改革并实行更为灵活的专家使用和评审制度；对不符合竞争性条件的，允许采取委托、特许经营、战略合作、公共私营合作制(Public-Private-Partnership)等合同方式进行采购。在此基础上，研究制定与之配套的采购周期、合同种类、评价制度，确保服务购买环节的顺畅高效。

(3)在“向谁买”的问题上处理好有效竞争与培育市场的关系。政府购买公共服务的直接目标，是通过发挥市场机制作用，实现公共服务提供主体和提供方式多样化，在促进服务产业发展的同时提升公共服务绩效。但从目前来看，由于长期以来公共服务提供的模式单一，服务业整体水平不高，社会力量发展薄弱，相当一部分政府购买公共服务项目缺乏有效的市场竞争主体。同时，采购人的选择惯性也会成倍放大，将服务合同授予内部或关系单位，造成财政资金“体制内流动”，出现服务提供主体区域性“垄断”或者“一家独大”的局面。因而，推进政府购买公共服务，一方面，要充分尊重市场主体地位，发挥市场机制在配置社会服务资源中的决定性作用，要着眼建立企业、机构、社会组织等各类市场主体充分竞争的交易机制，处理好服务提供稳定性、连续性和服务接续开放性的关系。特别是对于一些容易形成服务提供主体固定化、垄断化的服务项目，如信息系统运维、社区服务等项目，要从机制上研究防止服务提供固定化和垄断化的政策措施，如技术信息开放、拆分项目并限制多项投标等，力求让更多的社会组织和私营部门参与公共服务的提供，从而实现公共服务的有效供给和公共资源的有效配置。另一方面，要着眼于促进服务业发展，加快制定完善事业单位分类改革、培育社会组织和服务产业的相关政策，通过合作激励、信息沟通、行政指导、服务委托等方面的创新措施，着力培育壮大各类服务的市场主体，使越来越多的企业、社会组织和其他机构成为提供公共服务的主要力量和中坚力量，从而保证政府购买公共服务制度的有效实施。

(4)在“买得值”的问题上处理好购买主体、行业管理与监管部门之间的关系。政府购买公共服务工作涉及多个预算主体和行业行政管理部门，也涉及财政工作的方方面面。与货物或工程的政府采购相比，购买公共服务要复杂得多，一是公共服务缺乏市场指标，难以度量；二是公共服务个性化强，服务效果难以统一评测。推进政府购买公共服务工作，必须使政府成为公共服务的精明购买者和公共利益的忠实维护者。首先，必须强化购买部门、单位在需求管理中的责任主体地位。由购买主体结合行业管理的有关要求提出购买服务的需求标准、定价机制等，并积极倡导引入专业机构、科研院所、行业协会等第三方开展对服务需求标准的研究与制定工作。通过建立规范化、标准化的服务标准体系，体现“物有所值”的价值理念，为建立服务绩效评价机制奠定基础。其次，完善政府购买公共服务的管理模式。要按照建立现代财政制度的要求和审核预算的重点由平衡状态、赤字规模向支出预算和政策拓展的改革方向强化政府采购与预算管理的衔接，推动政府采购需求管理与预算经费标准、公共服务绩效标准相结合，形成政府购买公共服务在资金使用过程中的监管合力。进一步加强统筹协调，强化政府采购操作执行与采购需求提出部门在具体工作实施层面的业务衔接，各司其职，相互配合，做好政府购买公共服务工作。最后，按照“过程与实效考核并重”的原则加强履约监督与考评。不仅要重视政府主管部门的评估，更要重视服务对象的评估，还要探索引入第三方评估，如专家团评估、社会专业组织评估、公民评估等。同时，积极研究建立与预算经费指标、需求管理指标相协调的公共服务绩效评价指标体系，倒逼政府购买公共服务实现“物有所值”的绩效目标。

三、政府购买公共服务运行机制的主要原则

政府向社会力量购买公共服务，涉及政府内部各部门之间的协调配合，也涉及政府与社会力量的沟通与合作，还直接关系到社会公众对政府效率以及财政资金使用的评价，关系到人民对政府的满意度。所以，建立有效的全过程管理机制显得非常重要。在政府购买公共服务的机制建设中，既要明确购买关系，完成公共服务的购买与提供，又要建立起完整的管理制度，还必须通过各种措施保障服务达到预期的效果。这一过程中最核心的就是政府对政府购买公共服务实行过程管理，建立起完善的制度体系，并确保管理制度能够得到执行。国务院办公厅《关于政府向社会力量购买服务的指导意见》中对建立健全政府向社会力量购买服务的机制提出了原则性指导，对政府购买公共服务的整个管理流程中的关键因素进行了规范要求，主要内容可以归纳为以下四个方面。

(一)坚持管理机制完备原则

建立健全基本的政府购买公共服务管理机制和制度，是政府与社会组织建立购买契约的制度前提。管理制度与机制的核心是在政府管理体制框架中建立政府对购买公共服务的管理机制、运作流程、购买责任和监管等一系列的规范性制度。建立完善政府与承接主体之间的协作、监督机制是保证购买服务顺利进行的必要前提。购买服务之前要做好管理工作，对政府而言，应结合公民的公共服务需求的迫切程度、开展购买公共服务的条件成熟度、公共服务自身的难度等条件，制定政府购买公共服务的规划，明确改革推进的原则和进程。同时，按照建立健全规范化流程要求，建立起比较完整的组织管理机制、购买工作机制及有关管理制度。要求在开展购买工作之前，向社会及时公开购买计划和要求，公布购买的服务项目、内容以及对承接主体的要求和绩效评价标准等信息。并要求建立健全项目申报、预算编报、组织采购、项目监管、绩效评价的规范化流程。

政府向社会力量购买服务，并非是具体实施购买的某一个政府部门的责任，还涉及相关政府部门，需要推动更多社会力量的参与。仅就政府内部而言，在各级政府的统一领导下，由财政部门牵头负责建立健全购买服务的工作机制和制度体系，做好资金安排、支付和绩效评估工作；民政、工商管理以及行业主管部门协同进行承购方资格审查工作；各职能部门根据其履职需要，具体制订本部门的购买计划，实施购买，并跟踪监管；监督部门对整个购买过程进行监督。各职能部门应各司其职、各负其责、齐抓共管，协同做好政府购买公共服务的工作。

(二)把握购买流程科学原则

购买过程中要对承接主体的确定、合同管理的要求等方面进行规定，要按照

《政府采购法》的相关规定确定承接主体，要求实施购买的政府主体应与承接主体签订合同，明确所购买服务的范围、标的、数量、质量要求，以及服务期限、资金支付方式、权利义务和违约责任等。在购买流程中要把握以下5个原则。

一是政府各部门制定购买公共服务的方案，确定购买内容、购买方式、购买范围、公共服务的要求、购买时间、购买流程以及资金来源、资金支付方式等，经过政府内部各部门的同意，将必要信息向社会公布。单一来源、邀请招标及竞争性招标的，应该及时通知有意向、有条件的社会组织或机构；公开招标的，应鼓励符合条件的社会组织或机构参与竞标。

二是符合要求的社会组织机构根据要求，在规定的时间内提交申请材料，参与购买的竞争。申请材料应该尽量详尽，内容包括本组织或机构的基本情况、人员情况、过去开展业务的情况，本项目的开展计划、实施方案、保障条件、资金安排计划等。

三是政府根据承购申请者提交的材料，通过考核评估等方式，确定承购方，并向社会公示。对于以竞争性谈判和邀请招标方式购买公共服务的，须按照相应的要求组织谈判和评估。

四是政府与承购者签订购买公共服务的合同。合同应该明确双方的权利与义务，明确服务内容、服务要求及政府资金的支付方式等，确定购买服务的有关事项。根据公共服务的特性，合同内容应该有所不同。

五是承购者按照合同开始提供相应的公共服务，政府应该为其活动开展提供便利条件，并对进展过程进行监管。

(三)掌控服务过程规范原则

政府购买公共服务不同于公共物品。公共物品是看得见、摸得着的实物，对它的购买属于一次性行为，只要确保物品价格合理、质量上乘，交易即可完成。而公共服务的购买则涉及运行全过程，不可能一次性完成。公共服务的质量属于软性指标，对它进行考核往往是凭借个人的判断，难以用定量的标准去衡量。同时，由于公共服务的购买主体与消费主体是分离的，服务质量是否实现规定的目标，并没有准确的标准来评判。这些因素决定着政府购买公共服务必将是一个复杂的过程，公共服务的特殊性要求它必须被全过程地管理与监控。

在提供公共服务的过程中，承接主体要有明确的工作计划、规范的工作制度，向公民提供有序的服务。政府部门在执行合同过程中，应按照服务进展，及时拨付资金，监管资金使用情况。财政资金应用于提供的公共服务中，包括工作人员薪酬、开展服务的成本费用等方面，承接主体同时还要保证财务收支清晰合规。

承购主体提供公共服务，并不意味着政府可以放弃自己的责任，政府要做的工作则是加强监督，保证公共服务提供的质量和水平。监管工作分几个方面：财政部门应对社会组织的财务管理状况和资金支出情况进行检查和管理，业务职能部门应该对公共服务提供的具体情况进行检查和管理，而监管部门也应该通过各种方式加强调查监督，避免产生贪污、收受贿赂等情况。

(四)掌握监管规范到位原则

承购立体应按照合同约定，在规定的期限内提供完备的服务，或者完成规定的服务项目。不论哪一种形式的公共服务购买，服务活动结束后，政府都要按照合同约定进行检查评估，依据考核结果支付购买费用。

政府对服务项目的检查评估包括对服务质量的检查考核、对服务效果的调查认定、对资金效益的评价等。根据购买服务的性质差异，检查评估方式应有所区别，但是整体来说应该与最初合同设定的内容相一致。对服务质量效果进行考核之后，政府应出具考核意见，并按照合同约定完成购买资金的支付。这样，整个政府购买公共服务过程才全部完成。社会组织提供公共服务的情况应该被纳入下一年度参与政府招投标项目的先决条件。

第二节　政府购买公共服务需求管理对策

一、政府购买公共服务中的需求方缺陷

在购买服务的过程中，政府要成为一个精明的买家并非易事。从公共服务购买主体的立场分析，政府面临着以下几个方面的困境：一是如何准确而清晰地界定公共服务的属性；二是如何获得充分的公共服务信息；三是如何更好地解决政府购买公共服务所引发的委托代理问题；四是委托代理所产生的监管难度问题怎么克服；五是政府独立性削弱问题如何解决。这些问题本身以及其相互叠加共同构成了政府购买公共服务的需求方缺陷。

(一)公共服务的属性难以准确界定

政府购买公共服务意味着在公共服务的供给上政府越来越少地依赖行政体系的力量，而越来越多地依赖市场和社会的力量。当政府委托社会力量供给公共服务时，面临的首要问题就是为公共服务的购买设定一个科学合理的议程。第一步要做的是清晰准确地厘清公共服务的定义，这是一项基础性工作，所有后续工作的开展都需要以此为基础来进行。从公共服务的属性进行分析，要给它下一个准确的定义并不容易。在现实生活中，对一些有形的产品，如污水处理、垃圾清运、公厕看护、道路保洁、路灯维护等公共服务供给，可以给出相应的定义，也可以通过量化的指标进行衡量与评价。但还有一些公共服务，如教育培训、社区工作、养老服务、公共交通、公共卫生、治安管理、健康照顾等，则具有无形性、专业性、历时性以及动态性特征，要想对其给出清楚而准确的定义则并非易事，相应地，要对这些无形产品的价格、质量、服务标准进行科学而客观的界定难度更大。

这些客观现实无疑会增加政府购买公共服务的风险与难度，使政府购买公共服务政策出现偏差成为常态，政策失灵现象时有发生。

(二)公共服务的信息获取难度大

在通常情况下，完备的竞争性市场会为竞争者提供商品与服务的质量信息，购买者可以按照自己的意愿寻找、比较与选择适合的产品。然而，政府推出的购买服务项目，市场无法提供全面的绩效信息源。政府所购买的项目不可能有十分明确的目标，而且技术上的可能性并不明显，技术专家并不一定全在政府的服务领域，这些因素使得政府独立判断商品和服务质量的能力削弱。绩效信息源提供不充分，在推行公共服务购买政策时政府就无法获取充分的绩效信息，甄别承接主体的资质、信誉与能力就变得十分困难，这势必会造成盲目决策和错误选择。同时，我国政府开展购买服务的实践历史并不长，服务购买市场的发育还不成熟，承接公共服务的社会组织在服务项目的运作中经验十分匮乏。作为一种新生事物，承接主体大多成立时间不长，更别说承接公共服务项目也是首次进行。同样的，不少地方政府也是初次推行政府购买公共服务活动，还有些地方政府甚至不清楚如何注册、管理社会工作机构，更妄论购买服务了。由此可见，无论是政府还是社会组织，在购买公共服务、承接公共服务方面的实践经验都严重匮乏，这些现状的存在无疑加大了获取公共服务信息资源的难度。

(三)委托代理的复杂性导致监管失灵

在各色各类的组织中委托代理是普遍存在的一个问题，同样，政府部门的委托代理问题更具特殊性和复杂性。在传统的公共服务供给中，相关参与者是政府官员、公职人员与受益对象，其相互之间的关系表现为"政府官员——公职人员、政府官员——受益对象、公职人员——受益对象"三种类型。而在政府购买公共服务活动中，服务供给的参与者又增加了承接主体——社会组织或私人企业，这种关系的交互增加为"政府官员——公职人员、政府官员——受益对象、政府官员——承接主体、公职人员——受益对象、公职人员——承接主体、受益对象——承接主体"共六种类型。公共服务供给中的关系数量从过去的三种关系翻了一番，公共服务供给的复杂性随之呈指数式递增。传统的行政体系中，假定政府官员与公职人员忠实于公共利益，而来自市场的承接主体则被假定为唯利是图的经济人。相反，公共选择理论的观点则把政府官员与公职人员均视作追求个人利益或效用最大化的经济人，其目标既不是公共利益，也不是机构效率，而是个人效用的最大化，在政治立场上他们追求自己的最大利益：权力、地位、待遇、名誉等，而把公共利益放在次要地位。英国学者尼斯坎南(Niskanen)认为"代理人运用自己掌握的不对称信息，提供了可能是一个官僚机构最佳规模两倍的物品和服务，而由于物品和服务过度供给所造成的配置无效率或损失，则由委托人来承担"。这就意味着政府购买公共服务过程中增加了委托代理环节，势必会加剧委托代理的复杂性，委托人与代理人之间产生利益冲突、信息不对称、政府公职人员的自利性等问题对购买服务的监管提出了挑战，不仅会增加监管难度，还会导致整个购买过程失败。

(四)多重代理导致价值目标的错位

传统模式下公共服务过程的完成是在行政体制框架下进行的，将公民的服务需求纳入政治系统中来考虑，通过行政机构的决策与命令向公民提供公共服务，借助反馈意见来改善服务。而在政府购买公共服务的政策框架下，公共服务的提供不再由行政机构来完成，而是由政府通过公民利益代言人与服务承接主体的身份，向服务市场提出购买需求，与承接主体签订服务合同，由承接主体满足公共服务需求。

政府购买公共服务的实践过程看似设计合理，但这种多重的委托代理关系极易产生价值目标的错位，原因在于“合同的激励机制驱使承包商不仅要迎合合同所设定的目标，而且要迎合确定承包商是否完成目标的政府官员。虽然公民是服务的终端消费者，但承包关系中的‘顾客’却更多地倾向于合同的管理人员而非公民”。也就是说，承接主体在这一过程中可能会想尽办法满足政府官员的偏好与需求，而忽视受益群体的需求。还有实践表明，政府购买公共服务的动因是复杂多样的，改善服务绩效并非唯一目标，也可能是由于地方官员过于强调购买服务的优点，为博得他们的满意而没有过多考虑公民需求。当把购买服务作为一种目标而非手段时，承接主体所采取的有意识或无意识行动则极易“打着支持购买服务的招牌”而事先做好安排，节约购买服务成本、提高服务水平、公平竞争过程、公民满意度则不再重要。这种现象在实践中并不鲜见，如江西的扶贫试点项目，政府对该购买项目的关注并不在于项目效益，而是对“象征意义的追求远胜于试点工作的实践”，购买不是一种政策工具，而是一项“政治任务”。价值目标的错位必然导致购买服务结果偏离“服务绩效的改进和提高”。

(五)政府独立性的削弱导致主权丧失

在政府购买公共服务过程中，横向平等合作的网络体系替代了传统体制下的纵向权威控制的官僚等级体系，这使得政府公共管理能力受到了有力挑战。因为“传统的等级官僚体系天生更稳定和更有利于管理，而更易变化和对外部震动的缓冲能力更弱的网络是更难以管理的”。政府购买公共服务本身蕴含着政府部门把公共服务的供给权利委托给了社会组织部门，便于社会组织更好地发挥自身的知识、技术、信息优势，进而政府退出服务的生产，专注于服务的规划及合同的制定、执行、监督与评估。随着大量的公共服务购买活动实践的展开，公共服务的提供越来越多地转移给社会组织，依靠合同机制的运作，政府正在不断地削弱自己的权利，在公共服务提供中对社会组织的依赖性越来越强，失去了应有的独立性。这种现象已经引起社会的担忧，批评者认为，随着越来越多的公共服务被外包出去，政府主权正在逐步丧失，正面临着“空心化”的危机。

二、政府购买公共服务需求管理的过程

需求管理是针对现存的需求方缺陷，解决如何提出科学合理的需求与标准问题。服务需求问题处于政府购买活动的龙头地位，位于这项活动的起点，同时也影响和决定着后续的购买方式与绩效评价。要制定合理的服务需求与服务标准，就要对公众的需求进行调查、论证、评估，确保购买的内容贴近民众，符合当地的经济社会发展水平。

（一）如何确定“是否应该买”

确定政府购买公共服务项目应把握以下原则：

一是可市场化，即适合社会力量提供，且社会力量能够提供。要明确界定哪些服务适合社会力量提供，首先就要界定政府与市场、政府与社会的边界，划定必须由政府履行的职责，从而为政府购买公共服务划定边界。

二是经济可行，即购买成本低于政府直接供给成本。购买成本应当包括市场供给成本和政府管理成本，政府管理成本主要包括承接主体的选择、合同签订、合同履行及监管所发生的费用等。在此前提下，再综合考虑各种因素，做出是否购买的评估结论。

三是社会净福利增加，即服务项目通过购买方式提供，经济成本虽有可能提高，但可大幅度增加社会净福利。

（二）如何制定“买的标准”

在政府购买公共服务推行初期，无论是购买公共服务项目的确定，还是购买服务需求标准的制定，都应由购买主体根据民众需求提出，同级财政部门根据财力状况进行统筹论证。根据基本公共服务均等化的要求，当某项购买服务事项在全省推开的时候，则可以由省级“顶层设计”制定服务需求标准，并根据地区财力差异设计转移支付，逐步构建起全省政府购买公共服务标准体系，提高公共服务质量和均等化水平。

（三）厘清“买的重点及顺序”

购买服务应重点突出公共性和公益性，优先购买与民生直接相关的基本公共服务和社会管理服务事项。同时，应在城镇化快速推进形势下，将城乡公共服务需求格局的变化作为重要考量因素。一方面，依据常住人口变化情况，加快城市公共服务扩容，优先考虑通过购买方式解决，如向民办学校购买义务教育学位等；另一方面，准确把握新形势下农村公共服务需求变化，如农村社区服务、留守老人养老服务、留守儿童教育等，也可通过购买服务方式解决。

具体工作中，需要对政府购买公共服务项目进行分类梳理，并分层次、分步骤推进。

一是对于上级部门有明确要求以及本地或外地试点成熟、可即刻在面上推开

的项目，在全省范围内加快推广实施。

二是对于政府新增的或临时性、阶段性的服务事项，凡适合社会力量提供的，原则上都应采取政府购买公共服务的方式进行。

三是对于社会力量供给能力已具备，但尚由事业机构提供的项目，加快推进事业单位改革，并改为通过购买服务的方式提供。

四是对于目前由政府直接提供但效果不佳、迫切需要转变方式但培育社会力量尚需一定时间的项目，加快引导相关领域社会力量发展，尽快达到可市场化条件。

(四)如何确定“买什么”

首先，建立双向互补的需求征集制度，即购买主体自上而下的需求征集制度和社会组织自下而上的需求反馈制度，充分掌握群众需求。其次，加强购买服务需求论证。通过合理的论证机制，确认服务项目是否的确为履行公共职能所需要以及是否为社会公众所急需。同时，通过对需求的整合与规划，避免在部门内部、多部门之间重复购买。

三、政府购买公共服务需求机制的关键环节

政府购买公共服务的首要任务与核心要义是政府以合适的成本购买到公众需要的服务。要确保政府购买公共服务的目标顺利实现，需要从需求管理这一源头着手，从三个方面取得突破。

(一)合理的需求说明是基础

购买主体前期需要做好需求调研、标准细化与动态管理等方面的工作，目的是准确地描述购买服务项目的标的、种类与功能。在通常情况下，购买主体提出购买需求，但在政府购买公共服务实践中，存在着种种不合规现象。如有购买主体采取“拿来主义”，把以往的服务项目需求加以修正后作为下一次的购买需要，而不认真做项目的深入论证，由购买主体邀请合作过或相熟的供给主体协助完成，更有甚者由供应商直接代劳。显然，靠这种方式提供的购买需求带有很强的倾向性，难以准确、完备地反映公众的需求，也会给后期的项目执行、评估带来隐患。为此，就要从以下方面着手进行。

1. 前期调研

政府购买公共服务的首要任务是以需求为导向，厘清广大公众的共同需求。为此，公共管理部门必须开展大量的调查研究，了解居民遇到的现实问题，获取人们的公共需求。在新出台的《中华人民共和国政府采购法实施条例》中明确规定，为推进和规范政府向社会力量购买服务工作，政府向社会公众提供的公共服务项目，应当就确定采购需求征求社会公众的意见。除因技术复杂或者性质特殊而不能确定详细规格或者具体要求外，采购需求应当完整、明确。必要时，应当就确定采购需求征求相关供应商、专家的意见。例如，对于城市社区来说，组织社区

单位参加座谈会，了解他们与社区有关的需求，根据社区分化情况对不同居住区的社区居民进行实地调查和问卷调查，以把握他们的需求，为此应将现有的“自上而下”的公共服务提供机制转换为“自下而上”的公共服务机制。要充分注意公共需求变化对政府的公共服务、公共管理提出哪些现实需求，并由此作为公共服务、公共管理建设的基础。公共需求是一个动态概念，取决于生产力发展水平和一定历史时期人们的物质和精神生活水平，公共服务指标的设定应以人们的物质和精神需求为前提，从了解、调研公众需求的方式来讲，越来越体现为开放的公众参与和协商机制。

2. 参与式预算

政府购买公共服务项目大多无法精确量化，对服务项目的价格标准、质量要求难以做出明确规定。需求的合理性与标准的细化密不可分，这需要从需求标准及政府购买公共服务预算两方面共同推进。为规范政府采购活动，我国设立了标准和制度，但因尚处于起步阶段，一些制度和规定难免较为笼统，不够细化，特别是对于公共服务项目没有统一的标准与规定。如何细化需求的配置标准呢？公民参与预算管理是一种比较可行的做法。自 21 世纪初以来，一些地方政府在有限的范围内低调而且拘谨地尝试参与式预算的探索，如今已逐渐成形，如浙江温岭市、江苏无锡市、黑龙江哈尔滨市、上海闵行区、河南焦作市、四川巴中市白庙乡、安徽淮南市、广东佛山市顺德区等。参与式预算是一种民众能够决定部分或全部可支配预算或公共资源最终用处的机制和过程。在这种创新的决策过程中，公民直接参与决策，讨论和决定公共预算和政策，确定资源分配、社会政策和政府支出的优先性，并监督公共支出。参与式预算的最初目的是将弱势群体吸纳进决策过程，通过公平分配资源、激励行政改革和监督行政官员，促进公共学习，提升民众积极公民权，消除社会排斥，实现社会公正，推进政府管理体制改革。在决策过程中，通过参与各种会议，公民能够获得分配资源、确定社会政策优先性，以及监督公共支出的机会。在这种直接、自愿和普遍参与的民主过程中，人们能够平等讨论和决定公共预算、各项政策。

3. 动态管理

当下，产品和技术都不断推陈出新，社会经济、公共需求和国家政策也都在不断发展和持续变化。相应地，政府购买公共服务的需求也绝非一成不变，因此应对其施行动态管理，尽可能地考量技术、市场、社会的进步所带来的相应变化。对此，既可对历年购买公共服务的最佳周期进行动态分析和比对，也可以广泛收集公众的需求变化信息。政府领导和部门工作人员要像企业搞市场调查一样搞社情民意调查，要科学地设计调查方案，明确每一次调查的目的，珍惜每一次调查的机会，选择代表性的调查点，而不是“走马观花”、光听汇报，要有强烈的发现问题和解决问题的意识。同时，要畅通公共需求得不到很好满足的信息表达渠道，充分发挥现有表达渠道的作用，鼓励群众充分表达。只有在广泛收集信息的基础上，才能使政策设计更有针对性，公共需求的动态满足才更加有效。

（二）全面的需求论证是保障

《四川省政府采购项目需求论证和履约验收管理办法》明确规定，需求论证是指政府采购预算批复后，政府采购活动实施前，为实现采购目标，对采购项目的采购需求进行论证的行为。决策失误所造成的浪费是最大的浪费，前期通过明确责任主体、必要功能分析、拓宽论证渠道、购买需求论证，有助于实现“物有所值”的采购目标，有助于政府采购资金的使用效益最大化。

需求论证要处理好两个关键环节：一是要明确责任主体。政府购买公共服务要落实好购买需求的主体责任，如安徽省蚌埠市在《政府采购需求编制指导意见》中对购买服务的责任主体地位做了具体阐释，指出采购人是政府采购需求编制的主体，主要负责需求的提出、调研、论证、编制、评价等事宜，并对政府采购需求的合理性、合规性承担责任；集中采购机构则根据采购人的委托参与政府采购需求的编制工作。二是要做好必要的功能分析。在强化需求编制主体责任意识的同时，还要对购买需求进行必要的功能分析，这也是政府购买公共服务从被动性“程序管理”转为积极主动“需求管理”的一个重要表现。马克思和恩格斯把人的需求分成生存、享受和发展三个层次。我国目前正处于从生存型社会向发展型社会过渡的时期。伴随着经济社会的不断发展，中国公民安全型需求、享受型需求和发展型需求在不断增长，这种需求变化带来了公共服务需求的变化，要求政府不仅要提供充足的公共服务，而且要提供优质的公共服务。

需求论证可以依据政府购买公共服务项目的具体情况，由不同的购买主体来组织项目需求专家论证工作。具体包括如下方式：一是由负责服务项目的购买单位自行成立专家小组进行论证，建立购买需求专家论证机制，实现专家身份由“法官”向“人民陪审员”的转变，将专家的作用由评标过程前移至购买服务需求的确定环节，可以说这是把好政府采购的“第一关”。主要从专业技术角度对项目进行论证，如项目所采用方法的可行性、项目实施后的受益面等。二是公共服务类的购买项目，可通过听证会、民意调查的方式在全社会范围内征集意见，让利益相关方通过公开有效的渠道助力采购需求论证。也可以将论证事项及结论以网上发布的形式进行预公示，或邀请供应商代表与专家一同商议和论证项目的需求，以有针对性地听取供应商的意见，因为一些潜在供应商在说服力、项目熟悉情况及行业前瞻性方面具有一定优势，往往掌握了有效实现需求的方法和路径，对于需求的论证和完善可以起到积极的推动作用。另外，参考和对比分析其他部门单位的采购需求项目方案，同样有利于论证采购需求的科学性、贴切性和可行性。三是在购买需求基本确立、招标文件初步完成后，预留时间，由潜在的承接主体对招标文件提出建议，然后由采购中心组织专家小组会同购买部门进行论证，主要对潜在承接主体提出的建议进行评价，决定取舍，以进一步完善招标文件。四是将上述步骤进行整合，全面系统地依据论证内容对购买需求进行论证，形成完整的论证报告。论证的内容主要针对招标文件中投标人条件、评审办法、用户需求、合同条款、投标人须知等部分，从严谨性、清晰性、简洁度、公平性、完整性等方面进行论证。

组织专家论证时还要注意以下几个方面：一是明确专家的组成和产生办法。明确专家的组成和产生办法，是决定专家论证成败的一个重要环节。专家的学术水平必须与所论证项目相适应。专家必须与被评审项目没有利益关联。可以考虑由采购人自己聘请专家，无须在政府采购专家库中产生，而只将论证专家资料及结论备案。二是建立有效的专家约束机制。由于专家群体身份的特殊性，特别是其在参与采购环节技术论证时往往是以个人身份出现的，由此能对其施予的约束往往有限，少数专家可能做出有违职业道德的评判，因此，为了最大限度地规避这种不良现象，加强对专家参与论证行为的监管就尤为重要。可以采取违规退出机制以及不良行为曝光机制来进行监管，尤其是后者更为有效，因为专家个人往往会对其声誉更为看重。三是增加公示环节，加大透明度。对专家论证结果进行公示，特别是对重大采购需求专家论证结果予以公示，是加大政府采购透明度、维护政府采购权威性的有力举措。

(三)高效的需求整合是关键

从长远来看，需求的整合，要更多地依靠采购需求的标准化建设，这要求在预算管理、平台建设、需求表达、信息统计等环节都注重细化标准，并达到统一。需求的整合，要通过电子平台、部门协作和标准化建设这三方面来实现。

目前，我国的政府采购存在业务需求不规范、信息资源难共享、重复建设等问题。《中华人民共和国政府采购法实施条例》第十条“国家要实行统一的政府采购电子交易平台建设标准”的规定，恰恰反映了我国亟待建立全国互联互通的政府采购管理交易系统。通过互联网的信息集散与交互功能，可以实现专家远程参与需求论证，能够更加优化与筛选某些简易项目或同类项目的需求，避免重复采购，价格和效率优势明显。

未来的需求整合，要在加强部门分工与合作的过程中，明确任务与职责的划分，无论是采购部门内部的协作，还是采购人与采购代理机构的协作，都要加强任务定位和业务衔接，防止相互之间出现越位、错位以及缺位等不作为现象，或者是地方保护等情况的发生。

从长远来说，需求的整合，要更多地依靠采购需求的标准化建设，这要求在预算管理、平台建设、需求表达、信息统计等环节都注重细化标准，并达到统一。因为如果没有标准化做保证，需求整合的效率潜能就很难被激发，甚至会陷入混乱无序之中。

未来借助互联网技术、各方合作及需求标准化建设，能归并整合一定区域内的政府采购需求，并通过需求的整合，促成真正意义上的规模化、集约化采购，提升政府采购市场的吸引力，增强竞争力，更好地发挥其调控社会经济的政策性功能，实现经济效益和社会效益的双丰收。

第三节　政府购买公共服务的风险防控对策

在全国范围内推广政府购买公共服务是一项前所未有的重大改革，经验不足、购买方与承接方地位的不对等、监督机制缺失、标准的模糊、社会组织能力制约等，都会给政府购买公共服务带来各种各样的风险，从而导致很多社会服务购买项目合作无法持续，最终影响社会服务的有效供给，若处理不好，政府购买公共服务就可能成为一个问题多发领域。

一、政府购买公共服务的主要风险

近年来，全国各级地方政府通过实施政府购买公共服务，在社会养老、公共卫生、健康照顾、社区管理、社区矫正等多个方面探索出了新经验，取得了初步成效。通过政府购买公共服务，既把政府有效解放了出来，促进了政府职能的转变，又推动了社会组织的发展，提升了市场化经营管理能力。但是，也应该看到，政府服务购买的过程包含了政府、服务承接组织以及服务第三方协商、谈判、妥协互动的行为，甚至是与政治、经济、文化、技术相关联的活动，这些行为的后果都存在不确定性。因此，风险伴随政府购买公共服务的整个过程，项目建议、可行性研究、购买方案设计、方案评估、招标程序、合同管理、融资、服务监管等每个环节都会存在潜在的风险(不确定性和可能性)。从具体环节来看，主要有以下几个方面。

(一)决策方面

1. 服务项目甄选以及垄断风险

目前，我国尚没有政府购买公共服务的统一法律法规可以遵循，尽管全国几乎所有的省市区政府按照中央的文件要求制定了具体的实施意见和购买服务目录，将政府购买公共服务列入公共资源市场化配置范围，但从具体操作上看，缺乏详尽的购买目录清单造成了政府购买公共服务的不规范和随意性。例如，政府购买公共教育、社会救助、基本养老服务、环境保护等基本公共服务事项，社区事务、社工事务、社区矫正等社会管理服务事项，以及行业管理与协调事项、技术服务事项等，只是经过了省、市、县、区政府部门的一些行政决策程序，并未从法律、公共管理等方面进行科学谨慎的分析，也未向专家、群众征求意见和举行听证等，造成政府购买公共服务存在较大的可行性风险和效益风险。提供公共服务的生产者不仅限于非营利组织，企业也是提供公共服务的主要力量。随着政府购买公共服务的持续发展，企业等营利组织也成为政府购买的主要对象之一。由于受到传统体制的影响，我国公共服务生产者的提供能力还很有限，不足以满足政府购买的要求。目前政府容易倾向于把公共资源集中在一个或几个发展相对成熟的机构上，公共服务生产者非常容易形成垄断，在竞争力不足的情况下，垄断的风险很大。

2. 资金成本风险

政府购买公共服务的成本核算并不像购买物品那样简单，对它的核算十分复杂，既要核算显性成本，包括招标价款、人工费用、监督费用等，还要计算隐性成本，包括腐败成本、机会成本、不确定成本等。从一些地方政府购买公共服务的实践来看，在成本核算方面更多的是参考其他地区的经验做法，对成本特别是隐性成本的估算不足。相反，发达国家在公共服务成本的核算方面值得借鉴。美国政府在控制成本方面最为突出的地方在于实施合同的精细化管理，在美国联邦政府采购条例中，政府将采购合同进行了精细化分类，合同实施过程前采购机构会对中标条件、采购风险、市场状况、竞争因素、对象适用范围等进行详细调查和比对。联邦政府采购条例中详细规定了六种合同类型，即固定价格合同、成本补偿合同、激励合同、不确定供货合同、基础协议。与发达国家相比，我国不少地方政府在核算购买服务成本时存在较大的漏洞，这会对购买服务造成冲击。

3. 市场运营风险

公平充分的市场竞争是政府购买公共服务长期顺利进行的重要保证，也将决定政府购买公共服务的质量和水平。但是，由于市场发育不充分，往往在选择承包商方面会面临选择对象不多，甚至无从选择的局面，从而埋下了竞争不充分的隐患。如环卫保洁市场化改革，由于本地缺乏具备承接能力的企业和社会组织，只能引进其他区(县)或者城市的环卫企业，一旦这些企业合同期满不干了，就会出现环卫保洁的服务断档。而居家养老服务、检测评估服务往往只有一家竞标商，存在定向委托的风险，长期“一股独大”不利于形成有效的市场竞争，不利于形成优胜劣汰的动态调整机制，很可能会导致公共服务水平的下降。

(二)实施环节

1. 合同管理风险

政府购买公共服务的核心环节是合同管理，它是政府购买公共服务成败的关键。合同管理是否成功，取决于是否制定了科学的合同细则、约定清楚的合同权责、规范清晰的合同纠纷规则。政府购买公共服务涉及政府、承接主体与受益群体，政府与承接主体之间的关系体现为一种委托代理关系。

委托代理关系遇到的首要风险源于承接主体不充分问题。在政府购买公共服务领域，我国与发达国家相比起步晚，公共服务市场机制不健全，供给市场主体发育不完善，尤其是志愿性组织的发展更是远远滞后于公共服务市场化趋势的增长。有些政府想要转移的公共服务项目只有少数组织可以提供或者根本找不到卖家，出现供应商垄断，或供给缺乏的局面。

委托代理关系面临的第二个问题是激励不足或激励偏离问题。承接主体具有自己独立的利益，不会完全将政府的目标认同为自身的目标，二者之间的差异会导致激励不足和有违政府组织利益的行为。通常购买合同反映了委托人与代理人在对交易关系中的贡献和诱导做出协商后形成的平衡，即委托人承诺以特定价格购买公共服务，而代理人承诺在该价格上提供特定公共服务，但是这样的服务合同常常不足以实现委托人与代理人利益的完全一致。代理人可能发现各种形式的怠工能够获得自身利益最大化。利益冲突的问题无法根本解决，政府作为委托人，能做的就是坚持不懈地健全和完善激励机制，促使合理恰当的利益分享与风险分担的机制在双方之间形成。

委托代理关系中存在的第三个问题是信息不对称。这在政府购买公共服务中是非常普遍的，专业知识的缺乏、服务质量的软性指标、环境因素的影响难以界定，服务合同造成的信息梗阻和承接主体可以采取投机行为、隐瞒真实信息等，这些因素都可能使政府由于无法准确把握承接主体的具体行为而难以对其实施有效的管理和控制。信息不对称导致政府的错误判断，在寻找承接主体时出现“逆向选择”，还会产生“道德危害”。

政府购买公共服务过程中政府作为购买主体与承接主体之间信息不对称和有限理性以及公共服务的不确定性，导致了服务合同中的代理问题，表现为合同双方会有利益冲突，会出现逆向选择和道德风险，还可能产生高昂的代理成本。针对政府购买公共服务过程中代理问题的应对之策，委托代理理论提出了要有良好的服务合同设计，通过详细的服务合同条款，以约束和激励代理人，也就是对服务合同文本的管理；同时，通过服务合同双方信息共享以解决信息不对称的问题，建立长期合作伙伴关系而不仅仅是一次性或短期购买关系，解决利益冲突，即是对服务合同关系的管理。合同关系管理与合同文本管理便构成了服务合同的管理机制，从而改善服务合同的管理绩效。

2. 政府人员寻租风险

腐败存在于诸多领域，政府购买公共服务也不乏寻租风险。国务院办公厅《关于政府向社会力量购买服务的指导意见》要求，“购买工作应按照《政府采购法》的有关规定，采用公开招标、邀请招标、竞争性谈判、单一来源、询价等方式确定承接主体”，确定了多种采购模式。公开招标规范性最高，但在“审批关”“招投标关”“公告关”中都存有漏洞，成为一些不法分子中饱私囊的“幌子”。邀请招标、竞争性谈判、单一来源、询价这四种方式，使购买服务方的自由裁量权越来越大，意味着产生腐败的空间也越来越大，受贿、吃回扣、虚表报价，某些世界观、权力观、事业观不端正的政府人员和承接方“共谋”赚取差价等各种不法行为都可能产生。一些政府官员往往会趁机以权谋私、贪污腐败，而部分不法承包商特别是实力不强者，更是会想方设法拉其下水，以期达到中标谋利的目的，当然“羊毛出在羊身上”，这些费用都将包含在合同价格中。因此，一旦政府人员存在寻租风险，就会导致政府以过高的价格选择实力不强的承包商的风险；同时，政府人员如果被“买通”，在过程监督中往往也是睁一只眼闭一只眼，最终损害公共利益，违背政府购买公共服务的初衷。

（三）监管评估环节

监督评估阶段的风险源于服务产出评价的“困难性”以及评估队伍建设的滞后性。

首先，风险表现在服务产出的无形性。作为公共服务，其产出的表现形式是无形的、难以准确测量和量化的，公共服务的受益主体与购买主体是分离的。政府在对所购买的公共服务进行评估时，受专业水平所限，又缺乏专业人士和第三方机构的监督，以及服务效用的享受主体与政府的不一致，加之目前政府部门事务繁杂，监管往往流于形式，效果不佳，导致难以做到评估的准确性与有效性。不少地方政府受主客观条件所限，把更多的精力放在前期对购买服务项目的选择以及确定公共服务承接主体方面，对于后期的监管显得力不从心，对政府购买公共服务的过程监督检查力度不够。这样容易诱发个别承包商损害服务对象权益，也影响政府购买公共服务的预期成效。

其次，风险体现为服务质量不高以及对公正性的挑战问题。政府购买公共服务是一项系统工程，在实际运营过程中能否保证质量和公正取决于各方的共同努力。在购买实践中，承接主体往往希望以尽可能低的投入争取到尽可能高的利润。例如，政府购买环卫保洁服务，部分承包商会出于成本因素，不愿意清扫保洁背街小巷等机械车辆无法进入的区域，用以规避人工清扫的高成本，在某种程度上会产生服务质量不高的风险。再如居家养老服务项目，部分机构往往愿意选择家庭经济实力较好、能够消费得起高服务费用的老年人，这些群体对工作的配合度较好，能够出现明显的效果；而对于那些家庭生活情况一般的、经济实力较差的群体，如果个人素质不高，工作不太配合，机构往往不乐意为他们服务，客观上就出现了服务公平性缺失的风险。

最后，风险表现为评估队伍建设的滞后性和评估质量问题。由于地方政府购买公共服务的“第三方”评估机制建设刚刚起步，所以评估力度和评估水平亟待提高。评估结果遭遇“难产”风险，难以确认公共服务直接提供主体的生产能力，政府购买公共服务的有效性难以保障，无法发挥公共服务市场的竞争淘汰优势，自然就难以促进公共服务供给水平和供给效率的真正提高。评估队伍建设的滞后直接表现为评估过程与结果科学性不到位。推行政府购买公共服务，是政府自身肩负的责任，是政府代表人民履职的体现，最终目的是让人民群众享受到高质量的公共服务。但从实践上看，不少地方政府购买公共服务的评价基本是以政府考评为主，未将群众的评价纳入其中。如养老服务的评估，一般是购买主体召集专家学者、政府部门工作人员组成评估小组，对专业养老机构开展居家养老服务的期中、期末评估，日常监管几乎不存在，而且在评估中并没有吸纳受益群体的考评意见，这些都容易出现评判失真，影响对政府购买公共服务的科学评判以及后续改进。

二、政府购买公共服务风险形成的成因分析

(一)决策方面的成因分析

1. 法律界定的购买范围不明晰，承接主体缺乏竞争力

造成在甄选服务项目上的风险以及垄断风险的原因，一方面是政府购买公共服务的范围缺乏明确的法律规定，另一方面是我国公共服务的承接主体发展滞后，绝大多数社会组织提供大规模优质服务的能力比较欠缺。政府购买公共服务在目前仍处于初步试验阶段，法律法规制度并不完善。在《政府采购法》中，并没有详细阐述和规定政府购买范围。政府没有按照既定的时间程序来提供公共服务，或是政府在提供本应该由市场提供的公共服务，以上这些问题是由没有详细法条造成的。所以，应该把政府购买的范围通过法律的形式明文规定，这样才能防止因范围界定的法律缺失而产生的购买风险。

虽然我国的社会组织经过几十年的发展，已经具有了一定基础，但相对于企业和部分事业单位而言，在规模、层次和质量上，仍然属于弱势。特别是在欠发达地区，这个问题就更为突出，真正能够承接政府购买公共服务的主体普遍十分不足。近些年新成立的不少社会组织为响应党和政府的政策而成立，多存在人才数量少、专业人才缺乏、管理经验不足、提供公共服务的能力较差等问题，在资金运作上过于依赖政府的财政支持，缺乏应有的独立性。现实实践中，新近注册的社会组织，获得政府的支持并不多，只有少部分成立较早的机构因有政府的早期支持才有所发展。目前，政府趋向于把优质资源集中在一个或几个发展相对成熟的机构上，便于政策能够得到较好的启动和推行。长期推行这种单一政策，尤其是某些社会组织与政府建立了长期合作关系，垄断局面极易出现，理想化的竞争格局则不易形成。

2. 政府缺乏成本控制意识

产生资金成本风险的原因在于政府部门缺乏成本控制意识。能否有效节约供给成本是衡量政府购买公共服务行为的核心指标。我国自 2003 年实施政府采购以来，集中采购给政府节约了大批财政资金，取得了积极的效果。但是，现阶段的政府采购价格虚高情况仍比较普遍，根据社科院针对广东、黑龙江、江西、福建四省共计 11 万多件办公用品调查的结果显示，一些地方政府在采购办公用品过程中，近 80％的办公用品价格高于市场价格 1～5 倍，有的甚至高于市场价 6～37 倍。这些调查结果表明，我国政府采购成本依旧有很大的降价空间。办公用品作为一种可以定量测量的实体物品尚且如此，而公共服务的软性产品更要有科学的控制方法。究其原因，多是因为政府没有清楚的成本核算清单。首先政府缺乏成本控制的意识；其次针对购买的公共服务的成本价格未和承包商的市场价格进行充分比较；最后，政府没有进行内部供给的成本核算。

3. 政府购买公共服务行为偏离公共利益

产生市场运营风险的原因在于政府购买公共服务的行为偏离公共利益。政府以公众的名义，集体行使公众所委托的权力，同时公众又以政治参与的形式，把个人对公共服务的要求相应地传达到行政机关，行政机关再依据社会公众期许和要求向社会购买，以此来提供相应的公共服务。从中可以看出，政府既然是社会公众的权力代理人，那么就必然要求其与社会公众保持一致的利益；但是在购买过程中，政府要具有双重的社会身份：社会公众的委托代理人和具体公共服务的委托人。在这双重委托关系中，政府是整个实际权力运行的核心，在提供公共服务过程中起到至关重要的作用。在初始委托人和相关监督部门监督不力的情况下，政府在购买过程中就可能与一些不合格的公共服务生产者“合作”，并与他们进行长期的合作，使公众不能享受更好的公共服务。

(二)实施环节的成因分析

1. 政府购买公共服务合同精细化管理不足

政府购买公共服务的初衷是通过竞争性的程序来获取低成本、高质量以及高效率的公共服务。政府购买公共服务的落脚点在于对合同的管理上，购买合同涉及政府购买的物品或者服务的质量、数量、价格、付款方式、交货日期、纠纷解决、延期惩罚、交货地点及双方责任等具体详尽的内容，是政府购买公共服务的综合性体现。目前我国政府采购领域存在的最大问题在于缺乏政府采购实施细则，《政府采购法》过于宏观，不能适应多变的政府采购环境。学界针对公共服务的分类更多侧重于专业领域，但在实践操作中仍无法和采购活动进行契合，更不能达到规范政府采购行为的作用。未来的政府采购实施细则可以根据我国的政府购买公共服务实践，将政府的公共服务进行精细化合同管理，明确各种合同的使用条件、使用金额、履行方式以及法律依据。实施合同分类和精细化管理并结合政府成本清单，能实现整个采购行为的规范化，也能进一步达到节省成本的目标。

2. 政府购买公共服务承接主体的有效供给相对不足

在政府购买公共服务合同精细化管理不足的前提下，政府与承接主体之间形成的委托代理关系产生的风险如承接主体不足、激励偏离问题主要源于公共服务生产的竞争性市场尚未形成。公共服务属性的特殊性决定着在客观上难以存在一个竞争性的市场，像公共交通、社区服务、社区矫正、公共卫生等。社会组织作为公共服务的承接主体，无论从数量还是质量上，其发展都难以满足政府购买公共服务的要求，尤其是社会组织参与市场竞争的能力普遍较弱，这使得政府在购买公共服务过程中经常会面临没有充分市场竞争的困境，其结果势必会没有足够多的承接主体提供服务，当然更不可能通过充分竞争获得政府订单。市场竞争机制不充分，容易形成市场垄断，缺少竞争压力，进而会导致财政资金使用效率低下，服务供给质量难以保证。没有充分的市场竞争机制，在很大程度上无法为所有的承接主体提供公开、透明、平等的竞争机会，限制了承接主体规模的发展和结构的优化，事实上强化了承接主体对购买主体的依附关系，可能产生公共资源的浪费。同时，目前承接主体的专业化水平较低，不能很好地适应购买服务专业性较强的特点，这也在很大程度上制约了其发挥作用的权威性和独立性。

3. 服务购买中政府信息公开不对称

当前，政府政务信息公开已成为一种不可阻挡的趋势和潮流，但从政府购买公共服务的实践看，政府向社会公开的信息很有限，缺乏主动向社会公布购买信息的自觉性，即便有也不够全面、具体。一方面表现为购买信息公开的有限性，即对公共服务提供者公开信息有限和对社会公开的信息有限两方面。其一，资金预算并没有向公共服务提供者公开，公共服务提供者不清楚政府采购资金主要投入到什么领域，因而也不明确所需要购买的是何种服务，导致的后果就是公共服务生产者很难获得服务生产权。其二，向社会公布购买公共服务的信息不充分，因而社会公众无法明确政府的购买与自己所需求的是否具有一致性，也就没机会向政府提出异议，政府购买信息公布的不足有可能导致公众"被服务"。另一方面表现为主动公开购买信息的缺失。政府没有主动向社会公布购买过程和程序，没有定时地把购买公共服务的资金去向和详细的资金流动向社会公布，公众不知道其所缴纳的税收具体用在哪些领域。政府向社会公开购买信息的方式有两种：一是政府主动发布公开信息。主动公布的信息具有很强的严谨性，公众不易于理解。二是政府依申请公开购买信息，这种程序比较复杂和具有时差性。政府收到公众的申请，经过审批审核后公布信息，但是公众也许已经不关注之前申请所需要了解的信息。总体上来讲，政府缺乏向社会公布购买公共服务具体信息的主动性，往往只是向社会公布片面而又比较笼统的购买信息。

4. 委托—代理关系中的权力寻租

一方面，在委托代理关系中，政府具有公众的代理人和具体公共服务的委托人的双重身份。这种身份使得政府在整个权力运行中处于核心地位，起到了至关重要的作用。政府官员在潜在供应商提供高额贿金和在"经济人"性质的驱使下，很有可能做出损害广大公众利益的腐败行为。另一方面，很大一部分的公共服务生产者为了获得公共服务的代理权，主动向拥有招标权的政府官员行贿，这也是委托代理形式的公共服务购买过程中权力腐败问题产生的重要因素。由于政府购买公共服务缺乏有效监管，缺乏公开、透明的操作机制，财政资金屡屡被挪用、截留、侵占，已经沦为权利设租、寻租贪腐行为的新灾区，这已经是不争的事实。究其产生的原因，主要有：①自说自话，自设标的，自我采购。政府购买公共服务统一由政府部门操作，无论是标的设限还是对中标单位的考核，都由政府自己说了算，公开招标已经沦为形式。在这场既是裁判员又是监督审核员的采购过程中，因为没有第三方公正监督，腐败自然不可避免。②为不合理支出寻找开支渠道。一些政府部门的某些不合理开支拿不到桌面上，包括不合理消费和为工作人员谋福利，往往采取这种方式来处理。实际上，就是政府部门为自己开辟了自留地，敞开了腐败的后门，合法化处理了不该列支的经费。③没有监督监管。政府在购买公共服务过程中，既没有监管部门参与标的审核，也没有任何部门对购买服务后的实际效果进行考核。满意与否完全听从于政府部门的评价，这也是好多民营机构愿意委曲求全，满足政府部门不合理要求的一个重要原因。

(三)监督评估环节的成因分析

1. 政府购买公共服务的政府监管与社会监督乏力

政府购买公共服务过程中政府监管不力的表现：①监督方式单一。政府监督服务承接主体主要通过合同行使监督权力，附以政府官员的抽查。与承接主体签订的服务合同条款，以政府监督公共服务承接主体为主要内容与依据，但合同条款不可能面面俱到，存在极大缺陷，致使签订的合同质量不能保证。政府官员抽查并无明确的硬性规定，如何抽查以及频次取决于官员意志。这给服务承接主体创造了谋取私利的机会，其所提供的服务质量难以符合购买的标准。②专业性监督人才队伍缺失。履行好政府购买公共服务过程中的监管职能，离不开熟悉服务购买市场行情、掌握鉴别和评估服务质量的专业化监管队伍。客观现实表明目前缺乏这样一支监管队伍，结果使得监管流于形式，现有的监管往往是事后监控，这种方式只能为以后的公共服务购买提供经验，却不能确保当前公共服务的偏差及时得到纠正。可见，如何改善和提高现有监管队伍的素质和技能已成为当务之急。

社会公众监督乏力表现为：第一，公众监督渠道不畅通。公众作为公共服务的最终使用者，有权力了解公共服务的各种相关信息，并对其形成过程进行监督。但是目前我国公共服务承接主体的相关信息公开机制尚未完全形成，并没有要求他们向社会公开其财务具体使用信息。在公共服务提供中公众处于整个过程的末端，如果通畅的公众监督渠道没有建立，公众就无法起到很好的监督作用。第二，公众监督意识不足。在我国，因为受传统文化的影响，作为监督者的公民监督意识较为薄弱。

2. 公共服务绩效评估难度大

公共服务绩效评估难度大的原因有两方面：一是公共服务的商品具有特殊性。公共服务作为市场经济中的特殊商品，服务承接主体直接或凭借载体进行"交易"活动，主要是为满足社会公众的特定需求。公共服务不仅是商品，而且是一种无形的公共商品，它的出现主要是为了满足广大公众的需求，也是政府实现公共责任的载体。影响公众满意度高低的因素不仅是所提供公共服务的质量，而且还包括公众对提供服务的期待程度以及使用后的感觉良好程度，这就增加了评估难度。二是评估人员缺乏专业性。正是因为公共服务商品的特殊性，对其进行的评估必须有专业的评估人员来进行。公共服务绩效的评估主体主要是政府监管部门，他们能够详细掌握各种需要的绩效评估数据，但是他们不具备绩效评估的专业性，存在评估的技术障碍。政府监管部门对怎样选择绩效指标、采用何种考评方法、怎样进行有效的考评难以把握。社会公众是最重要的考评者，但是他们掌握的考评信息不足，也缺乏考评专业知识。针对这一绩效考评的现状，应该引入专业的评估机构对公共服务进行评估。

三、政府购买公共服务风险管控思路

(一)完善决策层面的制度设计

1. 建构政府购买公共服务法律体系

政府向公共服务承接主体购买公共服务缺乏统一的法律法规，在《政府采购法》中，没有明确规定政府购买公共服务的程序，这使得我国各级政府的服务购买缺乏全国性的法律依据。尽管 2015 年 1 月 30 日以国务院名义发布了《中华人民共和国政府采购法实施条例》(以下简称《条例》)，但该《条例》依然把服务与工程、实体货物视为等同，并没有为其单独设立相应的程序与规定。为此，需要政府相关部门引起足够重视，尽快将政府购买公共服务制度上升到法律的高度。首先，要制定出台相关法律，通过法律规定政府购买公共服务的法律地位和合法性。其次，要推进社会服务采购立法。在全国推进政府购买公共服务的大背景下，需要在全国范围内建立完善的、与之匹配的法律和制度体系，以全面体现社会服务采购的特点，从而进一步明确社会服务的采购范围、购买方式、购买流程、评估机制与惩罚、主体和客体的权利义务等，使采购双方都做到有法可依。同时，该采购法要能区别于政府的其他采购行为，对社会服务的采购试行免税制度，以加强对社会组织的扶持和扩宽社会组织的自我管理空间和灵活性。通过法律法规保障社会工作服务采购的科学性、规范性。建立完善统一的政府购买公共服务的法律体系是减少购买风险、提供优质服务的基础保障。最后，还要从法律上确立社会组织的主体独立性。购买只有满足了契约关系的基本条件，才能达到政府购买公共服务的应有效能，不至于重新陷入政事不分的困境。在政策制定、合约订立、服务管理、评估监督等各个环节，保持政府与民间组织之间的法治关系而非行政关系是非常重要的。法治关系包括明确权责、购买标的清晰、目标管理、第三方评估等机制。

2. 大力培育和发展公共服务承接主体

政府购买公共服务要想取得成功，重要前提之一是必须有较为发达的公共服务承接主体，只有如此，才能开创出竞争性市场。为此，培育和发展公共服务生产者是政府推行服务购买政策过程中必须妥善解决的一个重要课题。政府要在培育机制创新上做好文章，为社会组织提供良好的发展平台。当前，我国社会组织总体数量少、规模不大、实力较弱，难以形成良好的竞争市场，服务数量与质量难以保证，制约政府购买公共服务的发展。一个发达的现代社会需要发达的非政府组织，政府购买公益服务是一种国际性趋势，必须尽快培育合格的社会组织。发达国家的经验表明，政府在购买公共服务时除资金支持外，还要对社会组织的规划战略、员工培训、设施改善等方面进行投资，以提升社会组织的服务能力。在我国，完善政府购买公共服务制度时，不仅要把重点放在“购买制度”方面，还要在创新社会组织培育机制方面下功夫。首先，政府要全面培育社会组织。为社会组织发展提供资金、税收优惠、场地、设施、培训、技术指导、管理以及服务等全方位支持，综合提升社会组织能力。其次，政府要形式多样地培育社会组织。既可以建立社会组织孵化器，搭建社会组织服务平台，又可以争取民间资本和境外资本的支持，拓展社会组织多元化投资渠道，还可以通过公共服务专项资金申请(如中央财政支持社会组织参与社会服务项目申请)、种子基金、社会组织发展基金、公益大赛等形式促进社会组织发展。最后，政府要层次广泛地培育社会组织。既要培育全国性、省级社会组织，又要培育县区、街道、社区社会组织；既要重点培育公益类、慈善类、服务类社会组织，又要培育科技类、文娱类、体育类和生态环境类社会组织；既要培育枢纽型社会组织，充分发挥该类社会组织在政府购买公共服务和社会建设中的作用，又要培育非枢纽型社会组织，从而促进各种不同类型、领域、层次社会组织的发展。

3. 切实提升政府官员及公职人员的购买服务运作能力

首先要做到的是提高政府购买公共服务的议程设定能力。政府是公共服务的购买者，政府官员及公职人员则是公共服务的直接购买者，他们的能力在一定程度上决定了服务购买的效果和质量，这种能力的表现就是议程设定能力，具备了这种能力才能为购买服务筛选出合格的服务承包商，公共服务生产的质量才能得到保障。如何强化议程设定能力呢？可从以下方面入手：一是建立民主化决策机制，用以提升政府购买公共服务政策的科学化与民主化水平。可以通过政府网站、新闻媒体发布征集购买服务项目的意见，听取公众的建议，从中进行筛选。同时，也可拟定购买项目清单，根据公众投票，决定优先购买的项目。二是开展成本效益评估，立足本地区实际，对服务项目涉及的各类显性成本和隐性成本进行充分估算，特别是要考虑未来的不确定成本，力求把成本算得精一点、全一点，权衡财力能否承受，以及费用在本区域或本部门的分摊办法；同时，要权衡外包服务效益，保证通过购买服务可以节省更多的资金、办好更多的事情、达到更高的效率。三是通过开展专家论证、举行听证会等，评估服务外包的科学化，提高社会化监督水平，防止独断决策或擅自决策。四是制定明确、具体的公共服务招投标程序，从制度上完善政府购买公共服务的操作规范。五是根据公共服务的属性制定政府购买公共服务的评估标准，为科学评价服务购买成效提供客观依据。六是建立政府购买公共服务的退出机制，为终止政府与服务承包商的合作提供可供参照的依据和规范，保证退出行为有章可循、有据可依。

(二)细化实施环节的管理细则

1. 完善合同管理机制

一是把握撰写合同细则。合同细则的内容，通常包括服务内容、工作要求、价格约定、权利义务、争议处理、违约责任等。要把握好两点：其一是要尽可能详细，但也不能规定得过度具体；其二是要留有可变更的余地，应对一些突发的特殊情况，特别是对发生纠纷争议的解决办法和程序做出明确规定。

二是明晰合同签订程序。这一阶段的实施主体是政府，必须严格按照公开、透明、规范的程序开展招投标，这直接关系到能否选出好的承包商。招标时要加大宣传力度，尽量扩大参与招标主体的数量，引导和促进充分竞争。同时，要及时发布《招标公告》，公开所要购买服务的具体对象、方式、步骤、时限、资质要求等相关信息，让符合条件的市场主体充分竞争，避免“暗箱操作”。

三是履行好合同监测。加强这一环节的力度是保证合同按照预定标准落实到位的必要步骤。监测的松紧度要保持适度平衡，如果监测过于严格，则可能流于形式；如果监测过于松散，则容易导致服务质量的下降。首先，监测的手段要多样。可通过公众投诉受理、服务记录审阅、一线督查、问卷调查、社会舆论评价、公众满意度调查等方式。其次，监测的机制要完善。采取实时动态监测的办法，对购买服务进行全过程动态监控与管理，并对结果进行及时评估，一旦出现问题，就立即现场控制，使风险损失降到最低，且要求承包商做出承诺并落实，以此约束承包商履行合同，以取得长期的合作和持久的市场。最后，监测的问责要跟进。问责手段包括警告、限期整改、中止合同、更换承包商等。要进一步丰富现有的监管手段，多采取不定期抽查的办法，积极引入公众投诉反馈内容，并及时处置。同时，要探索保证金、信誉评比等内在督促机制，使承包商能够自觉履行好合同。

四是合理地处理合同争议。合同履行过程中如果出现责任争端、质量争端、索赔争端等，必须聘请独立的仲裁委员会来协商争议，而不应该出现政府部门的行政执法行为。这方面，各地政府要完善合同条规，确保合同争议能够得到妥善处理。

2. 进一步加大政府信息公开的力度

建立信息公开制度是为了保障公众对公共服务信息的知情权，有利于公众对政府购买公共服务的监督和评估。可从以下两方面做起：一是扩大政府购买信息的公开范围。公众需要及时获取政府购买的相关信息，了解政府的相关动向，因此扩大信息的公开范围是很有必要的。这样公众就可以清楚地知道政府的购买计划，也可以及时向政府反映自己对这项购买计划的意见，同时向其反映自己的服务需求，给政府下一项购买计划做参考。这样的互动，可以调动公众参与政府事务的积极性。公众想了解的政府购买公共服务信息，只要是不违反《中华人民共和国保密法》，政府都有义务提供。公众想了解的有关政府购买信息的程序、购买资金的流动去向，这些跟公众利益有关的信息，政府必须依法公布，便于公众学习了解。二是拓宽政府信息公开的渠道。政府通过传统渠道公开的信息会比较严谨和专业，传统渠道是公众获取政府购买信息的普遍途径。这些普遍的信息公开渠道公开的信息内容还不能满足公众的需求，政府应该根据公众的需求，增加更多简易高效的信息公布渠道，这样公众才能够随时随地获得想要了解的信息。政府应当通过设立固定的信息公开厅、公开栏、电子屏幕、信息公开服务热线等便于公众知晓的多种形式公开购买信息。

3. 建立责任追究制度与约束机制

责任追究制度是相对于政府官员而言的。目前，我国的责任追究制度不够完善，没有统一的相关法律法规，产生了制度上的种种漏洞，使得相关部门及人员极易逃脱责任的追究。显然，这种制度设计不利于政府购买公共服务工作的展开，政府购买公共服务成效无法保证。责任追究机制缺失或责任机制不健全会导致政府官员缺乏追求“善政”的责任心，难以为公共利益付出最大的努力。因此，建立服务购买的责任追究制度刻不容缓，通过责任机制的构建把服务购买的责任落实到实处。对政府官员及公职人员，也要引入约束机制，提高道德风险行为被发现的概率和处罚率，增加其风险成本，削弱其不良动机。例如，要加大对个别政府人员寻租行为的惩戒力度，阻止以权谋私、变相谋利的行为；要加强工作督查和纪律检查，从政府内部形成对直接参与购买服务的人员的监督，避免监督与被监督无法独立。此外，还要引入外部监督，加强公众监督、舆论监督等，鼓励社会各界检举揭发腐败行为，形成有效的震慑力量。对承接主体而言，约束机制的建立也是非常必要的，没有压力，承包商很难做到自我约束。为此，必须通过合同、市场、法律、公众等诸多方面的约束，有效促进承包商规范自身行为。其一，要靠合同约束。相关政府部门在推行购买服务时，要与承包商之间形成契约，明确责任条款、工作要求、绩效标准、惩罚措施，让承包商知晓行为后果。其二，要靠市场约束。各地政府要形成市场竞争机制，优化市场竞争环境，让承包商感受到无形的压力，督促其提高服务水平，否则就要在竞争中被取代、被淘汰，进而带动公共服务整体的供给水平。其三，要靠法律约束。法律约束是强有力的手段，也是一种各方都认可的办法。通过法规制度的构建，加快公共服务市场化法制建设，进而营造优胜劣汰的机制，规范承包商的行为。特别是对承包商出现的问题，要通过法律法规予以制裁，避免政府行政行为的不合理干预。其四，要靠公众约束。公众是公共服务的接受者，服务得好不好，公众是最有发言权的。地方政府要畅通网络、媒体等反馈渠道，通过抽样调查、满意度调查等措施让公众积极评价，同时也要经常召开政府、承包商、公众共同参加的座谈意见会，让承包商及时听到公众的意见和建议，督促其不断改进服务。

(三)加强监督评估环节的制度规范

1. 努力健全政府购买公共服务的监督体系

首先，积极引入第三方监督机制。第三方监督机构是指处于被监督对象和受服务对象之间的一方，一般是具有权威性和专业性的中间机构或组织，如会计师事务所、律师事务所、审计事务所、专业调查公司等机构。这些监督机构拥有更多的专业人才，更具有专业性、科学性和客观公正性。其次，努力健全政府监督机制。一是政府要对资金进行监督。政府监管部门对购买资金总额和流向要进行严格的监督，确保资金落实到实际的购买流程之中。同时政府监管部门要促使政府购买部门向社会定期公布资金明细表，让公众清楚地知晓购买资金的使用情况，增加资金流量的透明度，防止“寻租”腐败现象的产生。二是政府监管部门对公共服务生产者进行监督。政府部门定期对其进行抽查，并要求其定期向政府提供公共服务的质量报告和生产成本等明细的项目说明。最后，充分发挥社会监督的作用。政府应该向公众灌输监督意识，提高公众参与政府事务的积极性，使其担起监督的责任，充分发挥其主人翁的监督作用。政府对那些指出和举报官员腐败或是披露公共服务生产者不法信息的群众给予相应的奖励，提高公众参与和监督公共事务的积极性。同时，还应该发挥新闻媒体作为“第四种权力”的监督作用。在政府购买公共服务过程中，要控制风险的发生，减少负面影响，必须最大限度地发挥新闻媒体的监督作用，务必使社会监督真正落到实处。

2. 完善评估体系，建立健全第三方评估机制

在政府购买公共服务的评估环节，有两方面的工作必须做：一是完善评估体系。政府监管是必需的，但不能过度关注承包商运作过程，否则容易打压承包商的微观行为、经营活力和创新意识，必须通过形成一套完善的绩效评估体系，让承包商干有目标、做有标准。因此，各地政府要建立以结果为导向的绩效评估体系，认真分析影响公共服务质量的因素，形成合理的公共服务质量评估指标体系，合理设计指标权重，制定科学的加权计分办法。根据指标体系，对承包商的实际服务行为做出客观评价和综合评定，并注重吸收公众意见和反馈，及时完善评估体系。同时，在注重结果评估的同时，并不能放弃日常监督，也要把日常定期检查、不定期暗访情况纳入最终评估结果之中。二是引入第三方评估机制。对于政府购买的公共服务而言，因其特殊性、无形性及难以量化等特征，必须引入专业机构进行第三方评估。专业机构的评估有其独特的优势。首先，它作为社会第三方评估机构有很高的公正性。专业的评估机构与政府没有直接的隶属关系，具有不被政府控制的独立优势，在对公共服务的质量做评估时，能够做到公平公正。其次，专业的评估机构评估时有很强的专业性。它的人员都是一流的，人员拥有专业知识和方法技术，在评估的时候能做到专业评估。专业机构的评估结果是作为政府购买有效性的标准之一，也是决定是否继续与公共服务生产者合作的重要标准。除专业机构评估外，还需要加强监督机构的评估。监督机构是政府购买评估的主要评估方法，它的监督评估结果有很大的影响力。政府监督机构与政府购买部门还有领导与被领导的关系，所以监督机构对政府购买的整个流程是熟悉的，对于整个购买过程中的不足之处也有明确认识。监督机构在评估的时候，根据其掌握的详细信息资料对政府购买公共服务做出评估，其权威性比较高。政府应该改善政府监督的评估机制，加强监督机构对政府购买公共服务的监督，促进监督机构在评估时做到高效率的正确评估。

第六章　我国政府购买公共服务的效益评估

第一节　政府购买公共服务评估概述

一、政府购买公共服务评估的内涵

为解决市场与政府"双重失灵"所带来的公共服务供给不足问题，向社会组织购买服务成为国内外政府解决这一问题的有效手段，其最终目的是解决服务效率低下、质量参差不齐等问题，促进政府从"管制型"向"服务型"转型，政府绩效评估"从机构绩效评估"转向"公共服务绩效评估"，以此来达到"推动政府改进公共服务质量和效果、履行公共服务职能"的契约性管理目标。从西方的发展经验来看，为了提高公共决策的科学化、民主化及公共政策的有效性，对政府向社会组织购买公共服务进行评估是"公共服务绩效评估和公共政策绩效评估在实行服务外包的某些公共服务领域的具体应用"。事实上，"20 世纪 70 年代世界范围内的政府改革和新公共管理运动在为各国发展注入强大动力的同时，也极大地推动了评估机制在政府管理以及非政府组织管理领域的运用"，而当前的西方各国多数已由"行政国家"转变为"评估国家"。

关于政府购买公共服务评估的内涵，国内外学者提出了不同观点。博伊恩(Boyn)指出，公共服务绩效衡量主要集中在产出的质量、数量和服务水平上，对公平和公众满意度研究很少。安犬拉尼(Ancaran)认为，传统的公共服务绩效评价主要集中在评价服务质量和资金的使用价值等方面，然而，公共服务综合绩效除了包括这些，还需要转向评价顾客价值，以顾客为中心。可见，公共服务绩效评价更注重公共服务质量与效果的考核，以公共服务的安排与生产是否满足了服务需求为导向，即更加关注服务需求与服务效果，同时还考察由非政府组织所提供的公共服务的过程、效果及社会影响。

国内学者包国宪等人提出政府购买公共服务绩效评价应包含两部分，即购买的绩效(效率)评价和公共服务质量的绩效(效果)评价。包国宪等人认为，对于公共服务的绩效来说，效率、效益和公平是三个相互联系、不可或缺的评判标准。

他们以此为例，指出政府购买居家养老服务的绩效要通过投入、产出和效果的绩效三要素来测度，它具体体现在政府选择居家养老服务生产者和生产者生产居家养老服务的两个过程中，因而，政府购买居家养老服务的绩效由居家养老服务购买的效率和养老服务的质量两部分组成，二者缺一不可。居家养老服务购买的效率主要通过政府的投入产出测量，服务质量主要通过养老服务消费者的满意度测评。因此，政府购买居家养老服务的绩效分析是对居家养老服务购买效率和养老服务质量的综合评估。王春婷认为，政府购买公共服务绩效应当以结果取向、公众满意取向、责任取向和服务取向作为价值取向，从效率与效果两个指标出发，其构成要素可以概括为政府成本、服务效率、社会公正度与公众满意度。黎熙元专门研究了政府购买公共服务的“预算范畴”，提出了公共开支最小、效率最大的预算目标，政府购买公共服务的预算基本原则是政府预算最小、实际效率最大，最小政府预算需要逐步满足社会公共服务需求、基本覆盖 NPO(非营利组织)的服务供给成本以及部分 NPO 管理(发展)成本。

总体而言，现有文献对于政府购买公共服务绩效评估的内涵还没有给出明确界定。综合以上各位学者的观点，所谓政府购买公共服务评估，是指测度政府购买公共服务的投入、产出与效果绩效。涉及政府购买公共服务评估机制是指评估系统的结构及其运行机理，以评估结构为基础，是评估系统的内在联系、功能及运行原理。评估系统的结构由评估环境、评估主体、评估对象、评估方法、评估标准、评估结果等要素组成。这些要素的有机结合构成多元评估机制，即评估协调机制、评估信息沟通机制、评估运行机制、评估激励机制、评估动力机制、评估约束机制、评估反馈机制等，其中评估运行机制、评估动力机制、评估约束机制最为关键。

二、政府购买公共服务评估的意义

政府向社会力量购买服务的过程中，评估是其中不可或缺的重要环节与内在诉求。评估的价值就在于让人们对社会服务的过程与结果了解得更为清楚。评估的目的就是使政策决策、资源利用、项目设计、项目实施和延续变得更加有利于人的发展。

(一)转变政府角色和职能，促进公共财政体系建设

政府购买公共服务评估的意义在于促进政府从“管治政府”向“服务政府”转变，促进责任政府和效能政府的形成。“服务政府”理论强调政府行政应满足社会公共需求，政府所有政策和行为应符合公众的愿望，为社会公众提供良好服务。对政府提供公共服务进行评估的目的就在于保证政府职能转变中服务供给的针对性，促进责任政府和效能政府的建设。此外，政府向社会组织购买公共服务评估指标体系建构，有助于建立公开、透明、合理、公平的公共财政体系。通过科学的过

程评估，实现财政资源的合理配置。

（二）提高公共服务供给效率，改善公共服务质量

政府向社会组织购买公共服务，实质上是将市场机制引入公共服务领域，用市场机制来克服政府失灵。政府向社会组织购买公共服务，可以把有限的财政资金作为杠杆，吸引更多的社会资金参与公共服务的提供，满足公众的需求。当然，政府向社会组织购买公共服务的评估有利于将公共责任机制引入社会公共服务的整个过程中，通过制定博弈规则，运用竞争、监督和激励等方式提高政府购买公共服务的效率、效益、质量和水平，保证社会公共服务目标的实现。

（三）推动公共服务市场化，促进社会组织健康发展

由社会组织来弥补政府公共服务供给的不足已成为当前政府治理模式转变的风向标。当然，在推动公用服务市场化的同时，实现公共资源合理配置和公共服务最佳供给，还必须保证社会组织的有序健康发展。正如萨拉蒙认为，非政府组织等志愿部门作为一种对政治机制和市场机制的补充机制，并没有如人们想象的那样富有效率，而是存在很多缺陷。因此，对政府向社会组织购买公共服务进行评估，本身就是为了社会组织自身发展。所谓“打铁还需自身硬”，社会组织的发展要求加强对社会组织提供公共服务的评估，通过评估使社会组织财务更加透明、治理结构更加完善、运行质量更加高效。

（四）促进合作治理，重塑政府与社会的关系

政府购买公共服务不仅仅是在公共服务供给体系中引入市场竞争机制（市场化）和社会志愿机制（社会化），也不仅仅是公共服务生产职能与治理资源的主体间转移（去行政化），而是公共服务秩序中一系列角色意识、价值取向、行为方式和互动结构的变迁，是政社关系从单向依赖到双向互动、从行政指令向契约合作的整体转型过程（契约化）。也就是说，推进政府向社会组织购买公共服务的评估不仅受“效率最大化”市场法则影响、“公共性”精神支配或政府“理性安排”的技术改革与“流程再造”，而且是政府与社会全面互动的必然产物。除有助于对公共服务过程和结果进行控制和改进外，还能够促进政府与社会合作共赢，重塑两者之间的关系。

三、政府购买公共服务的评估原则

根据相关学者的研究，对政府购买公共服务的评估可分为效率评估和绩效评估两个层面。

（一）政府购买公共服务效率评估的原则

政府购买公共服务效率评估是一个带有价值导向性的综合管理过程，是政府根据社会公众的服务需求设定目标和评估指标体系，对政府购买公共服务项目的

执行过程、结果及社会影响进行综合评估并提出改进建议的一系列过程。政府购买公共服务效率评估应该遵循以下原则。

1. 系统科学原则

在政府购买公共服务评估的指标体系和方法选择的过程中，需要遵循的第一个原则就是系统科学原则，即通过科学的方法和程序对整个政府购买公共服务项目进行系统、全面和客观评价，具体原则包括以下几个方面。

第一，系统性原则。政府购买公共服务效率评估是一项非常复杂的系统工作，因此，在实际的评估过程中，需要设计和选择能够系统反映政府购买公共服务项目的评估指标和评估程序。首先，在评估指标选择上，需要结合政府购买公共服务项目的自身特点，具体设计一整套能够系统反映政府购买公共服务项目过程的评价指标体系。其次，在评估程序设计上，需要系统考虑政府购买公共服务项目的目标设定、过程评估和结果评估的相互关系，并系统设计各阶段工作的彼此衔接。

第二，全面性原则。在政府购买公共服务的过程中，存在着政府部门、服务供给机构和社会公众等不同参与者，需要投入大量的人力、物力、财力等。因此，政府购买公共服务效率评估就需要遵循全面性原则，准确反映政府购买公共服务所有参与者的意见和态度，全面反映各种资源的投入和使用效率。

第三，客观性原则。政府购买公共服务效率评估应当尊重客观实际，避免主观随意性。在评估的方法和指标选择上，需要根据客观实际情况选择能够有效获取相关信息的评估方法和指标；同时在评估过程中，要对政府购买公共服务项目进行客观评价，如实地反映政府购买公共服务项目的运行过程和最终结果。

第四，科学性原则。要保证政府购买公共服务效率评估的系统性、全面性和客观性，就必须遵循科学的理论和方法。一方面，从科学的理论出发，明确政府购买公共服务的本质特点和全部过程，进而设计系统、全面的评估指标；另一方面，利用科学的资料收集和处理方法，明确各个评估指标的具体数值和相关权重。

2. 多元评估主体相结合原则

政府购买公共服务效率评估，需要通过扩大评估主体范围并合理确定它们的相对重要性，形成以政府为主导、由社会公众和第三方评估主体共同参与的多元主体结构。

首先，政府部门作为政府购买公共服务的主要管理者和出资方，在政府购买公共服务效率评估中的主要职责有两个方面：一是建立评估度，制定和发布相关政策、实施指南和技术规范等；二是组织评估，综合利用评估信息改进预算管理，提高决策能力。

其次，社会公众作为政府购买公共服务的受益者，对政府购买公共服务项目的最终结果具有最直接的感受。因此，在政府购买公共服务效率评估的过程中，应该通过调查获得社会公众对服务满意度的信息，检查购买服务效果是否符合公众需要。

最后，来自高等院校、科研机构、中介机构等技术人员组成的专家组，作为政府购买公共服务效率评估的第三方，主要负责解决一些技术上的难题，协同政府部门确定考评指标、考评标准，对政府购买公共服务效率进行分析评估。

然而，多元主体的参与是科学评估政府购买公共服务效率的一个必要条件，并非充分条件。在政府购买公共服务效率评估过程中，各评估主体间的利益偏好和认知往往是不同的，他们从自身利益角度对政府购买公共服务效率进行评估，可能会影响评估结果的客观性和科学性。因此，在政府购买公共服务项目评估的过程中，还需要对各个评估主体意见的客观性进行甄别，并合理设置不同主体意见的影响权重。

3. 过程评估与结果评估相结合原则

政府购买公共服务效率评估，在对购买服务的过程进行监控的同时，需要对购买服务的最终结果进行评价。

过程评估是对政府购买公共服务的行为监督，监督的目的是发现问题和解决问题，保证服务提供的数量和质量。科学、合理的政府购买公共服务效率评估要求对政府购买公共服务的全过程进行资料收集、加工和分析处理，全面、系统、客观、准确地反映政府购买公共服务的真实情况。将政府购买公共服务的过程监督与政府购买公共服务的结果评估结合起来，从而有效地控制政府购买公共服务的全过程，并在第一时间发现政府购买公共服务活动中存在的问题，进而保证政府购买公共服务最终结果的实现。

4. 定性评估与定量评估相结合原则

政府购买公共服务效率评估既有定性的评估指标，也有定量的评估指标。定性指标主要通过各个评估主体对政府购买公共服务项目的状况进行评定和判断，能够综合反映政府购买公共服务项目的本质和总体情况，而且容易获取相关的指标信息，但具有很强的主观随意性。定量指标则是通过一些实地测量和调查，获取政府购买公共服务项目的相关数据，具有较强的客观性，但缺乏综合性，同时一些定量指标数据也很难获得。

在实际的政府购买公共服务效率评估过程中，更多的是采取定性评估和定量评估相结合的原则。通过定性评估的方法确定政府购买公共服务项目的总体状况，同时利用定量评估的方法对定性评估的结论进行验证和检验，进而获得对政府购买公共服务项目的全面而有效的评估结果。

(二)政府购买公共服务绩效评估的原则

政府购买公共服务绩效评估以公共服务而非职能操作过程为基础，它基于服务的具体性能避免指标的空泛化，基于对结果的关注使得评估体系不致过于庞大，还基于对公共需求的关注适当引导机构的职能运作。

1. 政府购买公共服务的评估体系要坚持以公共服务为基础的原则

对机构进行绩效评估，更多情况下是侧重职能的操作过程，在职能履行过程中关注的是领导的控制意图。而对公共服务绩效评估则是以公共服务为基础设计评估体系。以公共服务为基础设计评估指标体系，则会把设计视角引向公众的服务需求，所安排的公共服务和生产是否满足了服务需求。公共服务绩效评估关注的是服务需求和服务效果，而并非服务的提供主体及承担公共服务职能的操作过程。这样做，“保证了其设计角度是自下而上或者说自机构外而至机构内的外部顾客视角(开放视角)，而不是机构绩效评估的自上而下或自机构内而至机构外的内部领导视角(封闭视角)，它将人们的视野更多地拓展至与公众息息相关的公共服务效果与影响上，从而突破了绩效评估的长官意志控制模式，转向了民众意愿的服务模式，更能体现执政为民的政府本质”。职能操作过程更多地注重形式化的东西，而公共服务涉及的内容更为具体，呈现出的特点更具有实质性。因此，关注职能操作过程的评估则使得评估体系具有更多的形式主义意义，形式上的意义并不会必然带来公众所需要的服务。也就是说，政府购买公共服务评估的关注点应坚持从机构操作过程转向公共服务过程原则，注重政府工作的实质与服务效果。

评估体系如果以机构作为关注的焦点，机构则是一个泛化的概念，运用工作作风、重点工作完成情况作为空泛化的指标来实施评估则没有太大意义。而以公共服务作为评估的焦点，其内容具体而明确，在设计评估指标时可以直接表现出来，无须通过其他载体来体现。以服务作为评估体系的中心基于公共服务事项进行设计，指标就有明确的体现。例如，在公共服务绩效评估中，如果要对公共教育服务进行评估，则其考核对象已经不限于教育局，还会涉及所有公共教育的生产者即各类学校，这时指标更多地会与教育服务消费者所享受到的服务的质量与效果等方面相关，而不会拘泥于教育局内部工作作风等情况，典型指标有适龄儿童入学率、应届高考录取率、成人平均受教育年限等。

2. 政府购买公共服务的评估指标要坚持关注公众需求并引导职能运作的原则

公共服务作为政治学视野中的一种公民权，在联合国1944年颁布的《世界人权公约》以及1966年颁布的《经济、社会、文化权利国际公约》中做了明确界定：“这些内容成为各国政府公共服务职能中的重要组成部分。”获得优质高效的公共服务是公民所拥有的权利，政府有义务保障公民获得所需的公共服务，基于此，政府必须根据公众的需求设计，提供与生产作为公民权的公共服务。同时，根据桑德尔的民主公民权理论，公民具有一种“公共道德”，能够超越私利而关注公共利益，因此，以公共利益为目的的公共服务不但要关注公众需求，还应该允许公民通过参与公共服务来表达其公民权。基于以上理论，公共服务绩效评估的设计起点应该是公众需求而非领导意志，而且与公共服务的设计、提供和生产相关的政府活动或政府职能运作必须以公众需求为引导。同时，公共服务绩效评估指标的设计要倾听并反映公众需求，必须在绩效指标的形成过程中更多地让公众参与进来。在这一过程中，政府自身的作用更多地表现为清楚界定并向公众解释公共服务的范围与具体内容，保证公众能够在公共服务的适当范围以及相关内容下表达自己的需求，并主导指标的选择，这样才能确保政府绩效评估与顾客需求的一致性。

以公众需求为焦点的公共服务绩效评估还能成为政府职能运作的指导。相对而言，公共服务绩效评估引导政府职能运作过程的方式是相对确定的。由于公共服务本身就是政府的一项重要职能，因此，基于公众需求，对公共服务的提供特别是公众所关注的效果、质量等进行评价，本身就是对政府这一职能运行效果或影响等的考评。而且，由于任何机构职能的运行结果、效果等都是职能操作过程的产物，所以，通过评估公共服务特别是公共服务的结果等，就等同于在评估政府职能操作的目标实现情况，这样就可以发挥它对职能操作过程的引导作用。当然，这种以公众需求为焦点的公共服务绩效评估要真正发挥引导政府职能运作过程的作用，还需要具备一定的条件，最重要的是，政府领导者必须切实保证将这种评估体系用于地方公共服务的评估中，同时还要确保对政府机构的评价基于其对应公共服务的测量结果而做出。

3. 政府购买公共服务要以结果为导向坚持重点突出原则

公共服务绩效评估体系是结果导向的评估体系，这是由评估体系更为关注公众需求决定的。基于公民权的公共服务要求评估必须以公众需求为先导，而公众的服务需求更多的是与公共服务的结果相关。相应地，与机构绩效评估偏重过程却无法把握过程之后的结果是否为公众所需不同的是，公共服务绩效评估关注的是公共服务的结果，即公共服务是否实现了特定的公共价值，特别是是否满足了公众需求。当然，需要注意的是，由于公共服务绩效评估是以公众需求为设计基础的，所以，结果导向只是意味着该体系以结果指标为主，并非只包括结果指标。因为，就公众需求而言，人们对不同公共服务可能会有不同的需求偏好，对于有些服务，人们对投入的兴趣可能要远高于结果，如公众对公园服务的需求就更多地会以投入偏好表现出来。由此，公共服务绩效评估体系的结果导向指的是，以结果指标为主而辅之以其他类型的且明显反映公众偏好的指标。

结果导向的公共服务绩效评估体系通常不会重蹈系统内部机构绩效评估下体系庞杂之弊。这是因为，结果导向的评估体系将更多地以结果指标为主。人们一般认为，评估指标之间具有以下逻辑关系："投入"→"过程"→"产出"→"直接结果"→"间接结果"→"最终结果"。因此，对于结果而言，投入、过程、产出等指标其实只是结果指标的一系列铺路石，它们的真实意义表现为最终产生了怎样的结果。就此而言，如果能够评估结果，就无须再评估投入、产出等指标，因为通过结果指标，被评估者的投入、过程以及产出等方面的努力就会受到适当控制。例如，在高等教育服务的评估中，就业率指标是由两个要素指标即找到工作的人数与毕业人数构成的，而找到工作的人数是高等教育投入(教师、校舍等)、过程(教师上课表现)、产出(教师上课节数、学生修习课程数等)，以及直接结果(学生学业成绩、学生获奖次数等)指标的最终影响或结果，这样主管部门只要考察就业率，就会迫使高校尽可能实现对投入、过程以及产出、直接结果等的监督与控制，以便保证就业率的提高。如此，公共服务绩效评估体系就可以通过一个结果指标控制大量相关的投入、过程等指标，不必在指标体系上面面俱到，使评估体系重点突出，避免指标体系的臃肿庞杂。

第二节　政府购买公共服务评估体系

政府购买公共服务评估体系包括评估主体、评估内容、评估方法以及评估结果几个方面。政府购买公共服务涉及的领域宽泛、内容庞杂，这里以社区居家养老服务为例，来阐述政府购买公共服务评估体系的建构问题。

一、政府购买公共服务的评估主体

评估主体是指从事社区居家养老服务评估的单位与个人。在社区居家养老服务评估中，评估主体处于中心地位，发挥着不可替代的作用。评估主体的理念、参与评估的态度、拥有的评估经验和技术、职业伦理等都会对社区居家养老服务评估活动产生重要影响，在启动居家养老服务质量评估前，必须审慎地选择合适的评估主体。这一主体的选择离不开服务的购买者、提供者和使用者，更需要第三方组织的参与。

(一)政府主管部门是服务购买者的代言人

作为社区居家养老服务的购买者，对其进行监督评估的目的在于确保购买的服务要“物有所值”，甚至“物超所值”。在政府购买公共服务的实施过程中，政府主管部门是政策的制定者与项目的推行者，接触提供服务的机构与服务对象，对各项服务的运作比较熟悉。因此，政府主管部门参与到评估过程中，有利于快速进入状态，降低评估成本。在过去传统的服务运作模式下，政府主管部门作为掌舵者与划桨者，即使有评估这一机制设置，也不可能站在公正的立场执行评估职责。但“政府组织通过向市场组织、社会组织的有效分权，形成合理的分权结构，以及这些组织之间存在互相依存与伙伴关系的必然性与可能性，实现了政府组织与其他组织平行联系的建立，从而实现了政府角色的转变”。政府购买公共服务重新检讨了政府职能的领域范围和实现形式，剥离了政府提供公共服务的垄断地位，重塑政府运行的内在逻辑。政府购买公共服务时，政府是组织者——为公共部门、私营组织、社会组织参与公共服务的供给提供一个可以发挥力量的舞台，以确保达成符合公共利益和效率的供给方式；政府是监管者——促进市场竞争，防范各类风险，建设服务标准体系，合理评估绩效，保障公共服务的均等化；政府是服务者——帮助公民和社区认识他们的潜能和需求，整合和表达各种资源，充当行动的触发器或促进因素，使公共产品的供给导向符合效率和公共利益的方向。

(二)服务对象是服务使用者的承载主体

服务对象作为服务的体验者，对服务种类与数量乃至服务人员的态度、工作方式方法都有切身的感受，是最有权力对服务质量进行评判和打分的群体，他们对服务的质量、数量和绩效掌握着第一手信息，最有资格对服务进行评价和监督。服务对象作为政府购买公共服务过程中的重要参与者，他们对政府所购买服务的质量进行评估具有其他评估主体所不具备的优势，这种优势体现为：一是服务对象是政府所购买服务的最终使用者和最终受益者，服务质量的优劣直接关系到他们的切身利益。二是通过服务对象评估可以推动服务生产者提高服务质量。虽然民间组织不以营利为目的，但在竞争性制度下，它们的生存与发展资金来自政府购买公共服务的财政资金转移支付，民间组织为获得更多的政府项目，就必须以服务对象为导向，不断提升服务质量。三是通过服务对象评估提升政府公共管理能力。提高政府购买公共服务的质量，关系到国计民生和政府公共管理能力的提升。民间组织一旦与政府签订购买服务的合作协议，就承担着“准公共行政”的角色，通过服务对象评估，提升服务质量也就是政府公共管理能力提高的表现。四是服务对象评估为政府购买公共服务的后续行为提供了依据。服务对象对政府购买公共服务的质量进行评估，可以为政府支付民间组织相应的财政资金提供依据。五是服务对象评估可以提升公众的公共管理参与意识。服务对象从自身利益出发，评估服务质量的优劣并反馈给政府部门，促使政府按照评估结果决定后续服务的购买对象，可以更好地影响政府的公正决策与公共管理行为。六是服务对象评估为社会弱势群体提供表达自身愿望的渠道。社会服务的对象一般都是社会弱势群体，其原本就缺少话语权，让其参与社区居家养老服务评估，发现服务中的不足，达到对其关怀的目标，也是社会公正和进步的表现。当然，参与评估的服务对象要具备基本的评估能力。

(三)专家系统是服务研究者的主力军

专家系统是指“有技术成就和专业队伍所组成的体系，是现代社会重要的治理技术手段。正是这些体系编织着我们生活于其中的物质和社会环境，融专业知识于其中的这些体系却以连续不断的方式影响着人们行动的方方面面，从而，人们信赖专家所使用的专门知识的可靠性，这是某种我们通常不可能去详尽验证的专业知识”。也就是说，对于社会公众(非专业人士)来说，他们既不依赖于完全参与其中，也不依赖于精通专家们所拥有的专业知识，他们在对专家系统的信任基础上，认为相关经验通常都会像专家系统所预期的那样运行。这为现代社会的人们对专家系统的诉求提供了依据。将“专家系统”思想引入政府购买公共服务“第三方评估”之中，“专家系统”可以作为“第三方评估”之于现代社会服务体制创新的理论内核，它为“第三方评估”彰显其专业性、独特性、权威性或可信赖性、公正性、客观性等特征提供了重要的理论元素和理论依据。也就是说，“专家系统”的思想首先体现了专业性特征，这符合“第三方评估”在社会服务评估中的专业性要求。具有专业评估资质的人员共同组建评估团队，评估主体中的专家构成是保证评估专业性的核心。“专家系统”体现的“信赖”特征为“第三方评估”实践赢得了可信赖性和权威性，进而保证评估过程的公正性以及评估结果的客观性和有效性。“专家系统”参与评估，可以实现理论与实务的对接，既能加深对理论的认识，对理论进行不断完善，又能推动社会服务事业的发展，对于实务中出现的难题可以用理论进行解释并合理解决，还可以借此机会向政府主管部门和服务机构介绍发达国家和地区在推进社会服务中的经验教训。同时，专家学者作为第三方评估主体，更能做到不偏不倚，保证服务评估的客观公正性。

(四)社会组织是服务生产者的主体

从表面上看，社会组织是作为被监管者的角色存在于政府购买公共服务的过程之中的，但从另一种意义上看，它承担着监管者职责。其监督职责主要体现在三个方面：一是对政府购买方的监督，购买方是否遵守合同、是否尽到了购买责任等是主要的监督内容。在购买社会组织的服务过程中政府居于主导地位，但并不意味着就一定处于支配地位。如果政府不能履行自己的监督职能，同样会受到社会组织的质疑。二是自我监管。社会组织在服务的数量和质量、资金使用、流程规范等方面需要进行自我约束、自我评估。一般来说，自我评估要总结社会组织的自身运营模式、运营管理、服务实施、项目成效等内容。如广州白云区社工志愿者协会撰写的《联运服务机构自评报告》，对运作中形成的工作模式进行了提炼，对取得的初步成效做了总结。他们认为通过机构的运作，项目载体建设成效突出，白云区青少年服务中心机构链接了各类社会资源，打造了青年社会组织和社区青少年学习、互动、交流、合作的枢纽平台；白云区异地务工青年服务中心机构整合了机关企事业资源，成为异地务工青年融入广州的枢纽平台。由此可以看出，社会组织自身所做的自评报告，既是对自己工作的总结，也是自我评估的一种方式。三是同类社会组织而成的行业协会所做的监督与管理。行业监管是指同类的社会组织自发组织起来的协会或行业社团等，对同类会员单位进行监督和管理。美国有负责制定基金会行业互律条款的基金会理事会，理事会由各大基金会的主要负责人组成。理事会的每个基金会成员必须遵守行业规定，否则会被开除。行业监管的优势在于社会组织自身的监管能够有效地节约成本，是社会监管和政府监管外的一个有力帮手。

二、政府购买公共服务的评估内容

对政府购买公共服务的评估内容而言，在服务提供的全过程中侧重点有所不同。一般来说，政府购买公共服务的过程可分为服务的形成、服务的提供以及服务的接受三个阶段，每个阶段的评估内容各不相同。

(一)服务形成阶段的评估内容

在服务形成阶段，可以从服务机构、政府参与、服务对象三个方面进行考察。

1. 服务机构的标准可以从硬件设施和软件设施两个层面进行设定

硬件设施指标中，包括服务覆盖率指标、档案建立与管理指标、服务种类和数量、人员年龄结构与数量指标、场地面积等几个方面。以社区养老服务为例，各项指标的具体考评细则如下所述。

服务覆盖率的具体考评标准可以这样规定："每 1 000 个老年人应该拥有一个社区居家服务机构，服务应覆盖到所辖社区内所有经评估需要接受服务的老年人，尤其要保证有能力为困难老人服务(覆盖 100%为 5 分，覆盖 80%以上为 3 分，覆盖 50%以上为 2～1 分，低于 50%的覆盖率为 0 分)。"

档案建立与管理指标可以规定"服务机构的各项工作，如岗位规范、受理申请、个案资料、咨询服务、准入评审、监督检查、服务评估及满意度调查等，都需要分类。建立档案，并由专人保管，评分如下：各项档案资料齐全，管理完善(4 分)；各项档案资料齐全、管理混乱(3 分)；各项档案资料缺损(2 分)；各项档案资料严重缺损(1～0 分)"等内容。

服务种类和数量："服务机构要提供全面的日常生活照料服务，硬件设施建立一站式居家养老服务中心，提供上门服务和站点服务。上门服务即派出服务人员为高龄、自理能力弱的老年人开展上门服务；站点服务是指在服务机构内部提供餐饮、理发、洗澡、洗衣、修理、心理咨询、法律咨询等各类服务，身体状况较好的老人可以直接到站点接受自己需要的服务(项目齐全、设施到位的为 3 分，否则为 2～1 分)。"

人员年龄结构与数量指标由以下内容构成："管理人员注重新老结合，一线员工以年富力强的为主。每个服务机构的上门服务人员数目不应少于每 10 名老人应该拥有 1 名服务人员(达到标准的为 3 分，否则为 2～0 分)。"

场地面积应"不少于多少平方米(如 100 平方米、150 平方米等)，达到标准的为 2 分，否则为 1～0 分"。

软件设施指标中，分为服务人员的才能、技术及经验指标、可近性和安全性等内容。

服务人员的才能、技术及经验指标："服务机构是否有社会工作师，开展评估和个案管理工作，无(0 分)；有，按照专业人员数目和职业资格将服务机构分为 A 优秀(4 分)、B 良好(3 分)、C 合格(2 分)三级；上门服务人员在上岗前应该到服务机构进行集中培训，同时所在服务机构的专业人员也要每周对上门服务人员进行一定时间的在岗培训(按要求培训为 4 分，否则为 2～1 分)。"

可近性："服务易于被服务使用者获取或者服务提供机构易于接近服务对象(满足要求者为 2 分，否则为 1～0 分)。"

安全性则要求“服务提供的安全性以及服务环境的安全性(满足要求者为2分，否则为1～0分)”。

2. 政府参与指标有契约签订指标和财政投入指标

签订契约分为制定政策、颁布标准和与服务机构签订合同两部分内容。制定政策方面，政府要为社区居家养老服务制定相应的政策，公布购买服务的相关标准(达到要求者可给予一定的分值，如满分3分，否则为1～0分)。与服务机构签订合同就是规定双方的权利与义务关系，对具体服务的标准进行详细说明(达到要求者为满分，否则为1～0分)。

财政投入指标指“街道及街道以上政府财政投入应占服务机构总财政收入的60%(达到要求者为3分，否则为1～0分)”。

3. 服务对象参与中服务的需求是其中一个重要的考量因素

服务的需求是指“服务对象对于服务使用者的具体需求，有畅通的渠道来表达，并在决策层面给予考虑(达到要求者为满分，否则为1～0分)”。服务形成阶段的评估可以根据上述内容进行。

(二)服务提供阶段的评估内容

服务提供阶段的评估可以从服务机构、服务一线员工和服务对象及家属三个层面进行。

1. 对服务机构的评估

对服务机构的评估主要表现在三个方面，即服务机构的公开性、可靠性、持续性。

公开性是指服务机构制作最新的服务宣传材料，公布最新的决策。服务机构通过媒体宣传或举办现场宣传活动的形式，让社会公众了解社区居家养老服务(达到要求者为满分，否则为1～0分)。对于与社区居家养老服务相关的机构决策，在第一时间内对外发布，让服务相关者知晓(达到要求者为满分，否则为1～0分)。

可靠性是指服务方式的稳定性和服务时间的一致性。服务方式的稳定性指按照计划的服务方式提供服务，每一服务周期的方式具有一致性，不随意更改(达到要求者为3分，否则为2～1分)。服务时间的一致性，要求按照计划的服务时间提供服务，每一服务周期的时间具有一致性，不随意更改(达到要求者为3分，否则为2～1分)。

持续性是指服务人员提供服务的一致性。不会因为更换一线的服务人员而影响到服务使用者和服务提供者之间的信赖关系(达到要求者为4分，否则为2～1分)。

2. 对服务一线员工的评估

对服务一线员工的评估主要表现在三个方面，即服务一线员工的保证性、同理心和沟通技巧。

保证性不仅体现为服务一线员工对服务对象的态度友好，还体现为遵守服务使用者的要求。一线服务工作人员能够保证每次提供居家服务时，对服务对象有礼貌，态度友好(达到要求者为满分，否则酌情扣分)。一线服务工作人员能够保证每次提供居家服务时，对服务对象及其家属的要求持尊重态度并遵守，主要表现为对私人财产权利的尊重(达到要求者为满分，否则要扣分)。

同理心是指服务一线员工对服务对象了解充分，并能提供关怀。一线服务工作人员对服务对象的情况(如身体状况、自理能力)非常了解，并根据服务对象的特点，提供人性化的关怀与照顾(达到要求者为 4 分，否则为 2～0 分)，具体情况如下：对服务对象相关情况不了解(0 分)；对服务对象相关情况很了解(1～2 分)；对服务对象很了解，并根据服务对象的情况提供个别性的照顾(4 分)。

沟通技巧则是指服务一线员工语言通俗易懂，会说普通话。一线服务工作人员沟通能力较强，会说较为流利的普通话，能用通俗易懂的话语同服务对象进行交流(达到要求者为 4 分，否则为 2～1 分)。

3. 对服务对象及家属的评估

对服务对象及家属的评估主要有两个方面：服务对象及家属的参与和选择。参与是指服务对象及家属对服务时间、服务态度等起监测作用，选择则是指服务对象及家属对服务具有选择权。

服务对象及家属能够参与对服务的时间、服务工作人员的服务态度以及服务的稳定性等方面的监督(达到要求者为 3 分，否则为 1～0 分)。服务对象及家属对服务具有选择权利，同样的服务有多家服务机构可供选择，或者同样的服务有多名服务人员可供选择(达到要求者为 3 分，否则为 1～0 分)。

(三)服务接收阶段的评估内容

在服务接收阶段，评估的对象主要是服务使用者、服务机构和政府主管部门，相应的评估内容体现在这三个评估对象中。

对服务使用者的评估主要是满意度的评估，下设投诉率和定期了解服务对象需求两个指标，分别从侧面和正面评估服务满意度。满意度的评估可以从以下方面评估："民政主管部门接到对某服务机构的投诉意见后，应该立即反馈到该服务机构，服务机构要予以重视并立即受理核实，确有不当之处要立刻改正。一旦服务机构主管部门接到任何关于服务机构的投诉、举报，该服务机构此项评估即为不合格(0 分)，没有接到投诉的服务机构得分则为 4 分。"定期了解服务对象的需求是："每年 1～2 次定期组织问卷或访谈来了解服务对象的要求。根据老年人名单，由评估部门随机抽样或上门访谈进行服务对象满意度调查(参考指标：对服务的满意率高于 80%加 1 分，高于 90%加 2 分，达到 100%加 3 分，低于 30%扣 1 分，低于 20%扣 2 分，低于 10%扣 3 分)。"

对服务机构的评估主要是四个方面：回应性、效率、效能、持久性。回应性是指服务机构能回应个别服务使用者。如能在接到服务求救 1 小时之内对个别服务使用者予以有效回应(达到要求者为3分，否则为1～0分)。效率是指服务机构保证服务质量下的成本最低。在可用的资源内不降低服务质量的前提下，能最大限度地降低服务成本。在保证质量前提下，使用效率高的工作人员(1分)；保证质量的前提下，使用效率高的工作人员，改善服务方法(2分)；在保证质量的前提下，使用效率高的工作人员，改善服务方法，提高服务满意度(3分)。效能是指服务对象在服务前后状况有所改善。服务对象服务前后的状况改善，能在服务人员的照顾下进行较好的生活，生活质量提高，服务对象的家属满意，社会反响良好(达到要求者为4分，否则为1～0分)，具体如下：服务对象服务状况改善，生活质量提高(3分)；服务对象服务状况改善，家属满意，社会反响好(4分)。持久性是指服务效应不会很快消失。服务方案以及服务结果所带来的效应不会短时间内消失。服务方案效应(如服务政策不会因为主管部门领导的更换而改变)很快消失(2分)；服务方案、服务结果的效应(如服务的效果不会因为服务机构的改变而改变)不会很快消失(4分)。

对政府主管部门的评估主要是公平性的测量，即所有符合条件的老年人都应享受到服务。政府部门应该确保辖区内每一个符合条件的老年人都享受到社区居家养老服务，保证服务的公平性(达到要求者为满分，否则酌情扣分)。

三、政府购买公共服务的评估方法

新公共管理理论中，效率评估是其主要的工具之一，在西方行政改革中发挥着重要作用。效率评估的研究已从过去的经验型、主观型方法向技术型、定量化方法过渡。就我国的政府购买公共服务评估研究与实践看，这一领域的研究尚在起步阶段。一般来说，常用的效率评估方法有下面几种类型。

(一)"3E"评价法

"3E"评价法是政府绩效评估在方法探索上的开端。为了更好地控制政府财政支出、节约成本，在20世纪60年代，美国审计总署率先把对政府工作的审计重心从经济性审计转向经济性(Economy)、效率性(Efficiency)、效益性(Effectiveness)并重的审计，从单一指标扩展到多重指标，这就是政府施政绩效评估的雏形，俗称"3E"评价法。

"3E"评价法运用于地方政府绩效评价的基本框架中，包括经济性、效率性、效益性三个指标，其中每个指标之下又分为具体考核的子指标系统。经济性是开展政府支出绩效评价工作的初始动力之一，主要目的是建立更为有效的支出决策机制和支出优先排序机制。效率性是对政府支出在项目决策机制、项目实施进度比较、项目经济和社会效益取得等方面要求的具体体现。效益性则包括产出的质量、期望得到的社会效果、公众满意程度等。

"3E"评价法强调成本的节约，这与政府在社会中所追求的价值理念(如平等、公益、民主等)存在矛盾与冲突。“3E”评价法本身只强调经济性，较为片面，缺乏统揽全局的能力，由于政府的作用主要表现在为经济发展创造条件并提供服务，以增加社会福利。政府公共部门的非营利性、目标的弹性和软目标性，使政府投入尤其是产出难以量化。

(二)360 度绩效评估法

360 度绩效评估法是 20 世纪 80 年代由美国 Edwards 和 Ewen 等学者在一些企业组织中不断研究发展而提出来的。该方法把被考评者看成圆心，被考评者的上级、下级、同事、自己和相关客户分布四周，从不同的角度对被考评者进行考评。

360 度绩效评估法的理论和实践基础在于组织和成员满意度和全面质量管理。经由 360 度绩效评估，可搜集到多方面的评估信息，从内外、正反、上下等多个维度，对组织绩效提出较公正和符合实际的评估标准和结果。在实行 360 度考核时，白旭鹏认为存在两个方面的缺陷：一是处理信息困难。360 度绩效评估法涉及的数据和信息比单渠道评估法要多得多。二是在实施 360 度绩效评估过程中，可能会在组织中造成紧张气氛，如文化震荡、专断、组织成员忠诚的消失、监督失效、裙带关系等。

360 度绩效考评体系对政府部门的绩效评估主要体现在两个方面：一是政府组织的绩效评估；二是政府人员的评估。包括政府部门和人员的自我评估、上级评估、外部专家评估及社会公众的评估，逐步实现官方评估与民间评估并重，形成公众监督和上级监督相结合的绩效推动机制。

(三)数据包络分析法

数据包络分析法(Data Envelopment Analysis，DEA)是由著名运筹学家查尼斯(A. Chanes)和库珀(W. W. Cooper)等在“相对效率评价”概念基础上发展起来的一种新的系统分析方法。DEA 方法利用数学规划模型比较决策单元之间的相对效率，从而对决策单元的绩效做出评价。近年来，DEA 方法在国内政府部门绩效考核与评估的研究中应用较广。应用 DEA 方法的步骤为：确定评价目的—选择决策单元—建立指标体系—选择 DEA 模型—进行 DEA 分析—给出综合评价结论。

数据包络分析运用于具有多投入、多产出以及评价对象多元性特征的地方政府公共事业管理绩效评价过程中，尤其对比相同职能的不同部门之间绩效的相对有效性，表现出其很强的适应性和优势，为评价地方政府公共事业管理绩效提供了一种新的思路。但 DEA 算法也有它自身无法克服的局限性——相对有效性，所谓“相对有效性”，是指在对相同(相似)部门间进行评估时，对部门间的绩效进行比较，最后选出绩效最好者作为 DEA 有效决策单元，因此就会存在所评价的部门本身的绩效并不是很好，但根据 DEA 算法，仍然能够评价出相对 DEA 有效的结果，这与实际评价要求不一致。

(四)平衡记分卡法

平衡计分卡法是从财务、客户、内部运营、学习与成长四个角度，将组织的战略落实为可操作的衡量指标和目标值的一种新型绩效管理体系。它是由哈佛学院教授卡普兰与诺朗诺顿研究所所长诺顿在1992年《哈佛商业评论》中正式提出的继KPI绩效模型后的新型绩效评价体系。

1. 平衡记分卡法的主要内容

平衡计分卡式政府绩效评估模型包括以下四个方面内容。

(1)财务方面。即政府的行政行为所消耗的一切经济支出，主要衡量指标有行政成本降低率、预算节约率等。

(2)顾客方面。政府的顾客分为两部分，即公众和与政府有业务往来的个人或组织。对公众而言，主要衡量指标有公众需求满意度、对政府的支持率等。与政府有业务往来的个人和组织包括各类投资者和企业，相应的指标有客户满意度、客户印象、客户营利能力和合同履行的准时率等。

(3)内部流程方面。政府的内部流程衡量指标包括三个方面，即创新指标、运营指标与售后服务指标。创新指标具体设置为新政策推出率、新政策取得效果率等，运营指标可以从政策推行成功率和失败率、政策实施所消耗的人力和物力等方面进行衡量，售后服务指标具体设置则为公众上访率、对公众上访的反应时间和处理时间等。

(4)学习和成长方面。在人员方面，具体指标为成员培训率、人均培训时间、成员的稳定性与创新性等；在信息方面，政府要及时从公众中了解信息，同时还要在内部人员中互相沟通，从信息交流中不断学习与成长；在政府组织程序方面，政府要时刻听取成员意见，对于有价值的意见要予以采纳，以及时弥补组织程序所存在的不足。

2. 平衡记分卡的特点及优势

平衡记分卡的特点及优势主要体现在以下几个方面：首先，在初创理论基础之上，根据实际情况进行适当的调整，因此，它不是一个可以“一劳永逸”的框架，并且运用范围较为广泛。其次，平衡计分卡充分体现了平衡观，如财务与非财务评价之间的平衡、长期目标与短期目标之间的平衡、外部和内部要求的平衡、结果和过程的平衡、前导指标与滞后指标的平衡等。再次，在整个平衡计分卡模型中，下层指标是上层指标的驱动力，各层面指标之间有明显的因果关系。最后，平衡计分卡能够较好地调动员工的积极性，从传统的只考察财务指标的评价体系过渡到以描述财务层面与客户层面指标为主，以内部运营和学习与成长为驱动力，涉及组织内部的各个部门，更利于组织的团结与合作。但作为一种方法，其也有理论上的缺陷和不足，如在设计平衡计分卡前，组织的领导者必须制定出组织的发展战略，为平衡计分卡的制定提供依据，在各层面指标的权重安排上仍需要在运用中不断完善等。

(五)模糊综合评价法

模糊综合评价法是一种基于模糊数学的综合评价方法。该综合评价法根据模糊数学的隶属度理论把定性评价转化为定量评价，即用模糊数学对受到多种因素制约的事物或对象做出一个总体的评价。它具有结果清晰、系统性强的特点，能较好地解决模糊的、难以量化的问题，适合解决各种非确定性问题。

1. 模糊综合评价法的主要术语

(1)评价因素(F)。指对招标项目评议的具体内容(如价格、各种指标、参数、规范、性能、状况等)。为便于权重分配和评议，可以按评价因素的属性将评价因素分成若干类(如商务、技术、价格、伴随服务等)，把每一类都视为单一评价因素，并称之为第一级评价因素($F1$)。第一级评价因素可以设置下属的第二级评价因素($F2$)(如第一级评价因素"商务"可以有下属的第二级评价因素：交货期、付款条件和付款方式等)。第二级评价因素可以设置下属的第三级评价因素($F3$)。依此类推。

(2)评价因素值(F_v)。指评价因素的具体值。例如，某投标人的某技术参数为120，那么，该投标人的该评价因素值为120。

(3)评价值(E)。指评价因素的优劣程度。评价因素最优的评价值为1(采用百分制时为100分)；欠优的评价因素，依据欠优的程度，其评价值大于或等于零、小于或等于1(采用百分制时为100分)，即$0\leqslant E\leqslant 1$(采用百分制时$0\leqslant E\leqslant 100$)。

(4)平均评价值(E_p)。指评标委员会成员对某评价因素评价的平均值。

平均评价值(E_p)＝全体评标委员会成员的评价值之和÷评委数

(5)权重(W)。指评价因素的地位和重要程度。

第一级评价因素的权重之和为1；每一个评价因素的下一级评价因素的权重之和为1。

(6)加权平均评价值(E_{pw})。指加权后的平均评价值。

加权平均评价值(E_{pw})＝平均评价值(E_p)×权重(W)

(7)综合评价值(E_z)。指同一级评价因素的加权平均评价值(E_{pw})之和。综合评价值也是对应的上一级评价。

2. 模糊综合评价法的步骤

(1)模糊指标的构建。模糊综合评价指标体系是进行综合评价的基础，评价指标的选取是否适宜，将直接影响综合评价的准确性。进行评价指标的构建应广泛涉猎该评价指标系统行业资料或者相关的法律法规。

(2)采用构建好权重向量。通过专家经验法或者层次分析法构建好权重向量。

(3)构建评价矩阵。建立适合的隶属函数，从而构建好评价矩阵。

(4)评价矩阵和权重的合成。采用适合的合成因子对其进行合成，并对结果向量进行解释。

(六)层次分析法

层次分析法是由美国著名运筹学家、匹兹堡大学教授Saaty于1977年正式提出的。其基本思路是评价者首先将复杂问题分解为若干组成要素，并将这些要素按支配关系组成有序的递阶层次结构；然后通过两两比较，确定层次中诸要素的相对重要性；最后综合各层次要素的重要程度，得到诸要素的综合评价值，并根据此进行决策。

1. 层次分析法的基本步骤

层次分析法的基本步骤：明确问题和建立层次结构；构造判断矩阵；层次单排序；层次总排序；一致性检验。政府部门具体应用层次分析法步骤：建立政府职能评价的递级层次结构；建立判断矩阵，确定要素权重；运用影响矩阵赋予评价二级要素权重；评价方案中要素的评分标准的确定。

2. 层次分析法的优点

应用层次分析法解决政府制度绩效评价这类复杂的、多目标的决策问题时，只需要利用较少的定量信息就能使决策的思维过程数学化，避免了多目标、多准则、无结构特性的复杂决策问题的主观决策误差。

(1)系统性的分析方法。层次分析法把研究对象作为一个系统，按照分解、比较判断、综合的思维方式进行决策，成为继机理分析、统计分析之后发展起来的系统分析的重要工具。系统的思想在于不割断各个因素对结果的影响，而层次分析法中每一层的权重设置最后都会直接或间接影响到结果，而且在每个层次中的每个因素对结果的影响程度都是量化的，非常清晰、明确。这种方法尤其可用于对无结构特性的系统评价以及多目标、多准则、多时期等的系统评价。

(2)简洁实用的决策方法。这种方法既不单纯追求高深数学，又不片面地注重行为、逻辑、推理，而是把定性方法与定量方法有机地结合起来，使复杂的系统分解，能将人们的思维过程数学化、系统化，便于人们接受，且能把多目标、多准则又难以全部量化处理的决策问题化为多层次单目标问题，通过两两比较确定同一层次元素相对上一层次元素的数量关系后，最后进行简单的数学运算。即使是具有中等文化程度的人也可了解层次分析的基本原理和掌握它的基本步骤，计算也非常简便，并且所得结果简单明确，容易为决策者了解和掌握。

(3)所需定量数据信息较少。层次分析法主要是从评价者对评价问题的本质、要素的理解出发，比一般的定量方法更讲求定性的分析和判断。由于层次分析法是一种模拟人们决策过程的思维方式的一种方法，层次分析法把判断各要素的相对重要性的步骤留给了大脑，只保留大脑对要素的印象，化为简单的权重进行计算。这种思想能处理许多用传统的最优化技术无法解决的实际问题。

3. 层次分析法存在的主要问题

层次分析法本身存在三个问题：其一，用两两比较法来给多个指标确定相对权重时，容易破坏排序的传递性；其二，层次分析法的应用需要一套确定的指标体系，从而使层次分析法的应用很可能只是在非科学的指标体系上进行量化。其三，由于政府绩效指标之间存在很强的相关性，层次分析法无法处理指标之间的相关性。

四、政府购买公共服务的评估结果

评估主体运用评估方法，按照评估指标进行评估，最终得出评估结果。在这一阶段，评估结果的运用是最受关注的，即评估结果的作用及其处理。对社区居家养老服务进行质量评估，其主要目的是测量服务的质量和水平。与此同时，对于评估结果没有达到应有标准的服务机构，应该限时整改，并在服务整改后接受二次评估，对于二次评估仍不达标的服务机构，将在三年内取消其服务资格。对于评估结果优秀的服务机构，应给予物质和精神层面的嘉奖，如将更多的老年人的服务交由其负责，在财政支持上予以倾斜，进行通报表扬，在下一年度政府购买公共服务中享有优先权等。

关于评估结果的应用，有些地方政府做了明确规定，如上海市杨浦区出台《政府购买社会组织公共服务项目绩效评估办法(试行)》对评估结果的应用进行了规范。评估结果可以有以下应用。

(一)作为结算经费依据

项目购买方根据绩效评估结果，与承接服务的社会组织进行项目经费结算。项目内容部分更改，需经项目需求方确认。评估结果为“合格”及以上等次并完全履行了购买服务合同要求的，可支付结算尾款费用；评估结果为“不合格”的服务项目，应按项目实际完成情况扣减相应费用并按合同约定追究违约责任。

(二)项目优先权

社会组织承接的购买服务项目评估结果为“优秀”的，该社会组织在同等条件下具有获得次年承接政府同类购买服务项目的优先权，连续两年绩效评估为“优秀”的社会组织，经项目购买方同意第三年该项目可转为定向委托(按有关规定必须公开招投标的项目除外)，定向委托最长不得超过 5 年。实行定向委托项目后，一旦期末绩效评估为“优秀”以下结果，社会组织就必须重新参与竞标。

(三)参考作用

可为预算部门或财政部门进行财政支出绩效评价和社会组织规范化建设评估提供参考。

(四)督促整改

根据项目中期评估结果，承接服务的社会组织要对评估中发现的问题，查明原因，及时整改落实。项目购买方要及时督促整改，总结项目管理经验，进一步提高项目管理水平和资金使用效益。

由于政府购买公共服务还是一项新生事物，除推行这一创新改革较早的东部沿海地区评估监督制度比较完善之外，许多地方服务过程的监督和事后的评估机制还很不完善。如有些地区对承接服务项目的社会组织或企业的监督主要体现在部门内部监督上，缺乏专门机构在服务过程中对其服务质量和服务效果进行监管，没有形成独立的第三方评估机制。有些部门在与承接方签署购买合同时，虽然也包括了监督与评估的内容，但科学性与约束性不足。这种缺少以服务对象为主体的形式上的绩效评估，使一些社会单位在为群众提供服务时，只追求利润，不重视服务品质。例如，某企业在接手养老配餐服务项目后，由于只追求利润最大化，不考虑服务项目的公益性和服务对象的特殊性，服务质量每况愈下，群众满意度也随之大幅下降。但由于缺乏考评机制以及其他原因，主管部门尚无将其剔除出承接单位的有效手段，因此出现经济学中“劣币驱逐良币”的现象。

第三节　政府购买公共服务评估对策

一、政府购买公共服务的评估机制概述

(一)政府购买公共服务评估运行机制

评估运行机制是指如何通过规范化的运作来进行评估的操作，涉及评估指标体系运用、评估程序设计与评估方法选择三个基本问题。

1. 评估指标体系设计的双驱动因素

(1)评估指标体系的设计应以项目合同执行状况与监控项目资金使用为核心。一般来说，政府购买公共服务的资金源于财政性公共资金与福利彩票公益金，都要求对资金的使用加强监管。现阶段已有若干城市在政府预算中专门设立政府购买公共服务的条目，如浦东新区在政府预算中专门设有政府购买教育服务的条目，而在大多数城市，政府购买公共服务资金的规范化程度还有提升的空间。

(2)对于向社会组织购买的公共服务而言，评估指标体系的设计应以项目评估带动组织培育与建设作为导向。由于我国社会组织的发展尚处于起步阶段，社会组织的能力总体上并不很强。据调研，一些社会组织往往缺乏持续发展的能力，在其项目结束后，其组织也随之衰弱，这主要是因为包括政府在内的资助机构只关注项目的质量，而忽略社会组织自身能力建设。现阶段，政府对社会组织肩负培育与监管的双重任务，从宏观的战略角度看，政府购买社会组织公共服务是处理好政府与社会组织关系的制度化路径，在这条路径中，政府通过资助与政策扶持、培育社会组织。从这个意义上讲，把社会组织能力建设作为评估指标有助于政府对社会组织的培育。

2. 机构资质评估是评估程序的重要环节

评估程序的规定可以保障政府购买公共服务的规范化运作，这是评估运行机制的重要组成部分。一般来说，公共服务购买项目的评估可以分为对机构资质的事前评估、承担项目服务期间的中期评估、公共服务最终结项评估等三类。对于

招投标的项目而言，由于在招标过程中已经对机构的资质有明确要求，中标组织已经满足资质要求，所以只需要后面两类的评估。而对于定向购买的公共服务或者很难进行公开招投标的项目服务来说，社会组织事前的资质评估是必不可少的，有助于后续评估工作的顺利开展。关于事前资质评估，已有一些地方政府开始实践，值得借鉴。在上海市静安区，区社会组织联合会组织业务主管单位、登记管理机关、社会审计机构等相关人员，通过"听""看""评"，对静安区卫生工作者协会承接的区域内社会医疗机构日常管理项目的资质、能力、信誉、业绩进行全面评估。

3. 正确认识与综合使用多种评估方式

当前，对于一些招投标的公共服务项目而言，第三方独立评估已经开始。上海市社区服务中心受市、区两级民政部门的委托，向全市社会组织购买社区养老、济困、扶幼、助残及其他公益服务，社区服务中心聘请相关的专家、市民代表与需求单位代表组成评审委员会对此进行评审，项目结束后组织第三方进行评估，评估运行机制基本建立起来。但是大多数政府定向购买服务仍然以政府主管部门评估、自我评估为主。上海自强社会服务总社(以下简称"自强")，承接禁毒办公室的服务，同时接受其评估，平时禁毒办下设的指导处、综合处等部门会对业务进行经常性的检查指导，每季度少则两次，多则四次；另外，"自强"每年完成业务后需要自我评估，同时还需要向董事、监事进行工作与财务信息汇报。

正确认识各种评估方式的优缺点，还应该综合考虑评估成本、购买模式、时机与有效性，使用多种评估方式，使评估发挥改善绩效的功用。在评估中，既要重视服务生产方自评、政府主管部门评估、专家学者评估、顾客满意度评估，具备一定条件时还要选择第三方评估，使评估真正成为衡量机构能否继续承接同类项目服务的关键性手段。服务生产方自评一般包括是否按照合同要求完成了指定指标、没有达标的原因是什么、对于项目合同的改进有什么意见，然后才是其他的评估。评估还与时机有关联，调研表明，政府相关部门在组织第三方机构评估时，应保持政府、承接单位与专业机构间的及时沟通，特别是对社会组织的事前培训，降低评估的经济与社会成本，不要使评估成为社会组织的负担，而是成为社会组织规范化发展的推动力。有学者也持类似观点，由于存在多元的评估模式，要注重评估资料的共享，减轻社会组织评估负担。

(二)政府购买公共服务评估动力机制

评估动力机制是指什么样的原动力促使政府对公共服务的承接机构进行评估。概括起来，有两个方面的因素：一是作为购买者政府的需求；二是由于公众对公共服务的强烈需求。

1. 政府提供与生产公共服务职能的清晰化、风险控制的基本理念是政府力推评估的内在动力

(1)随着政府职能的转变，政府逐渐意识到其应该是公共服务的提供者，而不一定是生产者，政府可以从生产者处购买公共服务。作为公共服务的提供者，政府最重要的职能之一是对生产过程和生产结果进行监督和评估，如果生产者不能按合同要求履行任务，政府可以根据合同的约定，终止合约并追究生产者相应的责任；政府还要对生产者生产的公共服务质量进行评估，以保证被生产的公共服务能满足公民的需求。

(2)社会风险控制是现代政府的重要职责。作为提供公共服务的一种新型模式，多数学者认为，政府购买公共服务是为了转变政府职能，提高公共服务质量，培育竞争的市场环境等。然而在实践的初始阶段，有学者指出，政府购买公共服务的经济效率仍待检验，同时存在缺乏竞争、机会主义、供应商垄断等风险。在政府购买公共服务实践初期，不管是出于现实考虑，还是出于法理上的分析，政府应该对所产生的社会风险进行控制。通过不同领域购买风险的具体研究，对项目实施过程与结果进行测量，从而使评估能最大限度地降低政府购买公共服务的社会风险。

2. 公共服务对象与公众的回应构成了对政府购买公共服务进行评估的外在动力

公共服务的本质是为了满足大众需求与增加社会福利。奥斯本等人在《重塑政府》一书中提出了著名的企业家政府理论，“顾客意识”便是企业家政府的十项基本特征之一。登哈特的新公共服务理论在反思与批判包括企业家政府理论在内的新公共管理理论的基础上，提出政府应该为公民服务，而不是为顾客服务。不管是顾客还是公民，这两者关注的都是公共服务的受益者，认为政府提供与生产公共服务最终是为了公众的需求，所以必须接受公众的监督。因此，公众的回应构成了对购买公共服务进行评估的外在动力。在我国，公众开始参与政府购买公共服务的评估，一些地方政府已经出台了相关规定，如杭州市政府出台的《关于政府购买公共服务的指导意见》(2010 年)、成都市政府出台的《建立政府购买公共服务制度的意见》(2009 年)等地方规范性文件强调了公众参与在其中发挥的作用。毫无疑问，公众参与的作用在不断凸显。

(三)政府购买公共服务评估约束机制

评估约束机制是指制约政府购买公共服务评估活动开展的制度安排。一般来说，这些因素包括公共服务购买评估的制度环境、不同政府购买公共服务模式与购买领域评估的内在要求、评估实施主体的专业化程度等方面。

1. 我国公共服务购买评估的制度环境

法律法规是影响政府购买公共服务的主要制度环境。总体上，当前我国相关的制度供给是不足的。但是，在全国层面尚未出台政府购买公共服务以及评估的法律法规时，一些地方政府在探索中逐渐形成了一些地方性的规范文件，如《广州市政府购买公共服务考核评估实施办法(试行)》就考核评估方法提出了多样化的综合考核评估，对服务项目的考核评估方法包括审阅文件、面谈、观察、抽样等；

考核评估的实施程序包括机构自评与政府考核评估。上海市质量技术监督局发布了上海市地方标准《社区公益服务项目绩效评估导则》，规定了社区公益服务项目绩效评估的原则、内容与方法，但这主要针对的是公益服务类的社会组织。

政府购买公共服务的财政资金规范化也有很大的提升空间。各级地方政府购买社会组织公共服务的资金来源不固定，大多数并没有专项的公共财政用于政府购买，缺乏统一的预算科目，对于政府购买的评估不够重视。只有在公共预算体系中建立对公共服务购买与评估的制度，做到整体规划，才能使政府购买公共服务的资金得到切实保证。在这一点上，上海浦东规范化的公共财政保障为浦东各级政府购买公共服务与评估提供了良好的制度环境。

2. 不同政府购买公共服务模式与购买领域评估的内在要求

(1)政府购买公共服务的不同模式影响评估体系设计与评估方法选择。定向购买与招投标购买是政府购买的两种基本类型，定向购买一般有项目化形式、非项目化形式(购买岗位)与直接资助三种形式，招投标购买一般都通过项目形式运作。项目形式是指公共服务本身能够进行项目化运作；非项目形式是指一些公共服务由于自身的综合性与复杂性，政府只做原则性的规定，允许受委托主体发挥自己的主动性与创造性去生产，这往往出现在定向购买的模式中。招投标模式一般是一种以项目化运作的购买服务方式，而且应该逐渐尝试第三方的评估。对于定向购买来说，一般不适合用第三方评估的方式；对于项目形式的政府购买来说，一般是较容易通过项目化的规范评估来进行的。政府购买的非项目化形式，评估往往涉及较为复杂的因素，具有主观随意性。

(2)政府购买公共服务承接机构的不同类型影响评估体系的设计。社会组织与企业参与公共服务提供的动机与机制是不一样的，社会组织主要以参与社区矫正等软服务为主，企业以提供网络护理维修等硬服务为主，对这两者的评估也有各自的侧重点。参与政府购买的社会组织主要包括社会团体与民办非企业单位，以民办非企业单位为主。一些地方也会将公益性的事业单位与人民团体纳入政府购买公共服务的对象。

3. 评估实施主体的专业化程度

专业化的评估队伍对于推进政府购买公共服务的评估具有积极意义。政府购买公共服务的很多领域都具有相当的专业性。以浦东新区政府购买教育评估为例，教育评估方可以代替政府渗透到被委托管理学校的办学过程中，把握信息，对办学者的具体办学行为进行客观判断。在委托执行一段时间之后，教育评估方对政策进行后续评估，从执行主体、受益主体、决策主体三个层面进行调查，检验其科学性、合理性，并在分析的基础上，为政府的再决策做出客观的判断和建议。专业的教育评估方对政府来说是极其重要的，从这个意义上说，政府应该确保发挥专业评估队伍的积极作用。

二、社会组织的评估对策

针对社会组织进行评估，民政部早在2010年就已出台《社会组织评估管理办法》(以下简称《办法》)。民政部对社会组织做了界定——那些经各级人民政府民政部门登记注册的社会团体、基金会、民办非企业单位统称为社会组织。对社会组织所做的评估是指各级人民政府民政部门为依法实施社会组织监督管理职责，促进社会组织健康发展，依照规范的方法和程序，由评估机构根据评估标准，对社会组织进行客观、全面的评估，并做出评估等级结论。对社会组织评估应当坚持分级管理、分类评定、客观公正的原则，实行政府指导、社会参与、独立运作的工作机制。

(一)评估对象和内容

按照《办法》的要求，评估的对象符合下列条件之一的，必须参加评估，即取得社会团体、基金会或者民办非企业单位登记证书满两个年度，未参加过社会组织评估的；获得的评估等级满5年有效期的。《办法》对不予评估的社会组织也做了明确规定，只要具有以下情形之一的，评估机构不予评估：一是未参加上年度年度检查；二是上年度年度检查不合格或者连续两年基本合格；三是上年度受到有关政府部门行政处罚或者行政处罚尚未执行完毕；四是正在被有关政府部门或者司法机关立案调查；五是其他不符合评估条件的情形。

按照组织类型的不同，对社会组织实行分类评估。社会团体、基金会实行综合评估，评估内容包括基础条件、内部治理、工作绩效和社会评价。民办非企业单位实行规范化建设评估，评估内容包括基础条件、内部治理、业务活动、诚信建设、社会评价。

(二)评估机构和职责

《办法》规定，对社会组织实施评估职能的是由各级人民政府民政部门设立的相应社会组织评估委员会(以下简称评估委员会)和社会组织评估复核委员会(以下简称复核委员会)，它们负责对本级评估委员会和复核委员会进行组织协调和监督管理。评估委员会负责制定评估实施方案、组建评估专家组、组织实施评估工作、做出评估等级结论并公示结果。复核委员会负责社会组织评估的复核和对举报的裁定工作。评估专家组负责对社会组织进行实地考察，并提出初步评估意见。

《办法》规定，评估委员会一般由7～25名委员组成，设主任1名、副主任若干名；复核委员会由5～9名委员组成，设主任1名、副主任1名。这些委员必须熟悉社会组织管理工作的法律法规和方针政策，在所从事的领域享有突出的业绩和较高的声誉，而且能够坚持原则、公正廉洁、忠于职守。这些委员多数由有关政府部门、研究机构、社会组织、会计师事务所、律师事务所等单位推荐，民政部门聘任。一般来说，两个委员会委员的聘任周期都为5年。

(三)评估程序和方法

对社会组织进行评估时遵循一定的程序，首先是发布评估通知或者公告，审核社会组织参加评估的资格，组织实地考察和提出初步评估意见，审核初步评估意见并确定评估等级，公示评估结果并向社会组织送达通知书。如果对评估结果有异议，社会组织可以提出复核申请，由复核委员会进行复核。最后，由民政部门确认社会组织评估等级，发布评估结果公告，并向获得3A以上评估等级的社会组织颁发证书和牌匾。评估期间，评估机构和评估专家有权要求参加评估的社会组织提供必要的文件和证明材料；参加评估的社会组织应当予以配合，如实提供有关情况的资料。

(四)评估等级管理

社会组织评估结果分为5个等级，由高至低依次为5A级(AAAAA)、4A级(AAAA)、3A级(AAA)、2A级(AA)、1A级(A)。《办法》规定，获得评估等级的社会组织在开展对外活动和宣传时，可以将评估等级证书作为信誉证明出示。评估等级牌匾应当悬挂在服务场所或者办公场所的明显位置，自觉接受社会监督。社会组织评估等级有效期为5年。获得3A以上评估等级的社会组织，可以优先接受政府职能转移，可以优先获得政府购买公共服务，可以优先获得政府奖励。获得3A以上评估等级的基金会、慈善组织等公益性社会团体可以按照规定申请公益性捐赠税前扣除资格。获得4A以上评估等级的社会组织在年度检查时，可以简化年度检查程序。评估等级有效期满前两年，社会组织可以申请重新评估。

(五)社会组织评估的具体细则

以民办非企业单位为例，具体对其评估细则进行说明。对民办非企业单位的评估一般按1 000分计算。评估细则设置一级指标、二级指标、三级指标和四级指标。一级指标主要有基础条件、内部治理、业务活动与诚信建设、社会评价四大部分内容；二级指标又具体细分为法人资格、章程、变更和备案、年度检查、组织机构、人力资源、领导班子、财务资产、档案证章管理、业务活动、专业队伍建设、提供服务、信息公共、国际交流、社会宣传、内部评价与外部评价等多个指标。三级和四级指标则要求得更为具体和详细。每项指标赋予了一定分值，并且规定达到哪种分值分别给予5A、4A、3A、2A和1A的等级。如上海市宝山区规定“评估指标得950分以上，为5A级社会组织；评估指标得901～950分，为4A级社会组织；评估指标得851～900分，为3A级社会组织；评估指标得801～550分，为2A级社会组织；评估指标得700～800分，为1A级社会组织”。对每一项指标的要求与评估办法也做了详尽说明。

(六)社会组织评估的实践成效

总结各地政府对社会组织的评估，其主要目的是提升社会组织的能力，严格把握其服务的资质。具体来讲，对社会组织的评估包括三个方面：一是规范化评估。着力推进社会组织的规范化建设，在“促进”“规范”上下功夫，致力于发挥现代社会组织的社会功能和效率作用。如上海市登山运动协会，为发挥基础引导作用和推进会员规范经营，结合协会建设目标，将“驴友”纳入管理，制定了《上海市户外运动俱乐部规范建设评估办法》。二是分类评估。以分类为基础，建立分类的社会化的组织评估体系，注重社会组织参与公共服务的过程、服务质量的评估。社区社会组织的性质、功能、规模、业务、成员与服务对象不一，不可能采用单一的管理模式，需要在规范化建设基础上权衡相应等级，有序开展分类指导与管理。如无锡市根据社会组织的不同类别，按照《江苏省社会组织评估管理办法》有关规定，分别制定了六类《无锡市社会团体评估标准》和五类《民办非企业单位规范化建设评估标准》。三是绩效评估。社会组织的培育与发展离不开各种激励性措施，也需要对其绩效进行考核和评估，设立专项扶持资金，完善奖惩制度，推进绩效评估的社会化，以保证其良性、健康、有序发展。2008 年 3 月，上海市静安区政府率先拟定《政府购买社会组织公共服务项目合同示范文本》，强调对社会组织的资质审核和项目的绩效评估。在成都市锦江区，一个经过备案的社会组织只要运行一年并经过相关机构评估合格，就能得到最高 5 000 元的扶持资金。杭州市鼓励社区社会组织参加绩效评估，对获得社会组织信用评估 3A～5A 的单位给予 3 万～10 万元的奖励。

三、政府购买公共服务项目的评估对策

对项目的评估不是查找问题，而是通过专业性评估协助社会组织更好地改进项目服务，完善项目申请与管理，以评促建，为以后更有效地承接政府购买项目做准备。

(一)项目实施过程的评估

根据项目实施的过程，评估包括三个方面，即项目的筛选环节实施的评估、项目实施环节的实时评估以及项目结束后进行的考核评估。

1. 项目筛选评估

成立项目筛选委员会(成员可包括社会公众、专家学者、社会组织以及财政部门等的代表)，制定出一套公共服务购买项目筛选标准，通过网络异地分散筛选、“德尔菲”法筛选等全方位、立体的方法，确定属于公共服务类别、绩效易鉴别、政府易管理、群众的确需求且购买者之间具有竞争性的服务项目目录。同时，将审计监督机构、受益单位和受益对象的反馈信息整合进政府购买公共服务的项目筛选环节。如成都市锦江区政府规定购买公共服务项目的来源必须符合《锦江区政府购买公共服务项目指南》相关要求，而这一项目指南恰恰是在全方位筛选的基础上形成的。如广州市在 2013 年年底推出了“2013—2015 年幸福社区公益项目资助计划”，用于资助为老人服务、助残服务、青少年服务、社区特殊群体关顾服务、

社区互助及公益服务、小型社区设施改善等服务项目。针对这一计划，广州市民政局委托第三方组织，组建了一支包括社会工作、社区服务及财务管理方面的专业人士和市民政局代表在内的5～7人专家评审团队，对申报的项目进行评审。评审团队按照项目资助范围、评审细则和资助标准，对各申报项目的主体资格、服务需求、主要内容、经费预算及预期成效进行量化评分排序，根据得分高低确定拟予资助的社区公益项目名单。

2. 项目实施的实时评估

许多地区在购买了公共服务项目的同时同步购买了第三方评估机构的专业评估服务，对项目的实施过程实时监控，就项目进程做出科学评估，并就项目执行中出现的异常情况及时提出整改的建议和意见，进行专业性指导，确保项目的服务质量达到预期目标。2009年，南京市玄武区对外发布政府资助居家养老服务项目招标公告，同时，玄武区“居家养老服务评估中心”作为第三方介入，每季度、半年、年终对中标的两家服务单位进行实时评估，政府则根据《评估报告》和服务人数按季度划拨服务经费。山东省莱芜市政府委托相关部门和专家组成专家组，专家组根据部门申请情况对相关购买服务项目实行定期考核、评价，进行实时评估，保证项目运行的质量。

3. 项目的考核评估

对项目实施效果的评估，大多是通过第三方或项目评估监督委员会或项目小组会来完成的，其成员多是相关领域专家、评估机构和社会工作者。成都市锦江区规定，凡属政府财政资金向社会组织购买的公共服务，均要按照《政府向社会组织购买公共服务项目绩效评估管理暂行办法》的规定，由项目评估小组根据合同要求和考核标准对购买服务事项的实施情况进行评估考核，最大限度地提高政府购买公共服务的质量和效果。广东省东莞市出台了《关于政府购买公共服务考核评估实施办法(试行)》，规定考核评估由市、镇(街道)社会工作主管部门牵头并负责统筹组织，委托第三方评估机构具体实施，所需经费由市、镇(街道)财政负担。参与评估的主体包括市、镇(街道)社会工作主管部门，市社会工作协会等行业管理机构，具体使用社会工作服务的用人单位、第三方评估机构、公益服务类社会组织、一线社工以及服务对象。受委托的第三方评估机构必须严格按照标准和程序开展考核评估，任何其他组织和个人未经市社会工作主管部门同意不得干预第三方评估机构独立开展考核评估工作。

(二)项目评估的内容

以社会工作服务的评估为例，具体说明项目评估的内容。东莞市对项目评估内容做了专门规定，对购买的社工项目从专业性、服务量、服务成效、服务项目和机构管理等四个方面进行考核评价。

1. 专业性方面

专业性主要指承接政府购买公共服务的公益服务类社会组织应配备能够完成

服务项目需要的专业社工，要求在实施服务项目过程中主要运用个案工作、小组工作和社区工作等专业社会工作方法。

2. 服务量方面

服务量包括承接政府购买公共服务的公益服务类社会组织整体工作量和社工个体工作量。公益服务类社会组织整体工作量包括组织培训活动次数、培训人次、服务项目次数、项目服务人次等。社工个体工作量包括个案会谈时数、个案开案人数、个案结案人数和小组开设组数、小组活动节数和小组服务人次等。社工个体工作量以政府购买公共服务合同指标作为考核依据。

3. 服务成效方面

服务成效主要指围绕政府购买公共服务合同约定目标所开展服务的实质效果，包括服务对象的受益情况，服务工作的社会效益，相关部门、服务对象及社会公众对承接政府购买公共服务的公益服务类社会组织服务开展情况的认可和评价情况。

4. 服务项目和机构管理方面

第一，组织内部的制度建设情况。承接政府购买公共服务的公益服务类社会组织应当建立健全与服务项目实施相适应的管理服务制度，并及时评价及修订上述制度；在制定、评价及修订有关制度的过程中，必须适当收集与采纳服务对象和专业社工的意见和建议。

第二，计划制订及执行情况。承接政府购买公共服务的公益服务类社会组织应当围绕服务项目的目标制定总体工作计划、阶段性工作计划，以及具体的实施办法和执行措施。计划应当具有合理性、可行性；实施办法和具体执行措施应当具有操作性、有效性。

第三，服务资料的提供情况。承接政府购买公共服务的公益服务类社会组织应当制作宣传栏、宣传手册、资料单张或有关说明资料，清楚陈述机构服务的宗旨、目标、服务对象和服务提供方式。

第四，服务记录情况。承接政府购买公共服务的公益服务类社会组织应全面、真实地记录其服务运作、服务活动以及投诉处理情况并完整保存；应当按时制作准确的统计报告，向社会工作主管单位及有关部门汇报情况；应当定期进行总结，并对在总结过程中所反映出来的问题及时采取措施进行整改完善。

第五，财务管理情况。承接政府购买公共服务的公益服务类社会组织应当对服务项目资金进行规范的财务管理，定期研究提高资金使用绩效和降低运营成本占总成本比例；按要求或主动上报及公开符合法定要求的财务报表。

第六，服务创新能力和文化建设情况。承接政府购买公共服务的公益服务类社会组织应当注重社工相关理论研究和服务创新，同时采取有效措施，切实加大机构组织文化建设。

参考文献

References

[1] [美]莱斯特·萨拉蒙．公共服务中的伙伴——现代福利国家中政府与非营利组织的关系[M]．田凯，译．北京：商务印书馆，2008.

[2] [美]莱斯特·萨拉蒙，等．全球公民社会——非营利部门视界[M]．贾西津，等，译．北京：社会科学文献出版社，2002.

[3] 刘畅．美国财政史[M]．北京：社会科学文献出版社，2013.

[4] 楼继伟．中国政府间财政关系再思考[M]．北京：中国财经出版社，2013.

[5] [美]罗纳德·奥克森．治理地方公共经济[M]．万鹏飞，译．北京：北京大学出版社，2005.

[6] [美]迈克尔·迈金尼斯．多中心体制与地方公共经济[M]．毛寿龙，译．上海：上海三联书店，2000.

[7] [英]朱利安·勒·格兰德．另一只无形的手：通过选择与竞争提升公共服务[M]．韩波，译．北京：新华出版社，2010.

[8] 褚松燕．中外非政府组织管理体制比较[M]．北京：国家行政学院出版社，2008.

[9] 崔正，王勇，魏中龙．政府购买服务与社会组织发展的互动关系研究[J]．中国行政管理，2012(08)：48-51.

[10] 富吉祥．我国政府购买服务中的问题及对策[J]．经营管理者，2011(08)：46.

[11] 侯江红，张娜．社会组织参与公共服务供给研究——以云南省农民培训为例[J]．四川行政学院学报，2011(06)：34-37.

[12] 黎熙元．政府购买公共服务预算的效率原则与约束[J]．学术研究，2011(7)：81-87.

[13] 李斌．政府购买公共服务研究[J]．陕西行政学院学报，2012，26(2)：40-42.

[14] 刘昆．贯彻落实三中全会精神大力推广政府购买服务[J]．中国社会组织，2014(3)：1.

[15] 马骏达，冯君懿．政府购买服务问题研究(上)[J]．中国政府采购，2011(6)：64-66.

[16] 马庆钰，谢菊．政府购买社会组织服务的规范化[J]．理论探讨，2012(6)：144-147.

[17] 宁靓．英国地方政府公共服务外包发展的评析与启示[J]. 中国海洋大学学报(社会科学版)，2012(4)：85-89.

[18] 齐海丽．我国政府购买公共服务的研究综述[J]. 四川行政学院学报，2012(01)：33-36.

[19] 万军．大力推进政府购买公共服务：公共治理改革之道[J]. 新视野，2009(06)：67-68.

[20] 王松．基于共生理论对政府购买服务的实践性反思——以湘川情社会工作服务中心为例[J]. 社会工作，2010(4)：32-34.

[21] 王志华．论政府向社会组织购买公共服务的体制嵌入[J]. 求索，2012(02)：66-68.

[22] 温俊萍．政府购买公共就业服务机制研究[J]. 中国行政管理，2010(10)：48-52.

[23] 项显生．政府购买公共服务管理机构的设置问题研究[J]. 中共福建省委党校学报，2012(03)：39-45.

[24] 许小玲．政府购买服务：现状、问题与前景——基于内地社会组织的实证研究[J]. 思想战线，2012，38(2)：75-78.

[25] 俞晓波．地方政府公共服务购买的实践与发展趋向——以上海浦东购买教育公共服务为例[J]. 天府新论，2012(3)：95-99.

[26] 曾永和．关于公共管理主体的边界及其互动——政社合作的理论与实践思考[J]. 青岛行政学院学报，2012(3)：106-111.